ERI 독해가 문해력이다

6단계 기본

초등 6학년 ~ 중학 1학년 권장

KB190244

교 재 내 용 문 의: 교재 내용 문의는 EBS 초등사이트 (primary.ebs.co.kr)의 교재 Q&A 서비스를 활용하시기 바랍니다.

교 재 정오표 공 지: 발행 이후 발견된 정오 사항을 EBS 초등사이트 정오표 코너에서 알려 드립니다. 교재 검색 → 교재 선택 → 정오표

교 재 정 정 신 청: 공지된 정오 내용 외에 발견된 정오 사항이 있다면 EBS 초등사이트를 통해 알려 주세요. 교재 검색 → 교재 선택 → 교재 Q&A

ERI 독해가 문해력이다

6단계 기본

초등 6학년 ~ 중학 1학년 권장

교과서를 혼자 읽지 못하는 우리 아이?
평생을 살아가는 힘, '문해력'을 키워 주세요!

'ERI 독해가 문해력이다'
독해 학습으로 문해력 키우기

1

학습 수준에 따라 체계적인 독해 학습이 가능합니다.

단순히 많은 글을 읽고 문제를 푸는 것만으로는 문해력이 늘지 않습니다.
쉬운 글부터 어려운 글까지, 글의 난이도에 따라 체계적인 단계 학습이 가능하도록 구성하였습니다.

2

특허받은 독해 능력 수치 산출 프로그램(특허 번호 제10-2309633)을 통해 과학적으로 구성하였습니다.

EBS가 전국 문해력 전문가, 이화여대 산학협력단과 공동 개발한 ERI(EBS Reading Index) 지수에 따라 과학적인 독해 학습이 가능합니다.

3

다양한 교과의 핵심 개념과 소재를 반영한 학년별 2권×4주 학습으로 풍부한 독해 훈련이 가능합니다.

독해의 3대 요소인 '단어', '문장', '배경지식'의 수준을 고려하여 기본, 심화 단계로 구성하였습니다.
인문, 사회, 과학, 예술 영역 교과의 핵심 개념과 소재를 다룬, 다양한 글을 골고루 수록하였습니다.

4

관용 표현, 교과서 한자어까지 문제를 통해 어휘력의 깊이와 넓이를 동시에 키워 줍니다.

독해 능력의 40% 이상을 차지하는 어휘력은 독해 학습에 필수적입니다.
다양한 어휘 관련 문제로 어휘 학습까지 놓치지 않도록 하였습니다.

5

'한눈에 보는 읽기 방법'과 'STEAM 독해'로 문해력을 UP!

읽기 방법을 그림으로 표현한 '한눈에 보는 읽기 방법'으로 독해의 기본 원리를 확실히 잡을 수 있도록 하였습니다. 또한 지문 하나로 여러 과목을 동시에 학습하는 'STEAM 독해'를 통해 융합 사고력을 키우고, 문해력과 함께 문제 해결 능력을 쭈욱 올릴 수 있도록 하였습니다.

ERI 지수가 무엇인가요?

ERI(EBS Reading Index) 지수는

아이들이 읽는 글의 난이도를 단어, 문장, 배경지식에 따라 등급화하여 정량화하고, 독해 전문가들이 정성평가를 통해 최종 보정한 수치로서 EBS가 전국 문해력 전문가, 이화여대 산학협력단과 공동 개발하였습니다.

ERI 지수는 어떻게 산정되나요?

각 학년마다 꼭 알아야 하는 읽기 방법, 교과의 핵심 개념과 학습 요소들을 중심으로 체계적으로 지문을 구성합니다.

구성된 지문의 단어 수준과 문장의 복잡도, 배경지식이 학년 수준에 적합한지 여부를 계산합니다.

전문가들의 최종 정성평가와 보정을 거쳐 최종 지수와 적정 학년 수준과 단계가 산정됩니다.

ERI 지수 범위와 학습 단계

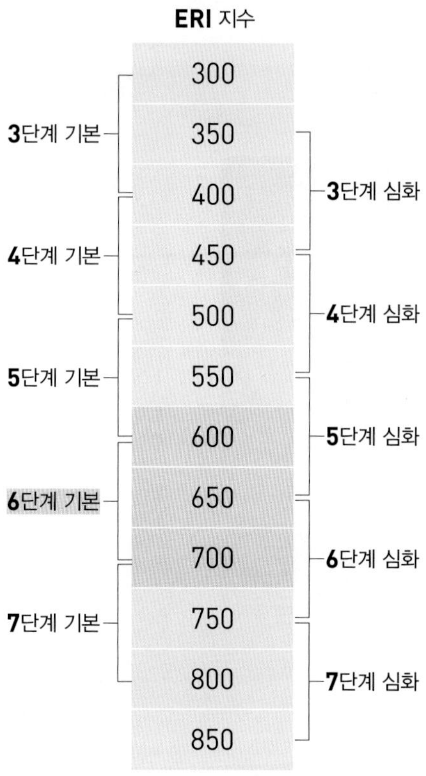

교재명	ERI 지수 범위	학년 수준
3단계 기본	300 이상~400 미만	초등 3~4학년
3단계 심화	350 이상~450 미만	
4단계 기본	400 이상~500 미만	초등 4~5학년
4단계 심화	450 이상~550 미만	
5단계 기본	500 이상~600 미만	초등 5~6학년
5단계 심화	550 이상~650 미만	
6단계 기본	600 이상~700 미만	초등 6학년 ~중학 1학년
6단계 심화	650 이상~750 미만	
7단계 기본	700 이상~800 미만	중학 1~2학년
7단계 심화	750 이상~850 미만	

이 책의 구성과 특징

회차별 지문을 미리 확인하고 공부 계획을 짤 수 있도록 했어요.

단어, 문장, 배경지식 각각의 수준이 학년 수준 내에서 어느 정도인지 막대그래프로 표현했어요.

막대그래프가 제일 높은 것을 어떻게 공부해야 할지 안내했어요.

이번 주 지문들의 수준이 어느 정도인지 한눈에 볼 수 있어요.

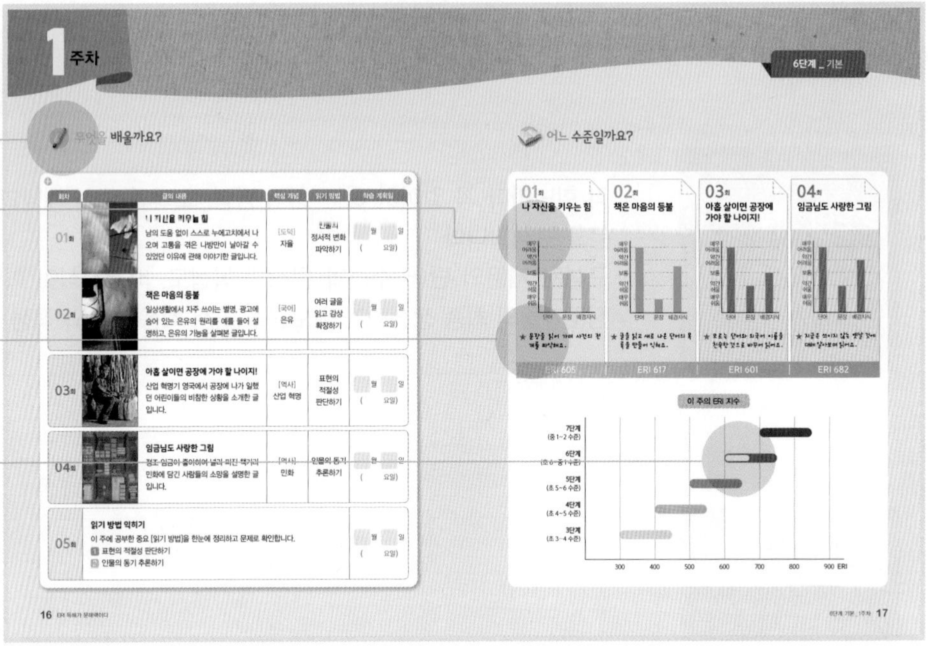

지문을 이해하는 데 도움을 주는 사진이나 그림을 넣었어요.

지문의 핵심 개념, 내용, 읽기 방법을 간단히 요약했어요.

지문의 핵심 개념을 미리 떠올리고 확인할 수 있도록 문제로 구성했어요.

간단한 문제로 핵심 읽기 방법을 확인할 수 있게 했어요.

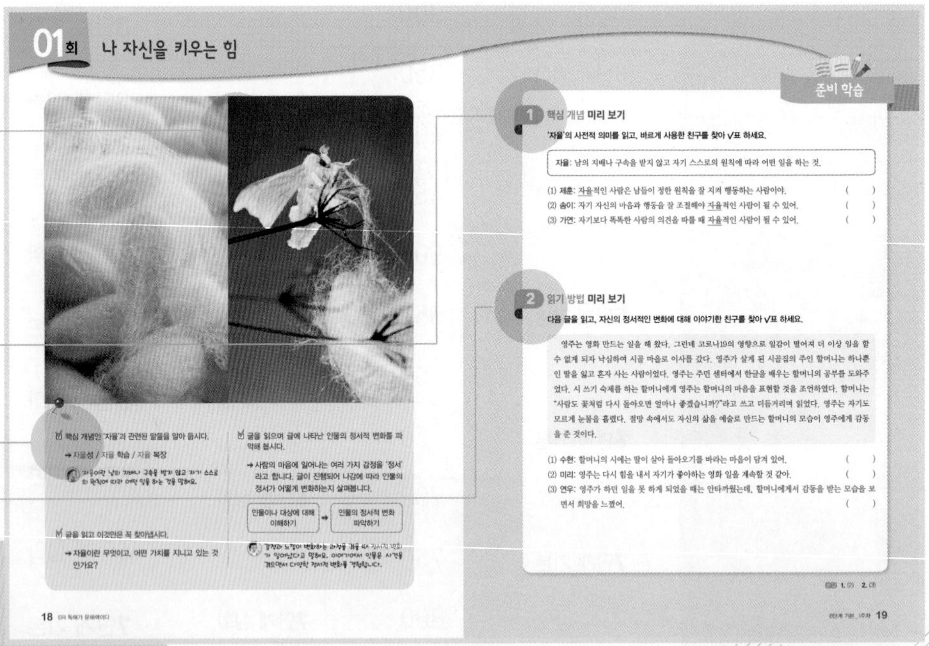

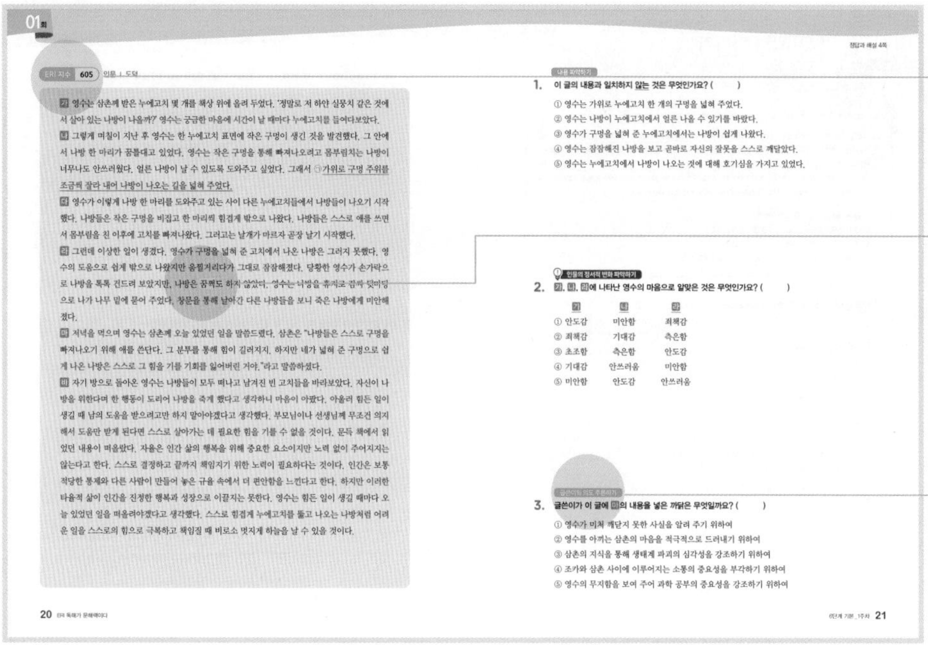

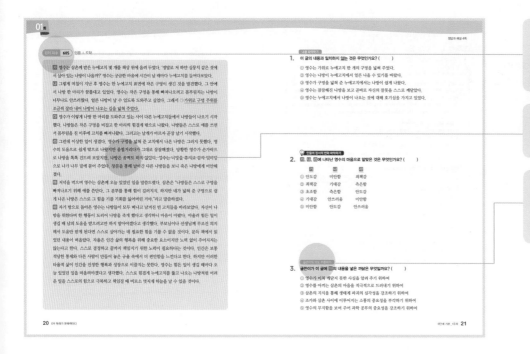

지문의 ERI 지수와 해당 영역, 교과를 표시하여 글의 난이도 수준과 교과서 학습 연계를 나타냈어요.

어려운 단어에는 노란 형광색 표시를 했어요.

다양한 읽기 방법을 적용한 문제들로 지문을 꼼꼼히 이해하고 사고력을 확장할 수 있게 했어요.

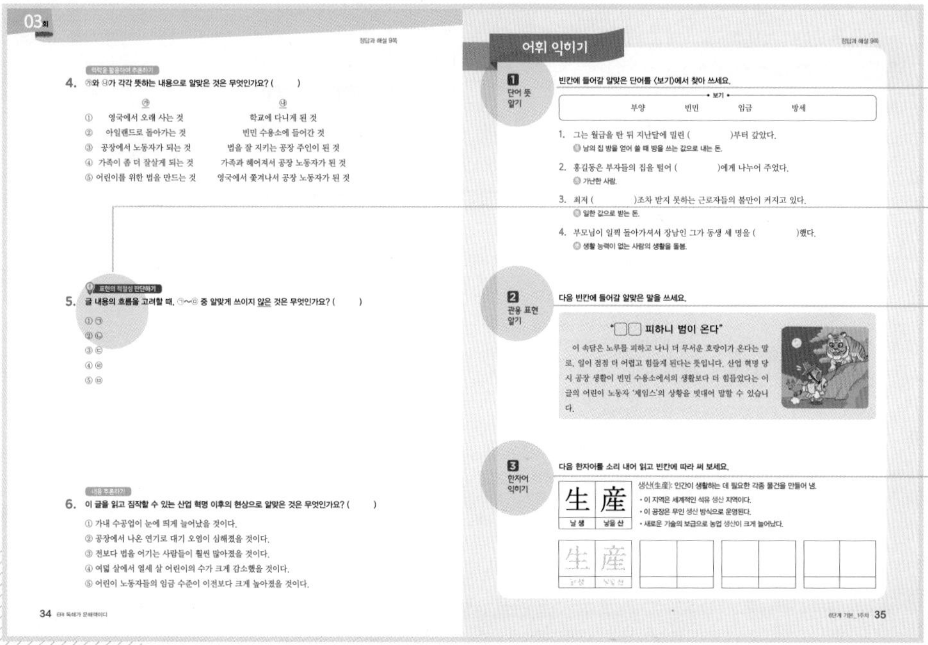

핵심 읽기 방법을 적용한 문제를 제시했어요.

지문의 노란 형광색으로 표시한 어려운 단어들을 공부하도록 했어요.

지문 내용과 관련된 속담, 관용어, 사자성어 등 관용 표현을 공부하도록 했어요.

지문과 관련된 한자어를 익히고 쓰는 연습을 하도록 했어요.

한 주를 정리하며 그동안 배웠던 핵심 읽기 방법 두 개를 심화하여 공부할 수 있도록 했어요.

읽기 방법과 관련된 개념과 과정을 간단히 요약하여 정리했어요.

읽기 방법을 적용한 문제로 문해력을 향상시킬 수 있도록 구성했어요.

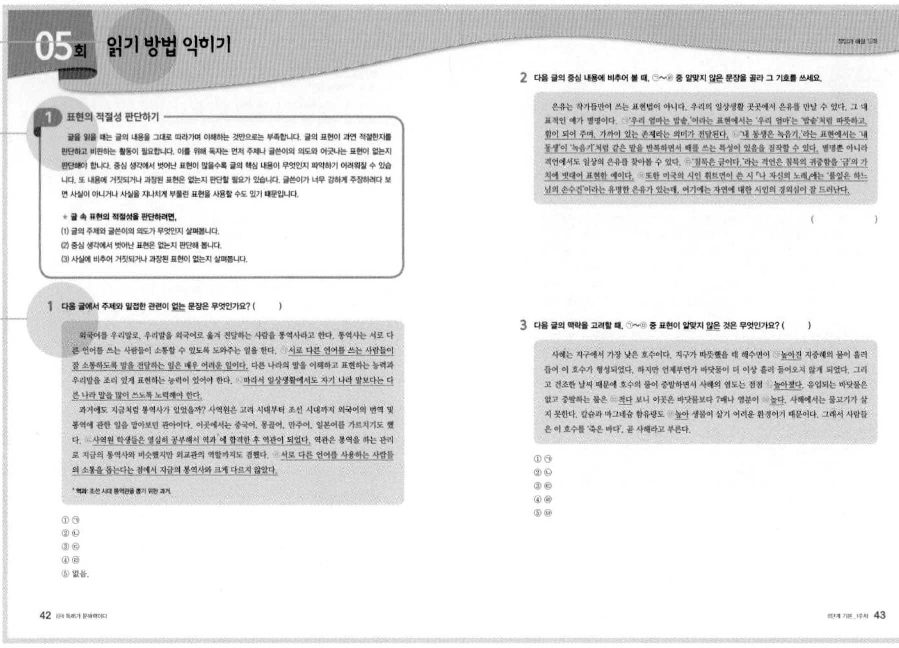

사회, 과학, 수학, 미술, 음악 등 다양한 교과의 내용을 융합한 지문과 문제들로 지식과 사고력을 확장할 수 있게 했어요.

쓰기, 그리기, 표시하기 등 다양한 유형의 문제를 제시하여 학교 수업과 연관될 수 있도록 구성했어요.

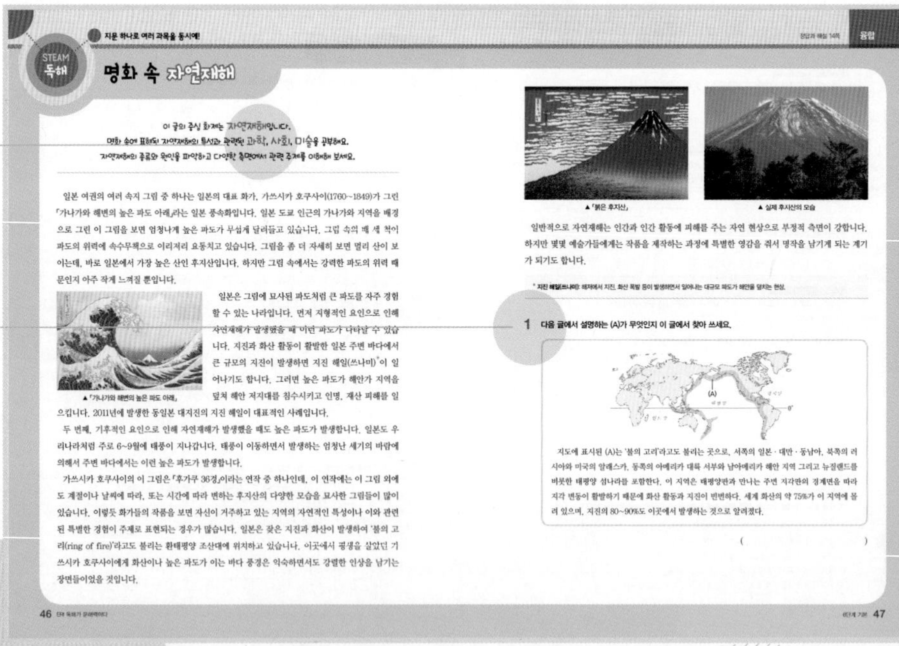

이 책의 **차례**

표현의 적절성 판단하기

★ 글을 읽을 때는 글의 표현이 적절한지를 판단하는 활동이 필요합니다.

인물의 동기 추론하기

★ '인물이 그렇게 행동한 동기가 무엇일까?' 하고 추론하며 글을 읽으면, 글을 더 깊이 이해할 수 있습니다.

인용의 효과 파악하기

★ 다른 사람의 말이나 글을 끌어다 쓸 때는 '적절한 것'을 '잘' 가져다 써야 글의 효과를 높일 수 있습니다.

내용의 타당성 평가하기

★ 글을 읽을 때는 글에서 다루는 내용이 타당한지 아닌지 판단하며 읽습니다.

출처의 신뢰성 평가하기

★ 글에서 제시한 자료나 말이 '믿을 만한 곳에서 나온 믿을 만한 것인가?'라는 평가가 필요합니다.

문단 간의 관계(문제-해결) 파악하기

★ 문제-해결 구조는 문제와 그 해결 방안이 함께 제시된 글에서 나타납니다.

글에서 얻은 깨달음으로 성찰하기

★ 글을 읽으며 얻은 깨달음을 통해 나의 모습을 되돌아볼 수 있습니다.

글을 읽고 자기 생각을 비유적으로 표현하기

★ 비유를 통해 생각을 좀 더 생생하게 표현할 수 있습니다.

1 주차

무엇을 배울까요?

회차	글의 내용	핵심 개념	읽기 방법	학습 계획일
01회	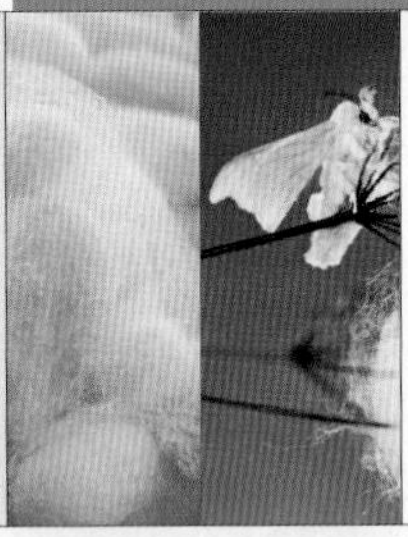 **나 자신을 키우는 힘** 남의 도움 없이 스스로 누에고치에서 나오며 고통을 겪은 나방만이 날아갈 수 있었던 이유에 관해 이야기한 글입니다.	[도덕] 자율	인물의 정서적 변화 파악하기	월 일 (요일)
02회	 **책은 마음의 등불** 일상생활에서 자주 쓰이는 별명, 광고에 숨어 있는 은유의 원리를 예를 들어 설명하고, 은유의 기능을 살펴본 글입니다.	[국어] 은유	여러 글을 읽고 감상 확장하기	월 일 (요일)
03회	 **아홉 살이면 공장에 가야 할 나이지!** 산업 혁명기 영국에서 공장에 나가 일했던 어린이들의 비참한 상황을 소개한 글입니다.	[역사] 산업 혁명	표현의 적절성 판단하기	월 일 (요일)
04회	 **임금님도 사랑한 그림** 정조 임금이 좋아하여 널리 퍼진 책거리 민화에 담긴 사람들의 소망을 설명한 글입니다.	[역사] 민화	인물의 동기 추론하기	월 일 (요일)
05회	**읽기 방법 익히기** 이 주에 공부한 중요 [읽기 방법]을 한눈에 정리하고 문제로 확인합니다. 1 표현의 적절성 판단하기 2 인물의 동기 추론하기			월 일 (요일)

어느 수준일까요?

01회 나 자신을 키우는 힘

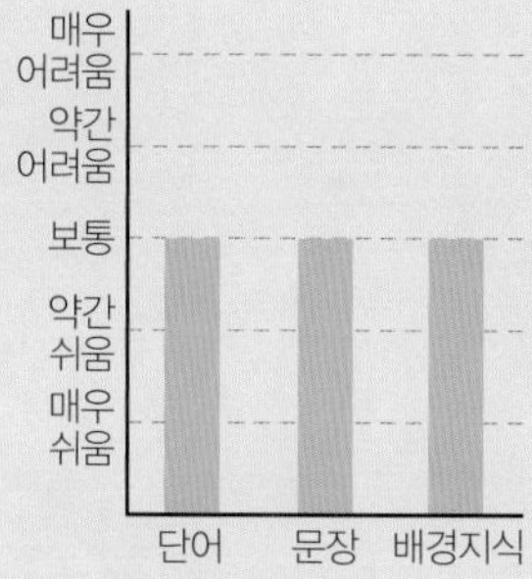

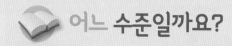

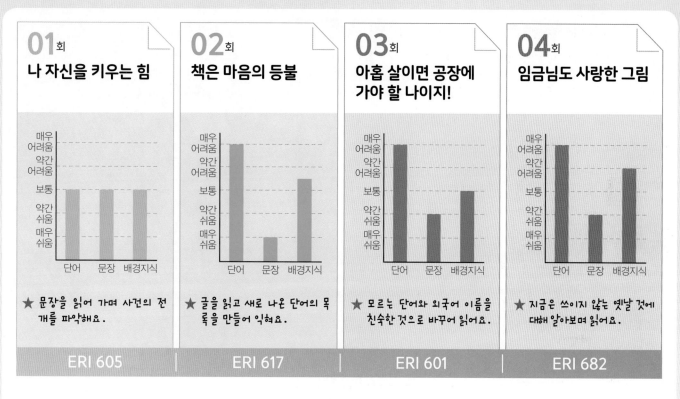

★ 문장을 읽어 가며 사건의 전개를 파악해요.

ERI 605

02회 책은 마음의 등불

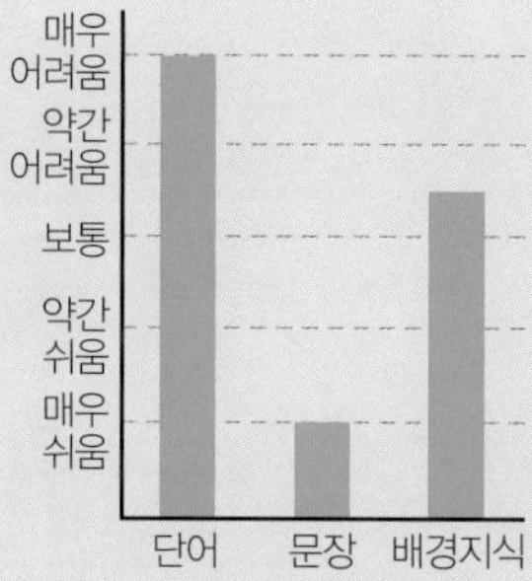

★ 글을 읽고 새로 나온 단어의 목록을 만들어 익혀요.

ERI 617

03회 아홉 살이면 공장에 가야 할 나이지!

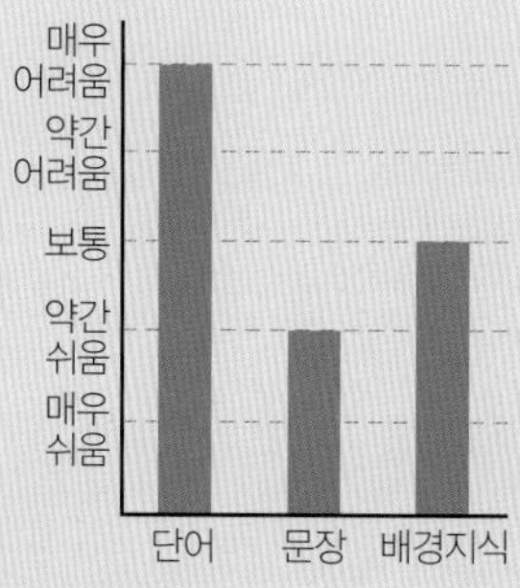

★ 모르는 단어와 외국어 이름을 친숙한 것으로 바꾸어 읽어요.

ERI 601

04회 임금님도 사랑한 그림

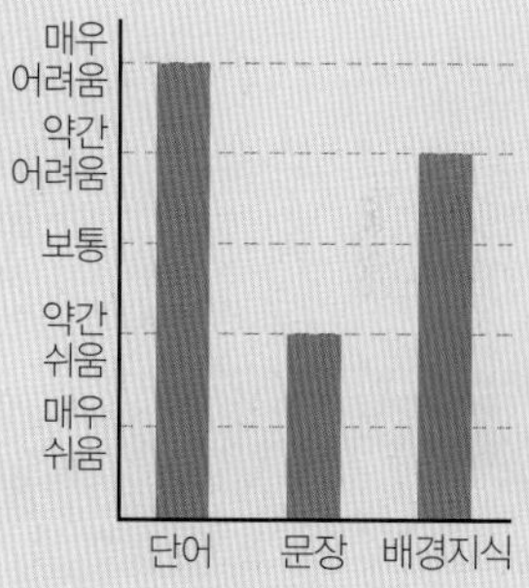

★ 지금은 쓰이지 않는 옛날 것에 대해 알아보며 읽어요.

ERI 682

이 주의 ERI 지수

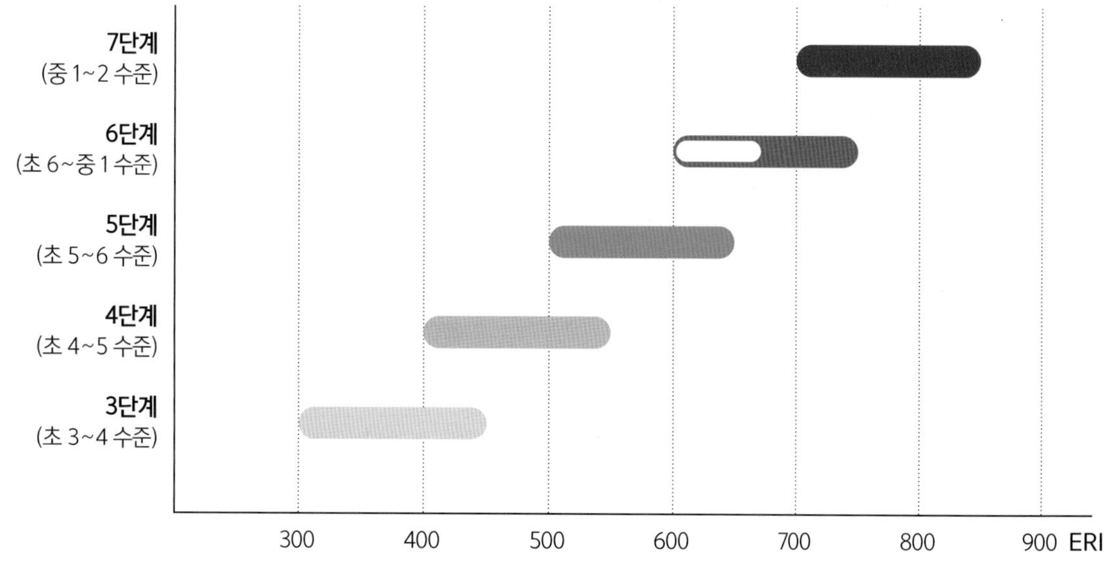

01회 나 자신을 키우는 힘

☑ 핵심 개념인 '자율'과 관련된 말들을 알아 둡시다.

→ 자율성 / 자율 학습 / 자율 복장

자율이란 남의 지배나 구속을 받지 않고 자기 스스로의 원칙에 따라 어떤 일을 하는 것을 말해요.

☑ 글을 읽고 이것만은 꼭 찾아냅시다.

→ 자율이란 무엇이고, 어떤 가치를 지니고 있는 것인가요?

☑ 글을 읽으며 글에 나타난 인물의 정서적 변화를 파악해 봅시다.

→ 사람의 마음에 일어나는 여러 가지 감정을 '정서'라고 합니다. 글이 진행되어 나감에 따라 인물의 정서가 어떻게 변화하는지 살펴봅니다.

인물이나 대상에 대해 이해하기 → 인물의 정서적 변화 파악하기

감정과 느낌이 변화하는 과정을 겪을 때 정서적 변화가 일어났다고 말해요. 이야기에서 인물은 사건을 겪으면서 다양한 정서적 변화를 경험합니다.

1 핵심 개념 미리 보기

'자율'의 사전적 의미를 읽고, 바르게 사용한 친구를 찾아 √표 하세요.

자율: 남의 지배나 구속을 받지 않고 자기 스스로의 원칙에 따라 어떤 일을 하는 것.

(1) 제훈: 자율적인 사람은 남들이 정한 원칙을 잘 지켜 행동하는 사람이야. ( )
(2) 솜이: 자기 자신의 마음과 행동을 잘 조절해야 자율적인 사람이 될 수 있어. ( )
(3) 가연: 자기보다 똑똑한 사람의 의견을 따를 때 자율적인 사람이 될 수 있어. ( )

2 읽기 방법 미리 보기

다음 글을 읽고, 자신의 정서적인 변화에 대해 이야기한 친구를 찾아 √표 하세요.

영주는 영화 만드는 일을 해 왔다. 그런데 코로나19의 영향으로 일감이 떨어져 더 이상 일을 할 수 없게 되자 낙심하여 시골 마을로 이사를 갔다. 영주가 살게 된 시골집의 주인 할머니는 하나뿐인 딸을 잃고 혼자 사는 사람이었다. 영주는 주민 센터에서 한글을 배우는 할머니의 공부를 도와주었다. 시 쓰기 숙제를 하는 할머니에게 영주는 할머니의 마음을 표현할 것을 조언하였다. 할머니는 "사람도 꽃처럼 다시 돌아오면 얼마나 좋겠습니까?"라고 쓰고 더듬거리며 읽었다. 영주는 자기도 모르게 눈물을 흘렸다. 절망 속에서도 자신의 삶을 예술로 만드는 할머니의 모습이 영주에게 감동을 준 것이다.

(1) 수현: 할머니의 시에는 딸이 살아 돌아오기를 바라는 마음이 담겨 있어. ( )
(2) 미리: 영주는 다시 힘을 내서 자기가 좋아하는 영화 일을 계속할 것 같아. ( )
(3) 연우: 영주가 하던 일을 못 하게 되었을 때는 안타까웠는데, 할머니에게서 감동을 받는 모습을 보면서 희망을 느꼈어. ( )

정답 1. (2) 2. (3)

ERI 지수 605 인문 | 도덕

가 영수는 삼촌께 받은 누에고치 몇 개를 책상 위에 올려 두었다. '정말로 저 하얀 실뭉치 같은 것에서 살아 있는 나방이 나올까?' 영수는 궁금한 마음에 시간이 날 때마다 누에고치를 들여다보았다.

나 그렇게 며칠이 지난 후 영수는 한 누에고치 표면에 작은 구멍이 생긴 것을 발견했다. 그 안에서 나방 한 마리가 꿈틀대고 있었다. 영수는 작은 구멍을 통해 빠져나오려고 몸부림치는 나방이 너무나도 안쓰러웠다. 얼른 나방이 날 수 있도록 도와주고 싶었다. 그래서 ㉠가위로 구멍 주위를 조금씩 잘라 내어 나방이 나오는 길을 넓혀 주었다.

다 영수가 이렇게 나방 한 마리를 도와주고 있는 사이 다른 누에고치들에서 나방들이 나오기 시작했다. 나방들은 작은 구멍을 비집고 한 마리씩 힘겹게 밖으로 나왔다. 나방들은 스스로 애를 쓰면서 몸부림을 친 이후에 고치를 빠져나왔다. 그러고는 날개가 마르자 곧장 날기 시작했다.

라 그런데 이상한 일이 생겼다. 영수가 구멍을 넓혀 준 고치에서 나온 나방은 그러지 못했다. 영수의 도움으로 쉽게 밖으로 나왔지만 움찔거리다가 그대로 잠잠해졌다. 당황한 영수가 손가락으로 나방을 톡톡 건드려 보았지만, 나방은 꿈쩍도 하지 않았다. 영수는 나방을 휴지로 감싸 뒷마당으로 나가 나무 밑에 묻어 주었다. 창문을 통해 날아간 다른 나방들을 보니 죽은 나방에게 미안해졌다.

마 저녁을 먹으며 영수는 삼촌께 오늘 있었던 일을 말씀드렸다. 삼촌은 "나방들은 스스로 구멍을 빠져나오기 위해 애를 쓴단다. 그 분투를 통해 힘이 길러지지. 하지만 네가 넓혀 준 구멍으로 쉽게 나온 나방은 스스로 그 힘을 기를 기회를 잃어버린 거야."라고 말씀하셨다.

바 자기 방으로 돌아온 영수는 나방들이 모두 떠나고 남겨진 빈 고치들을 바라보았다. 자신이 나방을 위한다며 한 행동이 도리어 나방을 죽게 했다고 생각하니 마음이 아팠다. 아울러 힘든 일이 생길 때 남의 도움을 받으려고만 하지 말아야겠다고 생각했다. 부모님이나 선생님께 무조건 의지해서 도움만 받게 된다면 스스로 살아가는 데 필요한 힘을 기를 수 없을 것이다. 문득 책에서 읽었던 내용이 떠올랐다. 자율은 인간 삶의 행복을 위해 중요한 요소이지만 노력 없이 주어지지는 않는다고 한다. 스스로 결정하고 끝까지 책임지기 위한 노력이 필요하다는 것이다. 인간은 보통 적당한 통제와 다른 사람이 만들어 놓은 규율 속에서 더 편안함을 느낀다고 한다. 하지만 이러한 타율적 삶이 인간을 진정한 행복과 성장으로 이끌지는 못한다. 영수는 힘든 일이 생길 때마다 오늘 있었던 일을 떠올려야겠다고 생각했다. 스스로 힘겹게 누에고치를 뚫고 나오는 나방처럼 어려운 일을 스스로의 힘으로 극복하고 책임질 때 비로소 멋지게 하늘을 날 수 있을 것이다.

내용 파악하기

1. 이 글의 내용과 일치하지 않는 것은 무엇인가요? (   )

① 영수는 가위로 누에고치 한 개의 구멍을 넓혀 주었다.
② 영수는 나방이 누에고치에서 얼른 나올 수 있기를 바랐다.
③ 영수가 구멍을 넓혀 준 누에고치에서는 나방이 쉽게 나왔다.
④ 영수는 잠잠해진 나방을 보고 곧바로 자신의 잘못을 스스로 깨달았다.
⑤ 영수는 누에고치에서 나방이 나오는 것에 대해 호기심을 가지고 있었다.

인물의 정서적 변화 파악하기

2. 가, 나, 라에 나타난 영수의 마음으로 알맞은 것은 무엇인가요? (   )

	가	나	라
①	안도감	미안함	죄책감
②	죄책감	기대감	측은함
③	초조함	측은함	안도감
④	기대감	안쓰러움	미안함
⑤	미안함	안도감	안쓰러움

글쓴이의 의도 추론하기

3. 글쓴이가 이 글에 마의 내용을 넣은 까닭은 무엇일까요? (   )

① 영수가 미처 깨닫지 못한 사실을 알려 주기 위하여
② 영수를 아끼는 삼촌의 마음을 적극적으로 드러내기 위하여
③ 삼촌의 지식을 통해 생태계 파괴의 심각성을 강조하기 위하여
④ 조카와 삼촌 사이에 이루어지는 소통의 중요성을 부각하기 위하여
⑤ 영수의 무지함을 보여 주어 과학 공부의 중요성을 강조하기 위하여

특정 관점에서 평가하기

4. **㉠과 같은 영수의 행동을 〈보기〉의 관점에서 평가한 내용으로 알맞은 것은 무엇인가요? (　　　)**

보기

모든 존재의 행복은 스스로 결정할 수 있는 기회가 주어질 때 가능하다. 내가 어떤 존재가 되고 싶은지, 중요한 것이 무엇인지 스스로 결정할 수 있을 때 독립적인 존재가 된다. 다른 사람에 의하여 자기 인생이 결정되거나 자기 삶을 스스로 개척할 수 없을 때 모든 존재는 크게 상처받는다.

① 영수는 '나방'이 날아오를 수 있는 주변 환경을 만들어 주지 않았어.
② 영수는 '나방'이 효과적으로 날갯짓을 할 수 있도록 도와주지 않았어.
③ 영수는 '나방'의 특성에 대해 사전에 충분히 알아보지 않고 서둘렀어.
④ 영수는 '나방'의 건강 상태와 상처 여부를 사전에 충분히 살피지 않았어.
⑤ 영수는 '나방'이 자신의 힘으로 누에고치에서 빠져나올 수 있도록 두지 않았어.

글의 내용 적용하기

5. **이 글에서 영수가 깨달은 가치와 가장 비슷한 사례를 보여 주는 것은 무엇인가요? (　　　)**

① 세종 대왕은 자신의 의견과 비록 다르더라도 신하들의 말에 끝까지 귀 기울였다.
② 할머니는 평생 시장에서 어렵게 번 돈을 가난한 학생들을 위한 장학금으로 기부했다.
③ 그리스 신화의 데메테르 여신은 납치된 딸을 찾기 위해 9일 밤낮을 먹지도 않고 다녔다.
④ 아프리카의 젊은이들은 시련을 스스로 이겨 내는 통과 의례를 거쳐야 어른으로 인정받았다.
⑤ 이순신 장군은 지위의 높고 낮음을 떠나 주변 사람들에게 사람 대 사람으로 예의를 갖추었다.

정서적 변화 인식하기

6. **이 글의 내용과 관련지어 자신의 정서적 변화를 잘 드러낸 친구는 누구인가요? (　　　)**

① 서준: 누에고치에서 나방이 어떻게 나오는지 잘 나타나 있군.
② 지철: 주변에서 일어난 작은 일에서도 삶의 지혜를 발견할 수 있군.
③ 보경: 책상 위에서 누에고치를 기른다는 내용은 현실과 맞지 않는 내용이야.
④ 유미: 어려운 일을 극복하기 위해서는 다른 사람들의 도움이 필요함을 알게 되었어.
⑤ 다민: 나방들이 고치에서 힘겹게 나올 때는 안타까웠는데 스스로 날아가는 모습에 대견한 마음이 들었어.

어휘 익히기

정답과 해설 5쪽

1 단어 뜻 알기

빈칸에 들어갈 알맞은 단어를 〈보기〉에서 찾아 쓰세요.

보기

실뭉치 꿈쩍 분투 규율

1. 영수는 학교의 (   )을/를 잘 따르는 모범적인 학생이다.
   뜻 질서를 잡으려고 정해 놓은 규칙이나 법.

2. 고양이가 (   )을/를 가지고 노는 모습이 평화로워 보인다.
   뜻 실을 한데 뭉치거나 감은 덩이.

3. 눈물겨운 (   )에도 불구하고 그들은 경기에서 지고 말았다.
   뜻 있는 힘을 다하여 싸우거나 노력함.

4. 술래가 '무궁화꽃이 피었습니다.'를 말하고 돌아보았을 때 몸을 조금이라도 (   ) 하면 술래가 된다.
   뜻 몸을 둔하고 느리게 움직이는 모양.

2 관용 표현 알기

다음 빈칸에 들어갈 알맞은 말을 쓰세요.

"하늘은 □□□ 돕는 자를 돕는다"

이 속담은 하늘도 스스로 노력하는 사람을 도와 성공하게 만든다는 뜻입니다. 어떤 일을 이루기 위해서는 자신의 노력이 가장 중요함을 강조하는 말입니다. 스스로 힘겹게 누에고치를 뚫고 나오는 나방처럼 어려운 일을 혼자 힘으로 극복한다면 나방처럼 멋지게 하늘을 날 수 있을 것입니다.

3 한자어 익히기

다음 한자어를 소리 내어 읽고 빈칸에 따라 써 보세요.

依	支
의지할 **의**	지탱할 **지**

의지(依支): 다른 것에 마음을 기대어 도움을 받음.

- 나는 별빛에 의지하여 언덕을 내려왔다.
- 그는 종교에 의지해 문제를 해결하려 했다.
- 그 아이는 아빠에게 무조건 의지하려고 했다.

依	支						
의지할 의	지탱할 지						

02회 책은 마음의 등불

☑ 핵심 개념인 '은유'와 관련된 말들을 알아 둡시다.

→ 은유법 / 은유와 상징 / 은유적 표현

은유란 표현하려는 대상을 다른 대상의 특성에 간접적으로 빗대어 표현하는 수사법의 일종이에요. 보통 '~은/는 ~이다.' 형태로 표현한답니다.

☑ 글을 읽고 이것만은 꼭 찾아냅시다.

→ 은유의 개념과 은유적 표현을 만드는 원리는 무엇인가요?

☑ 여러 글을 읽으며 감상을 확장해 봅시다.

→ 여러 글을 찾아 읽으며 하나의 글을 읽고 난 뒤 느끼고 평가했던 감상 내용의 폭을 넓혀 봅니다.

글을 읽고 감상하기 → 여러 글을 찾아 읽기 → 감상 확장하기

감상 확장하기는 원래의 글에서 느끼고 평가했던 내용을 보다 다양한 관점으로 넓히는 활동을 말해요. 하나의 글을 읽을 때보다 여러 글을 읽으면 감상의 폭을 좀 더 넓힐 수 있답니다.

1 핵심 개념 미리 보기

빈칸에 공통으로 들어갈 단어를 〈보기〉에서 찾아 쓰세요.

보기

관습　　속담　　은유　　수수께끼

- (　　　　)은/는 직유, 상징처럼 자기 생각을 간접적으로 전달하는 방법 중의 하나이다.
- "우리 선생님은 호랑이셔."는 (　　　　)적 표현에 해당한다.

2 읽기 방법 미리 보기

다음은 민호가 「토끼와 거북이」를 읽고 쓴 감상문입니다. 다른 글을 더 찾아 읽고 작품에 대한 감상 내용을 확장하기 위한 계획으로 알맞은 것에 √표 하세요.

나는 「토끼와 거북이」 이야기를 읽고 거북이가 어리석은 동물이라고 생각했다. 왜냐하면 거북이는 뻔하게 질 수밖에 없는 경주를 하겠다고 했기 때문이다. 거북이는 육지에서보다는 물에서 더 빨리 갈 수 있는 동물이다. 그렇다면 당연히 토끼가 육지에서 경주를 하자고 했을 때 거절했어야 한다. 하지만 거북이는 토끼의 제안을 승낙했다. 토끼가 "이 느림보 거북아!"라며 거북이의 자존심을 건드렸기 때문이다. 그런 점에서 난 거북이는 성실하다기보다는 성급한 성격이라고 생각했다.

(1) 거북이가 등장하는 다른 이야기에서는 거북이가 어떤 성격으로 그려지는지 알아봐야겠어. (　　)

(2) 예전에 나도 거북이처럼 성급한 결정을 내린 적이 있었는지 생각해 봐야겠어. (　　)

정답 1. 은유 2. (1)

ERI 지수 617 인문 | 국어

'책은 마음의 등불이다.'라는 말이 있다. 책은 마음을 밝혀 지혜롭게 하고, 인생의 길을 안내해 준다는 뜻이다. '책'을 '등불'에 빗대어 표현하니 기억에 오래 남는 말이 되었다. 이처럼 원래의 뜻을 숨기고 대신에 서로 닮은 특징을 지닌 다른 사물을 써서 표현하는 방법을 은유라고 한다. 은유는 인류가 오랫동안 사용한 탁월한 표현법이었고, 지혜를 전달하는 중요한 방법이었다. 아리스토텔레스는 은유를 창조성의 근원이라고 하였다. 가장 위대한 시인은 훌륭한 은유를 만드는 사람이었다.

그렇다면 은유가 만들어지는 원리는 무엇일까? 은유의 묘미는 서로 다른 두 대상에서 닮은 점을 찾아 연결한다는 것이다. 은유의 예로 '봄은 팝콘이다.'라는 표현을 들어 보자. '봄'과 '팝콘'은 그다지 관련이 많아 보이지 않는다. 하지만 누군가는 '봄'과 '팝콘' 사이에 닮은 점을 발견할 수 있다. '온도가 높아지면 하얀 무언가가 터져 나온다.', '달콤하다.', '누군가와 함께하고 싶고 나누고 싶다.' 등등. 그래서 '봄은 팝콘이다.'라는 은유가 형성된다. 어떤가? 어느 날 갑자기 환한 꽃이 핀 봄의 거리. 그곳에서 누군가와 함께하면서 달콤한 시간을 보내고 싶은 봄날의 이미지가 떠오르지 않는가? 아리스토텔레스는 은유가 만들어지면, 한 사물은 다른 사물로 전이된다고 하였다. '봄은 팝콘이다.'에서 '봄'은 '팝콘'이라는 다른 사물로 전이되면서 새로운 의미를 만들고 있다.

그런데 흔히 생각하는 것과 달리 은유는 시인들만이 쓰는 표현법이 아니다. 우리의 일상생활 곳곳에서 은유를 만날 수 있다. 그 대표적인 예가 별명이다. 어떤 학생이 자신의 '엄마'에게 '밥솥'이라는 별명을 붙여 주었다고 하자. 이 학생은 엄마와 닮은 대상으로 밥솥을 선택하여 엄마에 대한 자기 생각과 느낌을 표현하고 있다. 자신에게 엄마는 밥솥처럼 따뜻하고, 힘이 되어 주며, 가까이 있는 존재라는 것이다. '내 동생은 녹음기.'라는 표현에서는 '내 동생'이 '녹음기'처럼 같은 말을 반복하면서 떼를 쓰는 특성이 있음을 짐작할 수 있다. 은유는 광고에서도 다양하게 쓰인다. 스마트폰 중독을 '과다 복용'이라는 은유로 표현한 공익 광고가 있다. '과다 복용'에는 약물을 지나치게 많이 복용하면 건강을 해칠 수 있다는 의미가 담겨 있다. 약물 중독과 마찬가지로 스마트폰 중독 역시 정신적, 심리적 위험을 가져온다는 의미가 금방 들어온다.

그렇다면 은유의 (㉠)은/는 무엇일까? 먼저, 은유는 익숙한 사물을 새로운 시각으로 이해할 수 있게 한다. 평소에는 전혀 다른 사물들인데, 두 사물들 사이에 닮음이 있음을 발견해 보라. 이 새로움은 우리에게 '아하!' 하는 경탄과 즐거움을 일깨운다. 엄마가 밥솥이라니? 은유를 통해 우리는 습관적인 생각에서 벗어나 신선한 눈으로 세상을 다시 볼 수 있다. 또 은유는 말하고자 하는 내용을 생생하게 전달해 준다. 누군가 "비행기 태우지 마세요."라고 말하면, 과분한 칭찬에 쑥스러워하는 그 사람의 마음을 생생하게 느끼게 되는 것이다.

내용 파악하기

1. 이 글의 내용과 일치하는 것은 무엇인가요? (　　　)

① 은유는 의미를 직접적으로 분명하게 전달한다.
② 은유는 두 사물의 차이점을 발견하여 만들어진다.
③ 은유는 현대에 와서 주로 사용하는 표현 방법이다.
④ 은유는 시에서만 쓰이는 무척 특별한 표현 방법이다.
⑤ 은유는 대상을 새로운 관점에서 신선하게 이해하도록 한다.

내용 전개 방식의 효과 이해하기

2. 이 글의 내용 전개 방식과 그 효과에 대한 설명으로 알맞은 것은 무엇인가요? (　　　)

① 개인적인 경험을 제시하여 내용에 공감하도록 한다.
② 대상의 구체적인 원인을 제시하여 설득력을 높여 준다.
③ 구체적 수치를 근거로 들어 주장의 신뢰성을 높여 준다.
④ 예를 들어 설명하여 내용을 쉽게 이해할 수 있도록 한다.
⑤ 시간적 순서로 설명하여 대상을 구체적이고 실감 나게 보여 준다.

관점 비교하기

3. 글쓴이가 〈보기〉를 읽고 보일 수 있는 반응으로 알맞은 것은 무엇인가요? (　　　)

보기

문학 비평가: 누구나 은유를 만들 수 있는 건 아닙니다. 남다른 상상력을 가진 시인들만이 가능해요. 새로운 관점이 있어야 하거든요. 남들은 다르다고 생각하는 두 사물에서 오히려 '닮음'이 있다는 것을 볼 수 있어야 하죠.

① 아닙니다. 은유를 만들려면 창의적 상상력이 필요합니다.
② 아닙니다. 은유는 일상생활에서 누구나 만들 수 있습니다.
③ 아닙니다. 은유는 사물을 새롭게 볼 수 있도록 해 줍니다.
④ 그렇습니다. 각 사물마다 한 가지의 은유만 가능합니다.
⑤ 그렇습니다. 재능 있는 시인들만이 은유를 사용할 수 있습니다.

핵심어 파악하기

4. ㉠에 들어갈 단어로 알맞은 것은 무엇인가요? (　　　)

① 기능　　② 종류　　③ 역사　　④ 요소　　⑤ 구조

정답과 해설 7쪽

여러 글을 읽고 감상 확장하기

5. **이 글과 관련하여 〈보기〉의 두 글을 찾아 읽고 감상을 넓히는 활동을 하였습니다. 감상 내용으로 알맞지 않은 것은 무엇인가요? (　　　)**

보기

(가) '돈만 있으면 도깨비도 부린다.'라는 속담이 있다. '돈이 있다는 것'과 '도깨비를 부리는 힘'을 닮은 것으로 표현하여 돈의 힘이 세다는 점을 잘 나타냈다. 중국에는 '돈만 있으면 귀신도 부린다.'라는 속담이 있다. 역시 돈의 힘을 은유로 표현한 속담으로, '도깨비' 대신 '귀신'이라고 한 점이 우리와 다르다. 이렇듯 은유에는 나라마다의 문화적 차이도 담겨 있다.

(나) '물도 끊어 쓰세요!'라는 공익 광고가 있다. 이 광고에는 수도꼭지에서 수돗물 대신에 두루마리 화장지가 나오는 모습이 표현되어 있다. 이어지는 문구에서는 "동생의 세안 – 물 네 칸, 아버지의 세차 – 물 여섯 칸, 누나의 샤워 – 물 여덟 칸", "우리 가족의 일상을 책임지는 소중한 물. 끊어 쓰지 않으면 언젠가는 끊어집니다!"라고 적혀 있다. 물은 두루마리 화장지처럼 끊어 쓸 수 없지만, 둘 다 아낄 수 있다는 것에서 닮은 점이 있음을 발견하면 흐르는 물도 아끼며 절약할 수 있다는 내용이 쉽게 다가온다.

① (가)를 보니, 두 사물의 닮은 점을 찾아 연결하면 은유적 표현을 만들 수 있겠어.
② (가)를 보니, 같은 내용의 은유라도 문화권에 따라 구체적인 표현은 달라질 수 있네.
③ (나)를 보니, 은유는 익숙한 사물을 낯선 관점에서 새롭게 이해할 수 있도록 하네.
④ (나)를 보니, 은유가 대상의 장점을 그릇되게 전달할 수도 있으니 조심해서 사용해야겠어.
⑤ (나)를 보니, 은유의 표현 방식을 익히면 누구나 신선한 느낌의 광고문을 만들 수 있겠어.

글의 내용 적용하기

6. **〈보기〉를 참고하여 은유적 표현을 만들고, 표를 완성해 보세요.**

보기

우리 엄마는 밥솥이다.

A		B		A와 B의 닮은 점	의미
우리 엄마	=	밥솥	➡	따뜻하다. / 힘이 되어 준다. / 가까이 있다.	엄마는 따뜻하고, 옆에서 힘이 되어 주는 존재이다.

A		B		A와 B의 닮은 점	의미
	=		➡		

어휘 익히기

1 단어 뜻 알기

빈칸에 들어갈 알맞은 단어를 〈보기〉에서 찾아 쓰세요.

보기

탁월한　　근원　　전이　　습관적

1. 욕심은 모든 싸움의 (　　　　)(이)다.
   뜻 어떤 일을 일어나게 하는 바탕이나 까닭.
2. 나는 벽난로 앞에서 (　　　　)(으)로 두 손바닥을 마주 비볐다.
   뜻 습관(여러 번 되풀이하면서 몸에 밴 행동)이 된.
3. 이 장면에서 이 영화는 현실 세계에서 상상의 세계로 (　　　　)된다.
   뜻 다른 데로 옮아감.
4. 그는 이야기를 재미있게 전달하는 데 (　　　　) 능력을 가지고 있다.
   뜻 남보다 두드러지게 뛰어난.

2 관용 표현 알기

다음 빈칸에 들어갈 알맞은 말을 쓰세요.

"같은 말이라도 아 다르고 어 □□□"

이 속담은 비슷한 말이라도 어떻게 하느냐에 따라 듣기 좋은 말이 되기도 하고 듣기 싫은 말이 되기도 하므로 말을 가려 해야 한다는 말입니다. 즉 같은 내용이라도 표현하는 방식에 따라 듣는 이가 다르게 받아들일 수 있으니, 평소 자신이 하는 말을 한 번쯤 살펴보는 것이 좋겠습니다.

내 친구 보미는 보름달!
내 얼굴이 그렇게 커 보이나?

3 한자어 익히기

다음 한자어를 소리 내어 읽고 빈칸에 따라 써 보세요.

詩	人
시 **시**	사람 **인**

시인(詩人): 시를 전문으로 쓰는 사람.

- 시인은 언어의 마술사이다.
- 어머니는 우리나라의 옛날 시인들을 좋아하신다.
- 윤동주는 우리나라를 대표하는 시인 중 한 명이다.

詩	人						
시 시	사람 인						

03회 아홉 살이면 공장에 가야 할 나이지!

☑ 핵심 개념인 '산업 혁명'과 관련된 말들을 알아 둡시다.

→ 영국의 산업 혁명 / 산업 혁명의 영향력

산업 혁명은 수공업에서 대규모 기계 공업으로 변화하면서 사회와 경제 모든 분야에서 큰 변화가 일어난 사건을 말해요. 18세기 영국에서 가장 먼저 시작되었답니다.

☑ 글을 읽고 이것만은 꼭 찾아냅시다.

→ 산업 혁명은 어린이들의 생활에 어떤 영향을 미쳤나요?

☑ 글에 나타난 표현의 적절성을 판단해 봅시다.

→ 글을 읽을 때는 글의 주제나 글쓴이의 의도와 어긋난 표현은 없는지, 과장되거나 거짓된 표현은 없는지 등을 살펴봐야 합니다.

주제에 어긋나는 표현은 없는가?	+	글쓴이의 의도를 드러내기에 적합한가?	+	표현에 과장이나 거짓은 없는가?

표현의 적절성을 판단하기 위해서는 글의 주제와 글쓴이의 관점을 먼저 파악하는 것이 중요해요.

1 핵심 개념 미리 보기

다음 단어에 해당하는 뜻을 찾아 바르게 연결하세요.

(1) 산업 혁명 •　　　• ㉠ 집에서 간단한 도구나 손으로 물건을 만들어 생산하는 형태의 공업.

(2) 가내 수공업 •　　　• ㉡ 공장에서 노동력을 제공하고 그 대가로 임금을 받는 사람.

(3) 공장 노동자 •　　　• ㉢ 18세기에 산업의 기초가 수공업에서 대규모 기계 공업으로 전환된 큰 사회 변화.

2 읽기 방법 미리 보기

다음 주제와 어울리지 않는 문장을 찾아 그 기호를 쓰세요.

주제: 환경을 보호하기 위해 일회용 플라스틱 사용을 줄이자.

㉮ 요즘 몇몇 카페에서는 음료와 함께 종이 빨대를 제공한다. ㉯ 플라스틱 빨대만 사용하던 과거와는 다른 모습이다. ㉰ 플라스틱 빨대는 사용하기에 매우 편리하지만 잘 썩지 않기 때문에 쓰레기 처리가 어렵다. ㉱ 하지만 종이 빨대는 액체를 흡수하기 때문에 음료를 마실 때 불편하다. ㉲ 플라스틱 빨대 대신 종이 빨대를 쓰면 쓰레기로 몸살을 앓고 있는 지구를 조금이라도 보호할 수 있다.

(　　　　)

정답 1. (1) – ㉢ (2) – ㉠ (3) – ㉡ 2. ㉱

ERI 지수 601 인문 | 역사

가 아일랜드에 살던 제임스의 가족은 일자리를 찾기 위해 영국으로 왔다. 당시 영국에는 많은 공장이 세워졌고 각종 공사가 많았기 때문에 일자리가 많았다. 제임스는 이곳에서 ㉮더 나은 삶을 꿈꾸었다. 하지만 안타깝게도 ㉯결과는 그렇지 못했다. 아버지는 철도 공사 중 사고로 목숨을 잃었다. 어머니 혼자서는 남은 가족을 부양하기가 어려웠다. 그래서 제임스는 런던의 빈민 수용소에 가게 되었다. 빈민 수용소에는 먹을거리가 늘 부족했고 아이들은 힘든 일을 해야만 했다.

나 어느 날 맨체스터에 있는 방적* 공장 사장이 빈민 수용소에 왔다. 공장에서 일을 시킬 아이들을 데려가기 위해서였다. 아홉 살이었던 제임스도 사장을 따라 공장에 가게 되었다. 맨체스터에는 백 개 정도 되는 방적 공장이 빽빽하게 들어서 있어서 굴뚝에서 나오는 회색 연기가 도시 전체를 덮고 있었다. 산업 혁명 이전에는 가내 수공업으로 소량의 물품을 생산했지만, 이후에는 기계를 통한 대량 생산이 가능해졌다. 그러자 많은 돈을 벌기 위해 너도나도 공장을 세우고 기계를 돌렸던 것이다.

다 공장 생활은 빈민 수용소에서의 생활보다 더 힘들었다. 제임스는 새벽 5시에 일어나 공장에 갔다. 1833년에 영국 정부는 방적 공장에서 아홉 살 이하 어린이에게 일을 시키는 것을 금지했다. 또한 아홉 살에서 열세 살 어린이는 하루에 최대 9시간까지만 일하도록 정했다. 하지만 공장 주인은 정부가 정한 법을 지키지 않고 제임스와 다른 어린이들에게 하루에 13시간 30분 동안 일을 시키고 있었다.

라 제임스는 공장에서 목화솜을 기계 안에 집어넣는 일을 했다. 목화솜 먼지를 많이 마셔서 계속 기침이 났다. 또 공장 안은 매우 뜨겁고 습했기 때문에 숨을 쉬기도 어려웠다. 며칠 전에 제임스의 친구 존은 기계에 달린 날카로운 금속 핀*에 손가락이 찔려 피가 많이 났지만, 치료조차 받지 못했다. 가끔 방적기 밑에서 일하다 바퀴에 깔리는 사고가 나기도 했다. 이렇게 일하고 받는 임금은 일주일에 3실링*뿐이었다. 그나마 2실링을 방세로 내고 남은 1실링으로 먹을 것을 사야 했다. 1실링으로 큰 빵 한 덩이와 우유 한 병을 사고 나면 남는 게 거의 없었다. 너무 힘든 나날이었다.

마 그렇게 2년을 일한 1844년 어느 날, 공장에 ㉠조사관이 찾아왔다. ㉡정부는 조사관을 통해 어린이들의 ㉢힘든 상황을 알게 됐고, 새로운 법을 만들었다. 그 법은 여덟 살에서 열세 살의 어린이는 반드시 학교에 가야 하고, 지금보다 ㉣많이 일해야 한다는 내용을 담고 있었다. 제임스는 드디어 하루의 반만 일하고, 나머지 반은 ㉤학교에서 보낼 수 있게 되었다. 열심히 공부한다면 언젠가는 더 나은 삶을 살 수 있을 거라는 희망이 생겼다.

* **방적**: 솜, 고치, 털 등에서 실을 뽑는 일.
* **핀**: 쇠붙이 같은 것으로 가늘고 뾰족하게 만들어 꽂을 수 있는 물건을 두루 이르는 말.
* **실링**: 영국의 옛날 화폐 단위.

핵심어 파악하기

1. 이 글에서 제임스가 살았던 시대적 배경을 알 수 있는 말을 찾아 쓰세요.

□□ □□ 시대

세부 내용 파악하기

2. 이 글을 읽고 알 수 <u>없는</u> 것은 무엇인가요? (　　　)

① 제임스가 살았던 나라
② 제임스가 공장에서 한 일
③ 제임스가 노동자가 된 나이
④ 제임스가 하루에 노동한 시간
⑤ 제임스가 공장에서 만든 물건의 이름

세부 내용 파악하기

3. 이 글을 읽고, 당시에 공장에서 일했던 어린이들의 삶에 대해 바르게 말한 친구를 모두 찾아 ✓표 하세요.

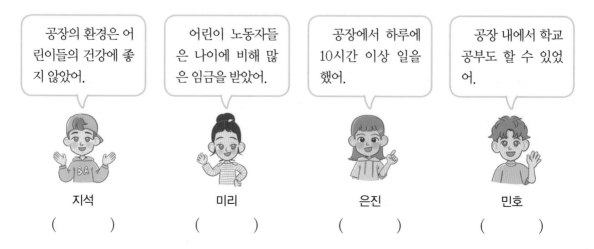

공장의 환경은 어린이들의 건강에 좋지 않았어.
어린이 노동자들은 나이에 비해 많은 임금을 받았어.
공장에서 하루에 10시간 이상 일을 했어.
공장 내에서 학교 공부도 할 수 있었어.

지석	미리	은진	민호
(　　)	(　　)	(　　)	(　　)

정답과 해설 9쪽

맥락을 활용하여 추론하기

4. ㉮와 ㉯가 각각 뜻하는 내용으로 알맞은 것은 무엇인가요? (　　　)

	㉮	㉯
①	영국에서 오래 사는 것	학교에 다니게 된 것
②	아일랜드로 돌아가는 것	빈민 수용소에 들어간 것
③	공장에서 노동자가 되는 것	법을 잘 지키는 공장 주인이 된 것
④	가족이 좀 더 잘살게 되는 것	가족과 헤어져서 공장 노동자가 된 것
⑤	어린이를 위한 법을 만드는 것	영국에서 쫓겨나서 공장 노동자가 된 것

표현의 적절성 판단하기

5. 글 내용의 흐름을 고려할 때, ㉠~㉤ 중 알맞게 쓰이지 않은 것은 무엇인가요? (　　　)

① ㉠

② ㉡

③ ㉢

④ ㉣

⑤ ㉤

내용 추론하기

6. 이 글을 읽고 짐작할 수 있는 산업 혁명 이후의 현상으로 알맞은 것은 무엇인가요? (　　　)

① 가내 수공업이 눈에 띄게 늘어났을 것이다.

② 공장에서 나온 연기로 대기 오염이 심해졌을 것이다.

③ 전보다 법을 어기는 사람들이 훨씬 많아졌을 것이다.

④ 여덟 살에서 열세 살 어린이의 수가 크게 감소했을 것이다.

⑤ 어린이 노동자들의 임금 수준이 이전보다 크게 높아졌을 것이다.

어휘 익히기

정답과 해설 9쪽

1 단어 뜻 알기

빈칸에 들어갈 알맞은 단어를 〈보기〉에서 찾아 쓰세요.

보기

부양 빈민 임금 방세

1. 그는 월급을 탄 뒤 지난달에 밀린 (   )부터 갚았다.
   뜻 남의 집 방을 얻어 쓸 때 방을 쓰는 값으로 내는 돈.
2. 홍길동은 부자들의 집을 털어 (   )에게 나누어 주었다.
   뜻 가난한 사람.
3. 최저 (   )조차 받지 못하는 근로자들의 불만이 커지고 있다.
   뜻 일한 값으로 받는 돈.
4. 부모님이 일찍 돌아가셔서 장남인 그가 동생 세 명을 (   )했다.
   뜻 생활 능력이 없는 사람의 생활을 돌봄.

2 관용 표현 알기

다음 빈칸에 들어갈 알맞은 말을 쓰세요.

"□□ 피하니 범이 온다"

이 속담은 노루를 피하고 나니 더 무서운 호랑이가 온다는 말로, 일이 점점 더 어렵고 힘들게 된다는 뜻입니다. 산업 혁명 당시 공장 생활이 빈민 수용소에서의 생활보다 더 힘들었다는 이 글의 어린이 노동자 '제임스'의 상황을 빗대어 말할 수 있습니다.

3 한자어 익히기

다음 한자어를 소리 내어 읽고 빈칸에 따라 써 보세요.

生	産
날 **생**	낳을 **산**

생산(生産): 인간이 생활하는 데 필요한 각종 물건을 만들어 냄.

- 이 지역은 세계적인 석유 생산 지역이다.
- 이 공장은 무인 생산 방식으로 운영된다.
- 새로운 기술의 보급으로 농업 생산이 크게 늘어났다.

生	産						
날 생	낳을 산						

04회 임금님도 사랑한 그림

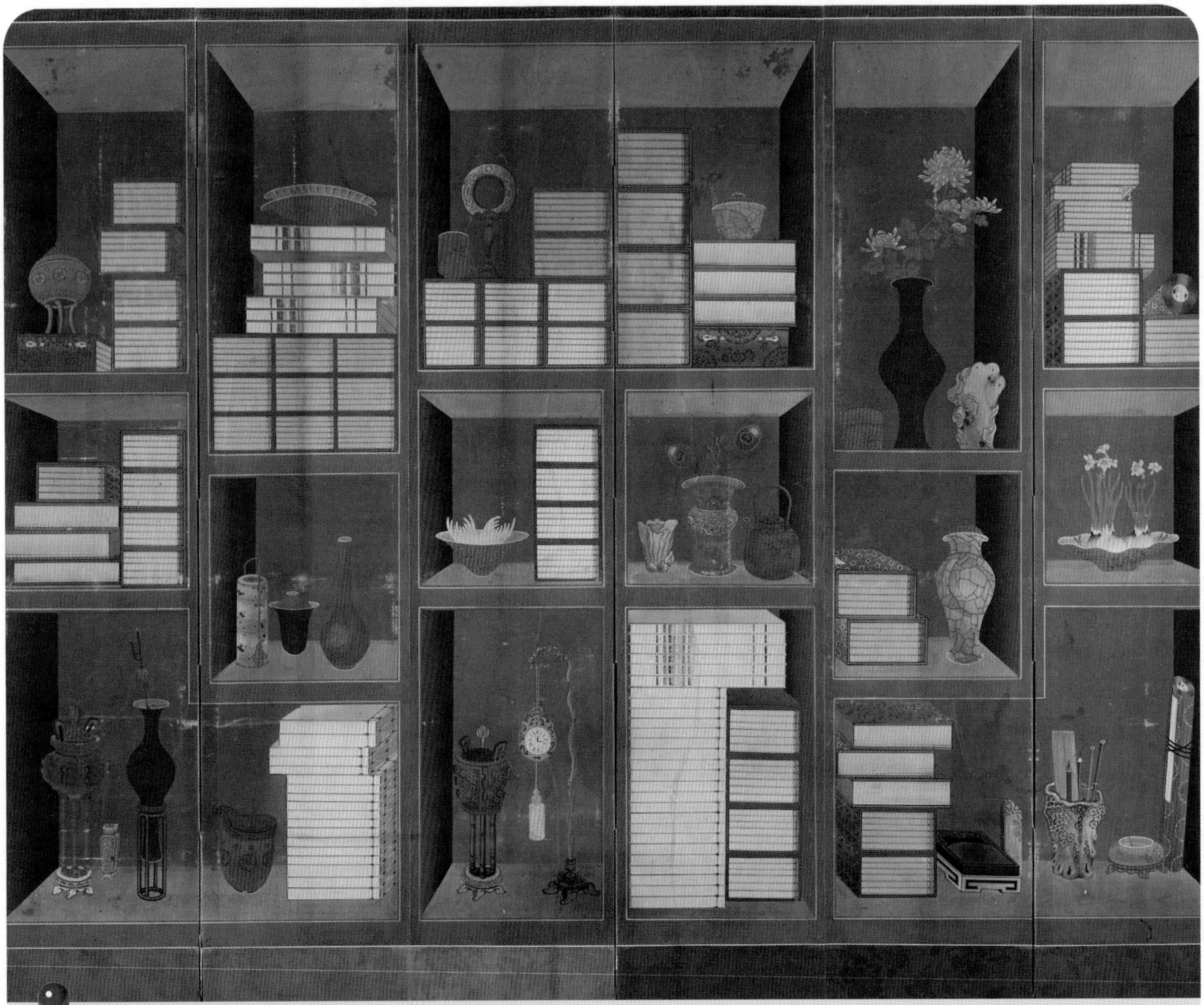

☑ 핵심 개념인 '민화'와 관련된 말들을 알아 둡시다.

→ 민화 그리기 / 책거리 민화

민화는 조선 후기에 서민들 사이에서 유행한 그림이에요.

☑ 글을 읽고 이것만은 꼭 찾아냅시다.

→ 책거리 민화에는 사람들의 어떤 소망이 담겨 있나요?

☑ 글에 나타난 인물의 동기를 추론해 봅시다.

→ 글에 드러난 사회적 · 역사적 상황, 인물의 말과 행동, 심리, 다른 인물들과의 관계 등을 바탕으로 인물의 마음속 동기를 추론해 봅니다.

• 사회적 · 역사적 상황
• 인물의 말과 행동, 심리
• 인물 간의 관계

➡ 인물의 동기 추론하기

동기란 어떤 일이나 행동을 일으키게 하는 계기를 말해요.

1 핵심 개념 미리 보기

빈칸에 공통으로 들어갈 단어를 〈보기〉에서 찾아 쓰세요.

보기

민화 산수화 인물화 정물화

- 조선 시대 서민 문화에는 탈놀이, 판소리, 한글 소설, (   ) 등이 있다.
- 조선 시대 서민 문화 중에서 (   )는 다양한 소재로 서민들의 소망을 담아 자유롭게 그린 그림을 말한다.

2 읽기 방법 미리 보기

다음 글에서 한글 소설을 읽었던 서민들의 동기를 추론한 내용으로 알맞은 것에 √표 하세요.

조선 후기 글을 읽고 쓸 줄 아는 서민들이 늘어나자 이들을 대상으로 한 한글 소설이 유행했다. 특히 「홍길동전」은 시얼 출신인 홍길동이 의적이 되어 탐관오리를 혼내 주고, '율도국'이라는 나라의 왕이 되어 나라를 잘 다스렸다는 내용을 담고 있는데, 이는 당시 사회에 대한 비판을 소설로 나타낸 것이라 할 수 있다. 또 천민인 기생의 딸 춘향을 주인공으로 한 「춘향전」은 신분 차별에 대한 비판과 함께 인간 평등사상과 미래에 대한 희망을 담고 있다.

(1) 출세하여 가족과 함께 행복하게 살고자 하였을 것이다. (   )
(2) 자신들과 현실을 돌아보는 기회를 갖고자 하였을 것이다. (   )
(3) 당시 사회 제도를 비판하기보다 따르고자 하였을 것이다. (   )

정답 1. 민화 2. (2)

ERI 지수 682 인문 | 역사

민화는 서민적인 특징이 가장 잘 드러나는 그림이다. 민화가 유행하기 시작한 것은 조선 시대 후기이다. 민화를 통해 서민들은 형식에 얽매이지 않고 자신들의 자유로운 상상력과 느낌을 표현하였다. 민화는 누가 언제 그렸는지 알 수가 없다. 비록 ㉠서툴고 어설퍼 보이지만 민화에는 서민들의 소망이 담겨 있다. 예를 들어 민화에는 호랑이, 까치, 잉어 등이 자주 등장한다. 이들은 나쁜 귀신을 물리치고 행복하고 건강하게 오래 살고 싶다는 서민들의 마음을 표현한 것이다. 또 민화에는 우리 민족의 순박한 정서가 담겨 있다. 한국적인 감정도 생생하게 살아 있다. 그런 점에서 우리나라 서민 문화유산을 꼽는다면 민화가 최고이다.

민화 중에 독특하게 책, 그리고 책과 관련된 사물을 위주로 그린 그림이 있다. '책거리'와 '책가도'가 그것이다. 책거리는 책과 책장, 붓 등의 문방구들을 그린 그림이다. 여기서 ㉡'거리'는 구경거리에서의 '거리'와 비슷한 의미로 쓰인 것으로 해석하는 경우가 많다. 이에 따르면, 책거리는 책이나 책과 관련된 다양한 대상들을 가리킨다. 또 책거리 중에서도 책가도로 불린 그림이 있는데, 이것은 책을 쌓아 두는 선반인 책가를 함께 그린 그림이다. 궁중 화원이었던 이형록이 그린 「책가도」 병풍을 살펴보자. 이 그림에는 책장과 함께 중국식 도자기, 문방구, 꽃병, 안경 등의 귀중품이 함께 그려져 있다. 또 그림의 가장자리에는 금선을 두르고 바탕색은 고풍스럽다. 여기에 화려한 색감의 물건들이 어우러지니 그 분위기가 매우 고급스럽다.

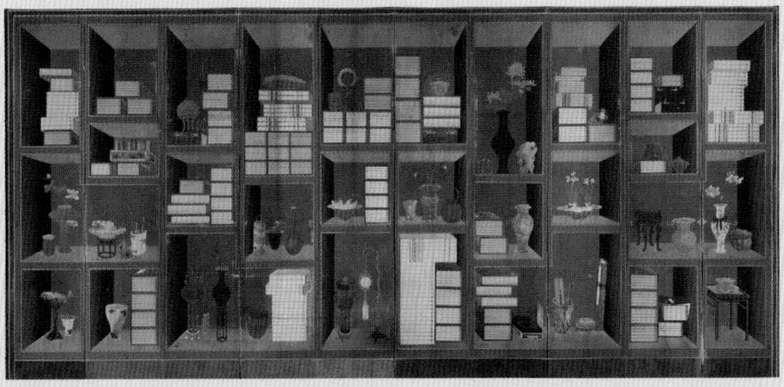
▲ 이형록, 「책가도」(19세기)

책거리에는 당시 사람들의 어떤 소망이 담겨 있을까? 유교 사회였던 조선 시대에는 학식이 높은 사람을 우러러봤다. 책을 통해 학문을 익히고 과거에 급제하는 것을 높은 가치로 생각하였다. 하지만 귀한 물건이었던 책을 집에 많이 두긴 쉽지 않았다. 대신 책이 그려진 병풍을 세워 두고 마음의 위안으로 삼았다. 그러니까 책거리에는 과거 급제와 학문에 대한 사람들의 소망이 담겨 있다고 볼 수 있다.

유독 책거리 민화를 사랑한 임금이 있었다. 바로 조선 제22대 왕 정조(1752~1800)이다. 정조는 지독한 책벌레였다. 어느 날 정조는 창덕궁 어좌 뒤에 있던 일월오봉도(日月五峯圖)를 치우고 책거리 병풍을 세우라고 명했다고 한다. 그리고 "옛말에 서재에 들어가 책을 만지기만 해도 기쁜 마음이 솟는다고 했다. 나는 이 말의 의미를 책거리 그림을 보고 알게 되었다."라고 말했다고 한다. 정조가 책거리를 아끼자 시중에서도 책거리가 크게 유행하였다. 양반들은 앞다퉈 책거리 병풍을 집에 들였다. 그러자 책거리는 민화의 단골 소재가 되었다. 이처럼 정조가 책거리를 유별나게 좋아한 이유는 무엇일까? 바로 학문을 통해 강력한 나라를 만들고자 했기 때문이다. 이렇게 하여 조선 후기 책거리 민화는 왕과 양반뿐 아니라 백성에게까지 광범위한 계층에서 사랑받게 되었다.

내용 파악하기

1. **이 글을 통해 알 수 있는 내용이 아닌 것은 무엇인가요? (　　　)**

① 민화는 조선 시대 후기에 널리 유행하였다.
② 민화는 사람들의 소망이 담긴 대중적인 그림이다.
③ 민화에 자주 나타난 소재는 호랑이, 까치, 잉어 등이다.
④ 민화는 그림을 그린 사람과 시기가 뚜렷하지 않은 경우가 많다.
⑤ 민화는 서툴고 형식이 없다는 이유로 양반들에게 무시를 당하였다.

세부 내용 파악하기

2. **'책거리'에 대한 이해로 알맞은 것은 무엇인가요? (　　　)**

① 궁중 화원들은 책거리를 그리지 않았다.
② 책을 파는 서점들이 모인 거리를 그린 그림이다.
③ 책을 쌓아 두는 선반인 책가를 위주로 그린 그림이다.
④ 학문을 중시한 당시 유교 사회의 문화를 반영하고 있다.
⑤ 정조와 달리 양반들은 그다지 좋아하지 않았던 민화이다.

맥락적 의미 추론하기

3. **㉠의 맥락적 의미로 가장 알맞은 것은 무엇인가요? (　　　)**

① 규범과 형식에 맞게 그린 그림이지만
② 유명 화가의 그림을 모방한 그림이지만
③ 실력이 부족한 화가들이 그린 그림이지만
④ 서민들이 자신들의 고통을 솔직하게 드러낸 그림이지만
⑤ 세련된 기법이 부족하고 완성도가 떨어지는 그림이지만

어휘의 의미 파악하기

4. ㉡의 의미와 같지 않은 것은 무엇인가요? (   )

① 집에서 학교까지는 20분 거리이다.

② 겨울은 농한기라서 일할 거리가 적다.

③ 이번 주제는 충분히 논의할 거리가 된다.

④ 이 놀이공원에는 신기한 놀거리가 많았다.

⑤ 환경 오염으로 안전한 먹거리에 대한 관심이 높아지고 있다.

인물의 동기 추론하기

5. 조선 시대 사람들이 '책거리'를 집에 둔 까닭을 바르게 말하지 못한 친구에게 √표 하세요.

정조는 학문을 중시하는 문화를 만들어 나라의 기초를 튼튼하게 하려 했군.

은진

(   )

양반들은 학문을 닦고 과제에 급제하고 싶은 소망이 있었던 것이로군.

민호

(   )

서민들은 책거리가 있으면 귀신을 쫓아내고 행복하게 오래 살 수 있을 거라고 생각한 것 같아.

미리

(   )

글의 내용을 다른 상황 또는 주제로 확장하기

6. 이 글의 내용을 바탕으로 심화 · 탐구 학습을 위해 준비한 주제로 알맞지 않은 것에 √표 하세요.

(1) 책거리 민화가 같은 유교 문화권이었던 중국, 일본에도 있었는지 탐구한다. (   )

(2) 책거리에서 고급스러운 분위기를 내기 위해 어떤 물감을 사용했는지 조사한다. (   )

(3) 고려 시대 책거리 민화와 조선 시대 책거리 민화의 공통점과 차이점을 탐구한다. (   )

어휘 익히기

정답과 해설 11쪽

1 단어 뜻 알기

빈칸에 들어갈 알맞은 단어를 〈보기〉에서 찾아 쓰세요.

보기

순박한 위주 급제 유독

1. 오늘따라 바람이 (   ) 심하게 분다.
   뜻 많은 것들 가운데 홀로 두드러지게.

2. 우리 마을은 (   ) 인심이 가득한 곳이다.
   뜻 거짓이나 꾸밈이 없이 순수하며 인정이 두터운.

3. 그는 뭐든지 자기 (   )(으)로 생각하고 행동한다.
   뜻 으뜸으로 삼음.

4. 조선 시대 과거 시험에서 (   )하는 사람은 소수에 불과했다.
   뜻 조선 시대에 관리를 뽑을 때 실시하던 시험에 합격하던 일.

2 관용 표현 알기

다음 빈칸에 들어갈 알맞은 말을 쓰세요.

"☐ 대신 닭"

이 속담은 꿩이 필요한데 없어서 닭으로 대신한다는 말로, 꼭 적당한 것이 없을 때 그와 비슷한 것으로 대신하는 경우를 비유적으로 이르는 말입니다. 옛날에는 책이 너무나 귀한 물건이었기 때문에 책을 많이 가지고 있기가 쉽지 않았습니다. 그래서 옛날 사람들은 책 대신 책이 그려진 병풍을 세워 두고 마음의 위안으로 삼았다고 합니다.

3 한자어 익히기

다음 한자어를 소리 내어 읽고 빈칸에 따라 써 보세요.

學	問
배울 학	물을 문

학문(學問): 어떤 분야를 체계적으로 배워서 익힘. 또는 그런 지식.
- 그는 일생토록 학문에만 몰두하였다.
- 그 주장은 아직 학문적으로 검증되지 않았다.
- 세종 대왕은 학문과 과학에 조예가 깊은 성군이셨다.

學	問						
배울 학	물을 문						

05회 읽기 방법 익히기

1 표현의 적절성 판단하기

글을 읽을 때는 글의 내용을 그대로 따라가며 이해하는 것만으로는 부족합니다. 글의 표현이 과연 적절한지를 판단하고 비판하는 활동이 필요합니다. 이를 위해 독자는 먼저 주제나 글쓴이의 의도와 어긋나는 표현이 없는지 판단해야 합니다. 중심 생각에서 벗어난 표현이 많을수록 글의 핵심 내용이 무엇인지 파악하기 어려워질 수 있습니다. 또 내용에 거짓되거나 과장된 표현은 없는지 판단할 필요가 있습니다. 글쓴이가 너무 강하게 주장하려다 보면 사실이 아니거나 사실을 지나치게 부풀린 표현을 사용할 수도 있기 때문입니다.

★ **글 속 표현의 적절성을 판단하려면,**

(1) 글의 주제와 글쓴이의 의도가 무엇인지 살펴봅니다.

(2) 중심 생각에서 벗어난 표현은 없는지 판단해 봅니다.

(3) 사실에 비추어 거짓되거나 과장된 표현이 없는지 살펴봅니다.

1 다음 글에서 주제와 밀접한 관련이 없는 문장은 무엇인가요? (　　　)

외국어를 우리말로, 우리말을 외국어로 옮겨 전달하는 사람을 통역사라고 한다. 통역사는 서로 다른 언어를 쓰는 사람들이 소통할 수 있도록 도와주는 일을 한다. ㉠서로 다른 언어를 쓰는 사람들이 잘 소통하도록 말을 전달하는 일은 매우 어려운 일이다. 다른 나라의 말을 이해하고 표현하는 능력과 우리말을 조리 있게 표현하는 능력이 있어야 한다. ㉡따라서 일상생활에서도 자기 나라 말보다는 다른 나라 말을 많이 쓰도록 노력해야 한다.

과거에도 지금처럼 통역사가 있었을까? 사역원은 고려 시대부터 조선 시대까지 외국어의 번역 및 통역에 관한 일을 맡아보던 관아이다. 이곳에서는 중국어, 몽골어, 만주어, 일본어를 가르치기도 했다. ㉢사역원 학생들은 열심히 공부해서 역과*에 합격한 후 역관이 되었다. 역관은 통역을 하는 관리로 지금의 통역사와 비슷했지만 외교관의 역할까지도 겸했다. ㉣서로 다른 언어를 사용하는 사람들의 소통을 돕는다는 점에서 지금의 통역사와 크게 다르지 않았다.

* **역과**: 조선 시대 통역관을 뽑기 위한 과거.

① ㉠
② ㉡
③ ㉢
④ ㉣
⑤ 없음.

2 다음 글의 중심 내용에 비추어 볼 때, ㉠~㉣ 중 알맞지 않은 문장을 골라 그 기호를 쓰세요.

> 은유는 작가들만이 쓰는 표현법이 아니다. 우리의 일상생활 곳곳에서 은유를 만날 수 있다. 그 대표적인 예가 별명이다. ㉠'우리 엄마는 밥솥.'이라는 표현에서는 '우리 엄마'는 '밥솥'처럼 따뜻하고, 힘이 되어 주며, 가까이 있는 존재라는 의미가 전달된다. ㉡'내 동생은 녹음기.'라는 표현에서는 '내 동생'이 '녹음기'처럼 같은 말을 반복하면서 떼를 쓰는 특성이 있음을 짐작할 수 있다. 별명뿐 아니라 격언에서도 일상의 은유를 찾아볼 수 있다. ㉢'침묵은 금이다.'라는 격언은 침묵의 귀중함을 '금'의 가치에 빗대어 표현한 예이다. ㉣또한 미국의 시인 휘트먼이 쓴 시 「나 자신의 노래」에는 '풀잎은 하느님의 손수건'이라는 유명한 은유가 있는데, 여기에는 자연에 대한 시인의 경외심이 잘 드러난다.

( )

3 다음 글의 맥락을 고려할 때, ㉠~㉤ 중 표현이 알맞지 않은 것은 무엇인가요? ( )

> 사해는 지구에서 가장 낮은 호수이다. 지구가 따뜻했을 때 해수면이 ㉠높아진 지중해의 물이 흘러들어 이 호수가 형성되었다. 하지만 언제부턴가 바닷물이 더 이상 흘러 들어오지 않게 되었다. 그리고 건조한 날씨 때문에 호수의 물이 증발하면서 사해의 염도는 점점 ㉡높아졌다. 유입되는 바닷물은 없고 증발하는 물은 ㉢적다 보니 이곳은 바닷물보다 7배나 염분이 ㉣높다. 사해에서는 물고기가 살지 못한다. 칼슘과 마그네슘 함유량도 ㉤높아 생물이 살기 어려운 환경이기 때문이다. 그래서 사람들은 이 호수를 '죽은 바다', 곧 사해라고 부른다.

① ㉠
② ㉡
③ ㉢
④ ㉣
⑤ ㉤

2 인물의 동기 추론하기

글에는 배경, 사건과 함께 인물이 등장합니다. 인물은 자신만의 가치관, 성격, 세계관을 지니고 있으며 자신이 처한 특정 시대의 사회적 · 역사적 상황에 따라 판단을 내리고 행동을 합니다. 따라서 배경과 함께 인물의 말과 행동에 주목하면서 그 동기를 추론하며 글을 읽으면 글의 내용을 더 깊이 이해할 수 있습니다.

★ **인물의 동기를 추론하려면,**

(1) 전체 글 내용의 흐름을 파악합니다.

(2) 인물을 둘러싼 사회적 · 역사적 상황과 인물의 심리, 말과 행동, 다른 인물들과의 관계 등을 파악합니다.

(3) 파악한 내용을 바탕으로 인물의 행동을 이끈 동기를 추론합니다.

1 **㉮~㉰에 나타난 행위의 동기에 대하여 알맞게 추론한 친구를 모두 찾아 √표 하세요.**

제임스는 방적 공장에서 일하게 되었다. 공장 생활은 빈민 수용소에서의 생활보다 더 힘들었다. 제임스는 새벽 5시에 일어나 공장에 갔다. 1833년에 ㉮ 영국 정부는 방적 공장에서 아홉 살 이하 어린이에게 일을 시키는 것을 금지했다. 또한 아홉 살에서 열세 살 어린이는 하루에 최대 9시간까지만 일하도록 정했다. 하지만 ㉯ 공장 주인은 정부가 정한 법을 지키지 않고 제임스와 다른 어린이들에게 하루에 13시간 30분 동안 일을 시키고 있었다.

제임스는 공장에서 목화솜을 기계 안에 집어넣는 일을 했다. 목화솜 먼지를 많이 마셔서 계속 기침이 났다. 또 공장 안은 매우 뜨겁고 습했기 때문에 숨을 쉬기도 어려웠다. ㉰ 며칠 전에 제임스의 친구 존은 기계에 달린 날카로운 금속 핀에 손가락이 찔려 피가 많이 났지만, 치료조차 받지 못했다.

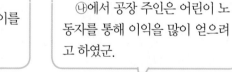

㉮에서 영국 정부는 어린이를 보호하려고 하였군.

민호

(   )

㉯에서 공장 주인은 어린이 노동자를 통해 이익을 많이 얻으려고 하였군.

미리

(   )

㉰에서 존은 치료받기보다는 일을 더 하여 돈을 많이 벌고자 하였군.

지석

(   )

2 **'황희'가 ㉠과 같이 행동한 동기로 알맞은 것은 무엇인가요? (　　　)**

세종 임금을 도왔던 대표적인 신하로 황희가 있다. 그는 원래 세종의 임금 즉위를 반대하여 귀양까지 갔었던 인물이다. 하지만 세종은 왕위에 오른 지 3년 뒤에 그에게 좌참찬 벼슬을 주었다. 사사로운 감정을 떠나 군자로서의 면모를 보여 준 일이었다. 황희 정승 역시 세종의 명을 받들어 벼슬에 오른 이후, 세종이 어려움에 처할 때마다 항상 그를 도왔다. 세종이 훈민정음을 창제하자 유학자들이 강하게 반발할 때, 또 세종이 불교를 믿자 집현전 학자들이 반대할 때에도 그는 ㉠늘 세종을 돕고, 이해하며, 감싸 주었다. 둘은 공적으로는 임금과 신하 관계였지만, 사적으로는 둘도 없는 좋은 친구 관계였기 때문이다.

① 군자로서의 면모를 보여 주기 위하여
② 파벌 간의 대립과 갈등을 막기 위하여
③ 자신의 정치적 신념을 실천하기 위하여
④ 경제적 이득을 실현하고 싶었기 때문에
⑤ 세종과 믿고 의지하는 친구 관계였기 때문에

3 **'간디'가 ㉠과 같이 행동한 동기로 가장 알맞은 것은 무엇인가요? (　　　)**

간디는 영국 유학 후 변호사 자격을 취득했다. 이후 남아프리카로 건너가서 그곳에 거주하는 많은 인도인과 관련된 법률적인 업무를 맡기 시작했다. 그러면서 인도인들이 겪는 차별적인 대우와 부당한 인종 차별을 자신도 겪게 되었다. 간디는 변호사였지만 유색인이라는 이유로 기차 일등칸에서 쫓겨나고, 이유 없이 경찰과 백인들에게 폭행을 당하기도 했다. 이후 그는 ㉠언론사를 차려 신문을 내고, 또 그러한 상황을 전 세계에 알리고 지원을 이끌어 냈다. 당시 수많은 소작농과 가난한 이들이 있었지만, 그들은 지주들로부터 과도한 노동 착취와 인권 유린을 당하면서도 저항을 못 하고 당하고만 있었다. 간디는 그들과 같은 약자 편에 서서 적극적으로 그들을 변호하며 싸워 나갔다. 그리고 결국 원하는 바를 얻게 되었다.

① 인종 차별의 부당함을 널리 알리기 위하여
② 변호사로서 자신의 경력을 잘 살리기 위하여
③ 경찰과 백인들의 폭행 사실을 고발하기 위하여
④ 노동 착취 문제를 해결할 돈을 모으기 위하여
⑤ 농민과 노동자들에게 전 세계의 소식을 알리기 위하여

STEAM 독해

명화 속 자연재해

이 글의 중심 화제는 자연재해입니다.
명화 속에 표현된 자연재해의 특성과 관련된 과학, 사회, 미술을 공부해요.
자연재해의 종류와 원인을 파악하고 다양한 측면에서 관련 주제를 이해해 보세요.

일본 여권의 여러 속지 그림 중 하나는 일본의 대표 화가, 가쓰시카 호쿠사이(1760~1849)가 그린 「가나가와 해변의 높은 파도 아래」라는 일본 풍속화입니다. 일본 도쿄 인근의 가나가와 지역을 배경으로 그린 이 그림을 보면 엄청나게 높은 파도가 무섭게 달려들고 있습니다. 그림 속의 배 세 척이 파도의 위력에 속수무책으로 이리저리 요동치고 있습니다. 그림을 좀 더 자세히 보면 멀리 산이 보이는데, 바로 일본에서 가장 높은 산인 후지산입니다. 하지만 그림 속에서는 강력한 파도의 위력 때문인지 아주 작게 느껴질 뿐입니다.

▲「가나가와 해변의 높은 파도 아래」

일본은 그림에 묘사된 파도처럼 큰 파도를 자주 경험할 수 있는 나라입니다. 먼저 지형적인 요인으로 인해 자연재해가 발생했을 때 이런 파도가 나타날 수 있습니다. 지진과 화산 활동이 활발한 일본 주변 바다에서 큰 규모의 지진이 발생하면 지진 해일(쓰나미)*이 일어나기도 합니다. 그러면 높은 파도가 해안가 지역을 덮쳐 해안 저지대를 침수시키고 인명, 재산 피해를 일으킵니다. 2011년에 발생한 동일본 대지진의 지진 해일이 대표적인 사례입니다.

두 번째, 기후적인 요인으로 인해 자연재해가 발생했을 때도 높은 파도가 발생합니다. 일본도 우리나라처럼 주로 6~9월에 태풍이 지나갑니다. 태풍이 이동하면서 발생하는 엄청난 세기의 바람에 의해서 주변 바다에서는 이런 높은 파도가 발생합니다.

가쓰시카 호쿠사이의 이 그림은『후가쿠 36경』이라는 연작 중 하나인데, 이 연작에는 이 그림 외에도 계절이나 날씨에 따라, 또는 시간에 따라 변하는 후지산의 다양한 모습을 묘사한 그림들이 많이 있습니다. 이렇듯 화가들의 작품을 보면 자신이 거주하고 있는 지역의 자연적인 특성이나 이와 관련된 특별한 경험이 주제로 표현되는 경우가 많습니다. 일본은 잦은 지진과 화산이 발생하여 '불의 고리(ring of fire)'라고도 불리는 환태평양 조산대에 위치하고 있습니다. 이곳에서 평생을 살았던 가쓰시카 호쿠사이에게 화산이나 높은 파도가 이는 바다 풍경은 익숙하면서도 강렬한 인상을 남기는 장면들이었을 것입니다.

▲ 「붉은 후지산」

▲ 실제 후지산의 모습

일반적으로 자연재해는 인간과 인간 활동에 피해를 주는 자연 현상으로 부정적 측면이 강합니다. 하지만 몇몇 예술가들에게는 작품을 제작하는 과정에 특별한 영감을 줘서 명작을 남기게 되는 계기가 되기도 합니다.

* **지진 해일(쓰나미)**: 해저에서 지진, 화산 폭발 등이 발생하면서 일어나는 대규모 파도가 해안을 덮치는 현상.

---

1 **다음 글에서 설명하는 (A)가 무엇인지 이 글에서 찾아 쓰세요.**

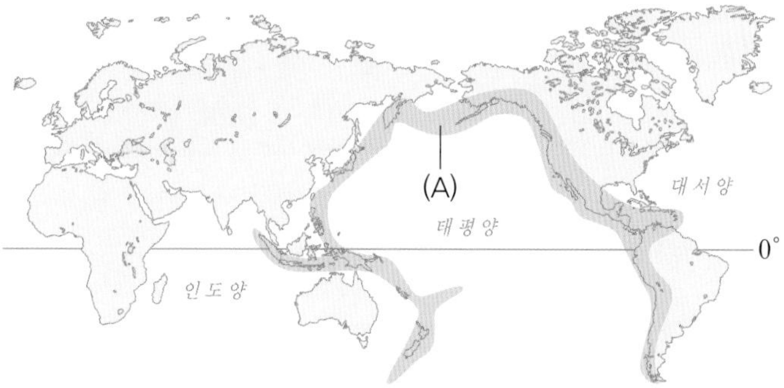

지도에 표시된 (A)는 '불의 고리'라고도 불리는 곳으로, 서쪽의 일본 · 대만 · 동남아, 북쪽의 러시아와 미국의 알래스카, 동쪽의 아메리카 대륙 서부와 남아메리카 해안 지역 그리고 뉴질랜드를 비롯한 태평양 섬나라를 포함한다. 이 지역은 태평양판과 만나는 주변 지각판의 경계면을 따라 지각 변동이 활발하기 때문에 화산 활동과 지진이 빈번하다. 세계 화산의 약 75%가 이 지역에 몰려 있으며, 지진의 80~90%도 이곳에서 발생하는 것으로 알려졌다.

(   )

2 이 글의 내용을 바탕으로 자연재해를 다음과 같이 나눌 때, 〈보기〉의 자연재해는 어디에 해당하는지 구분하여 보세요.

- 자연재해
  - 지형적 요인에 의한 재해
  - 기후적 요인에 의한 재해

보기

㉠ 가뭄　㉡ 지진　㉢ 폭설　㉣ 홍수　㉤ 화산 활동

(1) 지형적 요인에 의한 재해: (　　　　　　　　　　)

(2) 기후적 요인에 의한 재해: (　　　　　　　　　　)

3 다음 글을 읽고, (1)~(3)에서 발생하는 열대 저기압의 명칭을 각각 쓰세요.

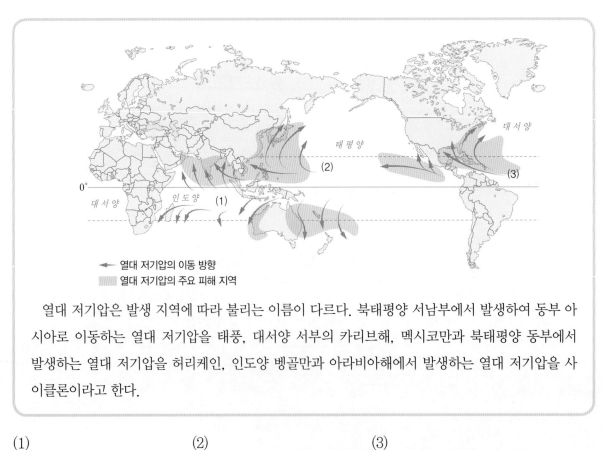

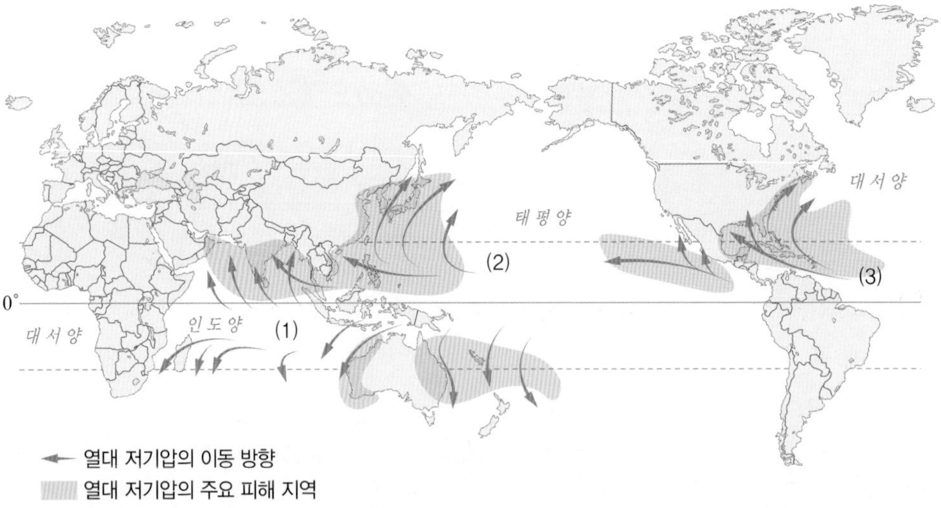

열대 저기압은 발생 지역에 따라 불리는 이름이 다르다. 북태평양 서남부에서 발생하여 동부 아시아로 이동하는 열대 저기압을 태풍, 대서양 서부의 카리브해, 멕시코만과 북태평양 동부에서 발생하는 열대 저기압을 허리케인, 인도양 벵골만과 아라비아해에서 발생하는 열대 저기압을 사이클론이라고 한다.

(1) ________________　(2) ________________　(3) ________________

4 다음 글을 읽고 태풍에 대한 설명으로 알맞으면 ○표, 알맞지 않으면 ×표 하세요.

태풍은 열대 저기압의 한 종류이다. 열대 저기압은 바닷물 표면의 온도가 27도 이상으로 높아 공기 중에 수증기가 많은 적도 부근의 바다에서 형성된다. 태풍은 강한 저기압이기 때문에 바깥쪽에서 중심을 향해 강한 바람이 불어 들어와 빠른 속도로 돌면서 상승한다. 대개 발생 초기에는 '서북서진'하다가 점차 북상하여 편서풍을 타고 '북동진'하며 고위도로 이동한다. 보통 열대 저기압은 강한 바람과 많은 비를 동반하기 때문에 큰 피해를 가져온다. 또한 지구 온난화로 인해 태평양의 바닷물 온도가 높아져 중위도에서도 태풍이 자주 발생하며, 그 세력도 점차 강해지는 추세이다.

(1) 바닷물의 온도가 낮은 극지방에서 발생한다. ( )
(2) 태풍 중심에서 바람이 상승하기 때문에 '열대성 고기압'이라 부른다. ( )
(3) 바닷물 표면의 온도가 27도 이상인 적도 부근의 바다에서 형성된다. ( )
(4) 지구 온난화로 태평양의 바닷물 온도가 높아져 중위도에서도 자주 발생한다. ( )

5 〈보기〉를 읽고, (1)~(3)에 들어갈 물품을 각각 찾아 쓰세요.

보기

재난을 정확히 예측하기는 어렵지만 대비할 수는 있다. 가장 손쉬운 방법으로 꼭 필요한 비상용품을 담은 '생존 가방'을 미리 싸 두는 것이다. 이때 중요한 것은 물과 음식이다. 그리고 나침반, 손전등, 호루라기, 라디오, 마스크, 보온 모자, 우비 등도 꼭 챙겨야 할 생존 필수품이다. 이 밖에 속옷, 양말, 수건, 담요, 핫 팩, 접이식 다용도 칼, 비상 약품, 양초, 숟가락, 휴지, 야광봉 등도 생존 가방의 필수품이다. 이렇게 준비한 생존 가방은 비상시에 바로 챙겨 나갈 수 있도록 현관 옆 신발장이나 수납장 안에 보관하는 게 좋다.

➡ 생존 필수품 중에서 동서남북 방향을 찾을 수 있게 하는 (1) ( )와/과 어두운 곳에서 빛을 밝혀 주는 (2) ( )은/는 길을 찾아 나아갈 수 있게 도와준다. 또 (3) ( )을/를 힘껏 불면 멀리까지 구조 신호를 보낼 수 있다. 그리고 보온 모자와 우비는 체온을 유지하는 데 큰 도움을 준다.

2 주차

무엇을 배울까요?

회차	글의 내용	핵심 개념	읽기 방법	학습 계획일
01회	 **국민이 주인이 되는 정치, 민주주의** 민주주의를 실현하는 데 필요한 네 가지 원리를 설명한 글입니다.	[정치] 민주주의	인용의 효과 파악하기	월 일 (요일)
02회	 **우리 모두를 위한 법, 어디서 만드나요?** 입법부로서 국회가 법을 만들고 고치는 역할을 한다는 것을 설명한 글입니다.	[법] 입법	비유적 표현의 의미 파악하기	월 일 (요일)
03회	 **만 18세도 늦다, 투표 나이 만 16세로 낮추자!** 선거권을 만 16세부터 부여하여 청소년의 정치 참여 기회를 확대해야 한다는 주장을 담은 글입니다.	[정치] 참정권	내용의 타당성 평가하기	월 일 (요일)
04회	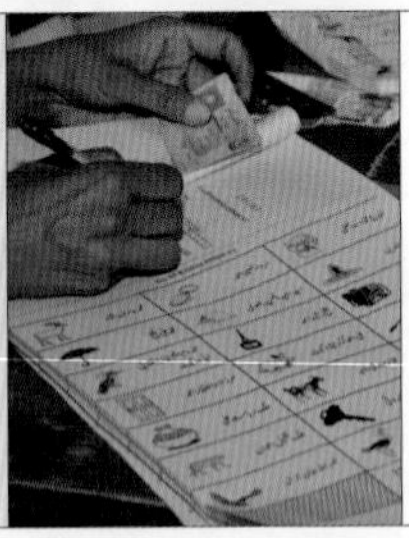 **투표용지에 빵 그림이 있다고요?** 나라마다 국민의 투표 참여를 높이기 위해 다양한 투표용지를 만든다는 것을 설명한 글입니다.	[정치] 투표	사회 문제를 해결하는 방안 찾기	월 일 (요일)
05회	**읽기 방법 익히기** 이 주에 공부한 중요 [읽기 방법]을 한눈에 정리하고 문제로 확인합니다. 1 인용의 효과 파악하기 2 내용의 타당성 평가하기			월 일 (요일)

어느 수준일까요?

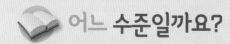

01회
국민이 주인이 되는 정치, 민주주의

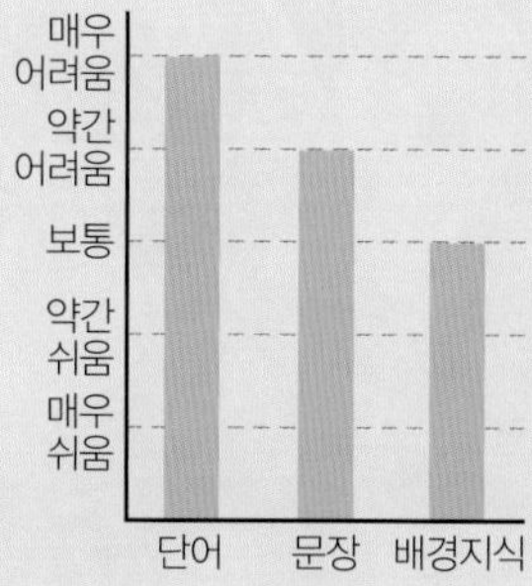

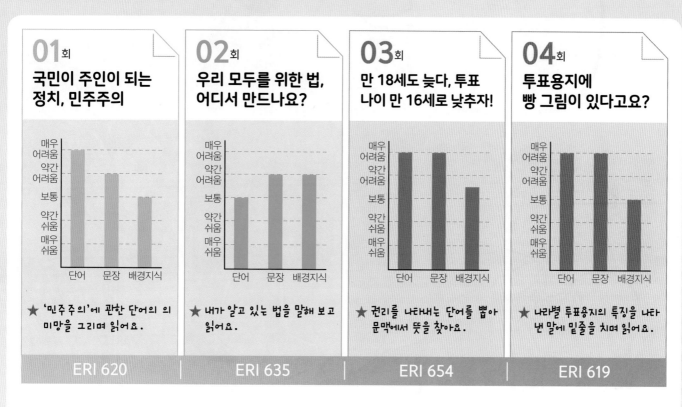

★ '민주주의'에 관한 단어의 의미망을 그리며 읽어요.

ERI 620

02회
우리 모두를 위한 법, 어디서 만드나요?

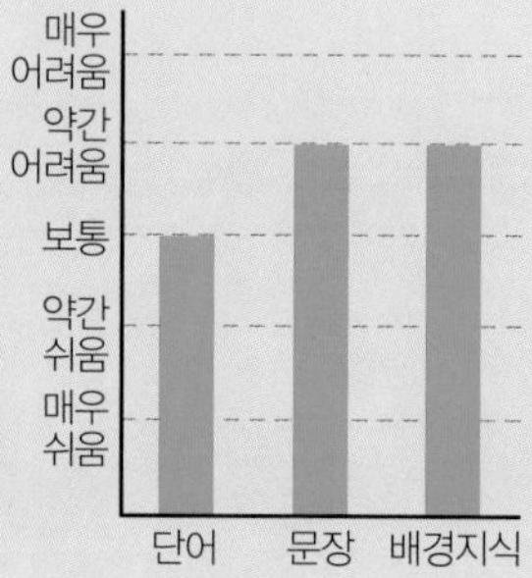

★ 내가 알고 있는 법을 말해 보고 읽어요.

ERI 635

03회
만 18세도 늦다, 투표 나이 만 16세로 낮추자!

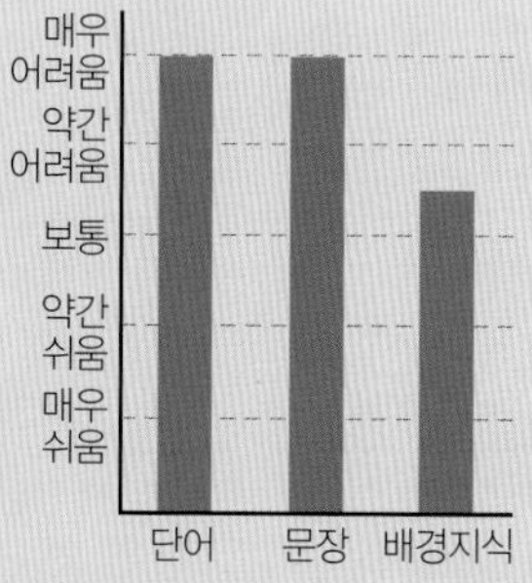

★ 권리를 나타내는 단어를 뽑아 문맥에서 뜻을 찾아요.

ERI 654

04회
투표용지에 빵 그림이 있다고요?

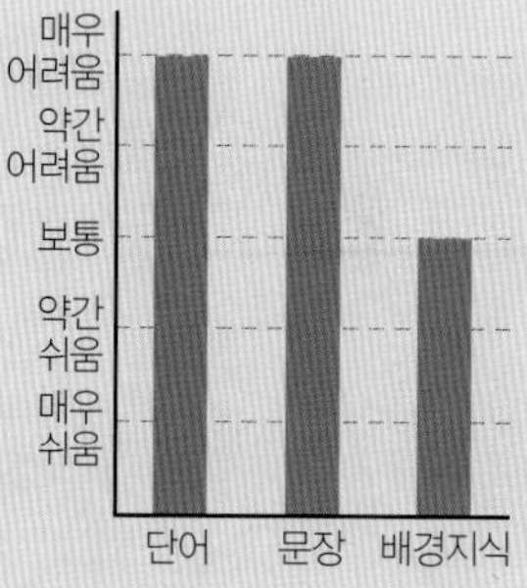

★ 나라별 투표용지의 특징을 나타낸 말에 밑줄을 치며 읽어요.

ERI 619

이 주의 ERI 지수

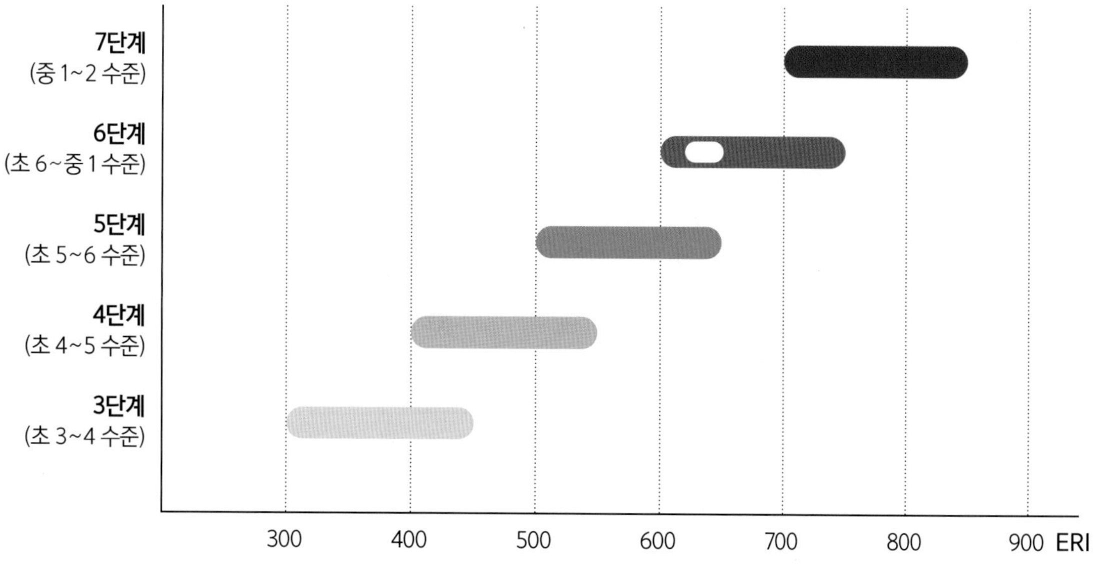

01회 국민이 주인이 되는 정치, 민주주의

☑ 핵심 개념인 '민주주의'와 관련된 말들을 알아 둡시다.

→ 민주주의 정치 / 민주주의 정신 / 민주주의 국가

민주주의는 나라의 주인인 국민이 권력을 가지고 나라를 다스리는 정치 제도를 말해요.

☑ 글을 읽고 이것만은 꼭 찾아냅시다.

→ 민주주의를 실현하기 위하여 지켜야 할 원리는 무엇인가요?

☑ 인용을 왜 하는지 생각하며 그 효과를 파악해 봅시다.

→ 다른 사람의 말이나 글을 자신의 말이나 글에 적절하게 끌어다 쓰면 자신의 의견을 분명히 하거나 뒷받침할 수 있습니다.

다른 사람의 말이나 글을 끌어다 씀. → 자기 생각을 분명하게 하거나 의견을 뒷받침함.

인용은 남의 말이나 글을 자신의 말이나 글에 끌어다 쓰는 것을 말해요.

1 핵심 개념 미리 보기

다음은 생활 속 민주주의의 실천 사례입니다. 자신이 봤거나 직접 참여한 민주주의의 사례를 한 가지 쓰세요.

지우: 이번 학기 우리 반을 대표하는 반장을 선거로 뽑았어.
민수: 이번 대통령 선거 때 부모님께서 투표에 참여하시는 걸 봤어.

➡ 나: ______________________________

2 읽기 방법 미리 보기

다음 글에서 밑줄 친 부분을 인용한 까닭을 바르게 말한 친구에게 √표 하세요.

사람은 모름지기 큰 꿈을 가져야 합니다. 그러나 큰 꿈을 갖는 것만으로 꿈을 이룰 수는 없습니다. 작은 일부터 차근차근 꾸준하게 실천해 나가는 노력이 있어야 합니다. '천 리 길도 한 걸음부터'라는 속담이 가르쳐 주는 것처럼 작은 일부터 하나하나 시작해 나가야 합니다.

읽는 이에게 좋은 속담 하나를 소개하려 한 것입니다.

지석

(   )

관련 있는 속담을 제시하여 자신의 주장을 뒷받침하려는 것입니다.

미리

(   )

정답 1. 예 우리 학급의 문제를 회의를 통해 해결했어. 2. 미리

ERI 지수 620 사회 | 정치

㉠“국민의, 국민에 의한, 국민을 위한 정치.”라는 말을 들어 본 적이 있나요? 이 말은 미국의 제16대 대통령을 지낸 에이브러햄 링컨이 게티즈버그라는 도시에서 연설할 때, 민주주의의 참모습을 보여 준 것으로 유명합니다. ㉡이 말에서 ‘국민의 정치’는 국가의 모든 권력은 국민에게서 나온다는 것을 의미해요. ‘국민에 의한 정치’는 국민의 참여로 이루어진다는 것을 뜻합니다. ‘국민을 위한 정치’는 정치가 국민을 위한 것이어야 한다는 의미를 담고 있어요. 이렇듯 민주주의는 국민이 나라의 주인으로서 나라를 다스리는 정치 제도입니다.

이러한 민주주의를 실현하기 위해서는 다음 네 가지 기본적인 원리가 지켜져야 합니다. 첫째, 국가의 주권이 국민에게 있어야 합니다. 이때 주권이란 국가의 중요한 일을 결정하는 힘을 말합니다. 중요한 일을 결정하기 위한 투표, 대통령이나 국회 의원 등을 뽑는 선거에 참여하는 것은 주권을 가진 국민이 하는 일입니다.

둘째, 국민이 스스로 나라를 다스려야 합니다. 국민이 나라는 다스리는 방법에는 크게 두 가지가 있습니다. ‘직접 민주 정치’와 ‘간접 민주 정치’가 그것입니다. 직접 민주 정치는 말 그대로 국민이 국가의 일을 직접 결정하는 것입니다. 간접 민주 정치는 국민이 국회 의원과 같은 국민의 대표를 뽑아 ㉢나랏일을 대신 맡기는 것입니다. 오늘날 대부분의 나라에서는 ‘간접 민주 정치’를 하고 있습니다. 땅이 넓고 인구가 많아 모든 국민이 직접 나랏일을 결정하는 데 참여하기가 어렵기 때문입니다.

셋째, 헌법에 따라 나라를 다스려야 합니다. 헌법은 국민의 자유와 권리를 보장하는 가장 중요한 법입니다. 헌법에 따라 나라를 다스려야 하는 이유는 어떤 개인이나 집단이 큰 힘을 가져서 마음대로 국민의 권리를 침해하는 독재 정치를 하는 것을 막기 위해서입니다.

넷째, 권력을 한 기관에 집중시키지 않고 여러 기관에 골고루 나누어야 합니다. 국가 기관끼리 힘을 나누어 균형을 이루게 함으로써 어느 한 기관이 나라를 마음대로 다스리지 못하도록 하여 국민의 자유와 권리를 보호하는 것이지요. 민주주의 국가는 대부분 법을 만드는 입법부, 법을 실제로 행하는 행정부, 법을 해석하고 판단하는 사법부를 따로 두어 힘을 나누어 갖도록 합니다.

이렇게 민주주의의 기본 원리 네 가지를 살펴보았습니다. 이제 민주주의를 실현하는 데 왜 네 가지의 기본 원리가 지켜져야 하는지 알겠죠? 우리 국민 모두가 주인으로서 권리를 가지고 나라를 다스리는 일에 적극적으로 참여해야 우리나라가 민주주의 국가로 바로 설 수 있습니다.

내용 파악하기

1. **이 글의 내용으로 알맞지 않은 것은 무엇인가요? (　　　)**

① 헌법은 국민의 자유와 권리를 보장한다.

② 민주주의 국가에서 주권은 국민에게 있다.

③ 민주주의는 국민이 주인이 되어 나라를 다스리는 정치 제도이다.

④ 국가 권력을 입법부, 사법부, 행정부로 나눈 것은 국민의 자유와 권리를 보장하기 위함이다.

⑤ 국회 의원과 같은 대표에게 정치를 맡기는 것은 국민이 스스로 나라를 다스리는 원리에 어긋난다.

어휘 관계 파악하기

2. **어휘의 의미 관계가 〈보기〉와 같은 것은 무엇인가요? (　　　)**

보기

직접 – 간접

① 권력 – 힘

② 뜻 – 의미

③ 보장 – 보호

④ 민주 – 독재

⑤ 나라 – 국가

인용의 효과 파악하기

3. **이 글에서 ㉠이 하는 주된 기능으로 알맞은 것을 모두 골라 √표 하세요.**

(1) 링컨에 대한 글쓴이의 마음을 표현해 준다. (　　　)

(2) 민주주의의 특성을 좀 더 분명하게 설명해 준다. (　　　)

(3) 신뢰할 만한 인물이 한 말을 가져옴으로써 민주주의에 대한 설명에 믿음을 준다. (　　　)

글의 설명 방법 파악하기

4. ㉡과 같은 설명 방법이 사용된 것은 무엇인가요? (   )

① 국민이 스스로 나라를 다스려야 합니다.
② 국민이 나라는 다스리는 방법에는 크게 두 가지가 있습니다.
③ 이 말은 민주주의의 의미를 잘 나타낸 말로 평가받고 있습니다.
④ 국가의 모든 일은 국민의 동의와 지지를 바탕으로 이루어져야 합니다.
⑤ 민주주의란 나라의 주인인 국민이 권력을 가지고 다스리는 정치 제도를 말합니다.

정확하게 발음하기

5. ㉢ '나랏일'을 정확하게 발음한 것은 무엇인가요? (   )

① [나라일]　　② [나란일]　　③ [나란닐]
④ [나랃일]　　⑤ [나랃닐]

글의 구조 파악하기

6. 이 글을 다음과 같이 요약할 때, ㉮와 ㉯에 알맞은 단어를 〈보기〉에서 찾아 쓰세요.

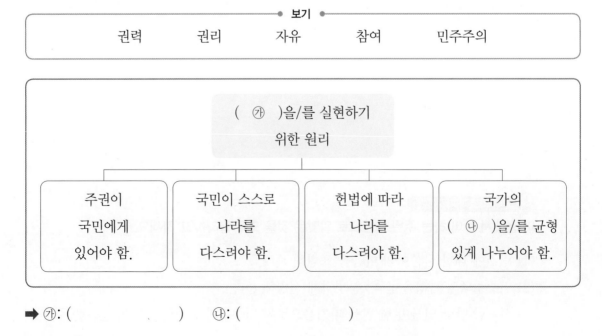

보기

권력　　권리　　자유　　참여　　민주주의

(㉮)을/를 실현하기 위한 원리

주권이 국민에게 있어야 함.	국민이 스스로 나라를 다스려야 함.	헌법에 따라 나라를 다스려야 함.	국가의 (㉯)을/를 균형 있게 나누어야 함.

➡ ㉮: (   )　㉯: (   )

어휘 익히기

1 단어 뜻 알기

빈칸에 들어갈 알맞은 단어를 〈보기〉에서 찾아 쓰세요.

보기

주권　　나랏일　　침해　　균형

1. 다른 사람의 인권을 (　　　　　)해서는 안 된다.
   뜻 침범하여 해를 끼침.

2. 국민 모두가 (　　　　　)에 관심을 가져야 한다.
   뜻 나라나 나라의 정치에 관한 일.

3. 국가 기관 사이에 힘의 (　　　　　)을/를 유지하는 것이 중요하다.
   뜻 어느 한쪽으로 기울어지거나 치우치지 아니하고 고른 상태.

4. 조상들은 빼앗긴 나라의 (　　　　　)을/를 되찾기 위해 목숨을 걸고 싸웠다.
   뜻 국가의 중요한 일을 결정하는 힘이나 권력.

2 관용 표현 알기

다음 빈칸에 들어갈 알맞은 말을 쓰세요.

"민심은 □□"

이 속담은 백성들의 마음은 하늘의 뜻과 같아서 저버릴 수 없음을 이르는 말입니다. 즉 국민의 뜻이 하늘의 뜻처럼 중요하니 정치를 하는 사람들이 그것을 잘 헤아려야 함을 강조하는 말입니다.

3 한자어 익히기

다음 한자어를 소리 내어 읽고 빈칸에 따라 써 보세요.

民	主
백성 **민**	주인 **주**

민주(民主): 주권이 국민에게 있음.

- 국민이 주인인 민주 국가를 만들자.
- 우리가 누리는 민주주의는 저절로 만들어지지 않는다.
- 소수의 의견에도 귀 기울이는 민주적인 태도가 필요하다.

民	主						
백성 민	주인 주						

02회 우리 모두를 위한 법, 어디서 만드나요?

▲ 국회 의사당

☑ 핵심 개념인 '입법'과 관련된 말들을 알아 둡시다.

→ 입법 정신 / 입법 기관 / 입법 과정

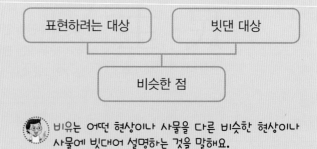

입법은 국회에서 법을 만드는 것을 말해요.

☑ 글을 읽고 이것만은 꼭 찾아냅시다.

→ 법은 우리의 삶과 어떤 관련이 있나요?

☑ 글에 나타난 비유적 표현의 의미를 파악해 봅시다.

→ 먼저 표현하려는 대상을 파악하고, 그 대상을 무엇에 빗대어 표현하였는지 살펴봅니다. 그리고 표현하려는 대상과 빗댄 대상 사이의 비슷한 점이 무엇인지 파악해 표현의 의미를 이해합니다.

표현하려는 대상	빗댄 대상
비슷한 점	

비유는 어떤 현상이나 사물을 다른 비슷한 현상이나 사물에 빗대어 설명하는 것을 말해요.

준비 학습

1 핵심 개념 미리 보기

국가 기관과 각 기관이 하는 일을 알맞게 연결하세요.

(1) 행정부 •	• ㉠	법을 만들거나, 고치거나 없앰.
(2) 국회 •	• ㉡	법에 따라 나라의 살림을 맡아 함.
(3) 법원 •	• ㉢	법에 따라 재판을 함.

2 읽기 방법 미리 보기

다음은 영지가 지은 시입니다. 읽고 물음에 답하세요.

하늘의 가장 빛나는 별이
반짝이는 얼굴로,
따스한 웃음으로,
내 곁에.

나를 미소 짓게 하는
나의 친구
나의 별.

(1) 영지는 자신이 지은 시에서 '친구'를 무엇에 빗대었나요?

( )

(2) 영지가 그렇게 빗대어 표현한 이유는 무엇인가요?

____

정답 **1.** (1) – ㉡ (2) – ㉠ (3) – ㉢ **2.** (1) 별 (2) 친구가 환하고 따뜻한 모습으로 내 곁에 있는 것이 별과 같아서

ERI 지수 635 사회 | 법

국회 의원들이 국회 의사당 안에 모여 토론하는 장면을 텔레비전에서 본 적이 있지요? 민주주의 국가인 우리나라는 국민의 투표로 국회 의원을 뽑습니다. 국민의 대표로 선출된 국회 의원들은 여러 가지 일을 합니다. 먼저 정부가 국민을 위해 일을 잘하는지 감시합니다. 또 계획을 잘 세워 세금을 적절하게 사용하는지 심사하기도 하고, 대통령이 임명하려는 사람이 그 자리에 적합한지 조사하고 살피는 일도 합니다. 무엇보다 국회 의원들이 하는 가장 중요한 일은 입법, 즉 법을 만드는 일입니다. 그래서 국회를 '입법부'라고도 하지요. 국회는 국민의 ㉠목소리를 듣고 뜻을 살펴 필요한 법을 만들거나, 있던 법을 없애거나 고치기도 합니다. 그런데 ㉡이렇게 법을 만드는 국회의 일이 우리 같은 학생에게는 거리가 먼 이야기일까요? 그렇지 않답니다.

2020년부터 적용되기 시작한 '민식이법'을 들어 보았나요? 2019년에 학교 근처에서 아홉 살 어린이가 교통사고로 사망하였습니다. 이에 다시는 이런 마음 아픈 일이 일어나지 않도록 학교 근처에서 자동차 속도를 제한하는 법이 생겼습니다. 이 법은 사고를 당한 어린이의 이름을 따서 '민식이법'이라고 부릅니다. '민식이법'은 어린이 보호 구역에서 자동차가 천천히 달리도록 속도를 정하고 있어요. 어린이 보호 구역은 유치원과 초등학교 주변 300m 이내의 구역을 말합니다. 이곳에서 운전자는 시속 30km 이하로 천천히 운전하고, 횡단보도에서는 일단 차를 멈추어야 합니다.

사실 우리나라는 1995년부터 도로 교통법으로 어린이 보호 구역을 정하고, 운전자들이 어린이를 보호하면서 운전하도록 노력을 기울여 왔습니다. 그런데도 어린이 보호 구역 안에서 계속 어린이 교통사고가 일어났고, 2019년에는 사망 사고까지 일어난 것입니다. 그러자 ㉢민식 어린이의 부모님을 비롯해 많은 사람이 어린이 보호 구역과 관련된 법을 더 강화해야 한다고 주장하였습니다. 이에 국회 의원들은 국민의 뜻을 모아 법률안을 만들어 국회에 제출하였습니다. 그리고 여러 단계의 심사와 의결을 거쳐 이 법이 통과가 되었습니다. 이 법은 어린이 보호 구역에 과속 단속 카메라를 반드시 설치하라는 내용을 포함하고 있습니다. 또한 일반 도로에서보다 어린이 보호 구역 안에서 교통사고를 낸 운전자에게 더 무거운 벌을 주도록 처벌을 강화하였습니다.

이와 같이 국회는 국민의 의견을 반영하여 법을 더 낫게 고치거나 새롭게 만드는 일을 합니다. ㉣법은 집처럼 국민이 안전하고 평화롭게 살아가는 데 꼭 필요합니다. **이런 법을 만드는 국회의 일은 우리 국민 모두의 삶과 관련됩니다.** 따라서 국회가 만드는 법이 나에게 어떤 영향을 미치는지, 국회 의원들이 국민을 위한 좋은 법을 만드는지 관심을 가지고 지켜봐야 합니다. 나아가 국민이 행복하고 안전하게 사는 데 도움을 주는 법을 만들도록 요구하는 것도 필요합니다.

내용 파악하기

1. '국회'가 하는 일로 알맞지 않은 것은 무엇인가요? (　　　)

① 정부가 국민을 위해 일을 잘하는지 감시한다.
② 법에 따라 국민을 위해 나라 살림을 맡아 한다.
③ 국민이 낸 세금이 적절하게 사용되는지 심사한다.
④ 대통령이 임명하려는 사람이 그 자리에 적합한지 조사한다.
⑤ 국민의 뜻을 살펴서 필요한 법을 만들고, 잘못된 법은 고치거나 없앤다.

예시의 기능 이해하기

2. 다음은 이 글에서 '민식이법'을 이야기한 이유를 정리한 것입니다. 빈칸에 알맞은 말을 쓰세요.

이 글에서 '민식이법'을 이야기한 이유는 국회에서 법을 만드는 일이 국민의 삶과 관련이 있다는 것을 (　　　　　　)을/를 들어 설명함으로써 읽는 이의 관심을 높이고 이해를 돕는 데 있다.

어휘의 의미 파악하기

3. ㉠과 같은 뜻으로 '목소리'가 사용된 문장은 무엇인가요? (　　　)

① 영지가 고운 목소리로 노래를 불렀다.
② 어디선가 귀에 익은 목소리가 들려온다.
③ 그는 떨리는 목소리로 간신히 이야기를 꺼냈다.
④ 나는 친구들의 목소리를 잘 흉내 내는 재주가 있다.
⑤ 산을 깎아서 도로를 만들자는 의견에 비판의 목소리가 높다.

정답과 해설 19쪽

표현 방법 파악하기

4. **이 글의 다음 문장을 ㉡과 같은 표현 방법을 사용하여 바꾸어 쓰세요.**

> 이런 법을 만드는 국회의 일은 우리 국민 모두의 삶과 관련됩니다.

➡ ______________________________

세부 내용 파악하기

5. **㉢을 반영하여 만들어진 '민식이법'에 해당하는 내용을 모두 골라 √표 하세요.**

(1) 어린이 보호 구역에서의 차량 통행을 금지한다. (　　)

(2) 어린이 보호 구역에 과속 단속 카메라를 설치한다. (　　)

(3) 어린이 보호 구역 안에서 교통사고를 낸 운전자 처벌을 강화한다. (　　)

비유적 표현의 의미 파악하기

6. **㉣에 사용된 비유적 표현을 다음과 같이 분석할 때, 빈칸에 알맞은 말을 쓰세요.**

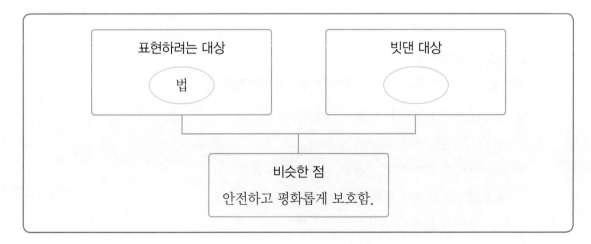

표현하려는 대상	빗댄 대상
법	( )

비슷한 점

안전하고 평화롭게 보호함.

어휘 익히기

1 단어 뜻 알기

빈칸에 들어갈 알맞은 단어를 〈보기〉에서 찾아 쓰세요.

보기

심사 임명 단속 반영

1. 좋은 문학 작품은 현실을 ( )한다.
   뜻 다른 것에 영향을 받아 어떤 현상을 나타냄.
2. 대통령이 곧 장관을 ( )할 것이다.
   뜻 일정한 지위와 임무를 남에게 맡김.
3. 경찰관이 자동차의 속도위반을 ( )하는 중이다.
   뜻 규칙이나 법, 명령 등을 지키도록 통제함.
4. 올해 정부가 사용할 예산에 대한 ( )이/가 이루어졌다.
   뜻 자세하게 조사하여 결정함.

2 관용 표현 알기

다음 내용과 관련되도록 빈칸에 공통으로 들어갈 말을 쓰세요.

민주주의 국가에서는 모든 사람이 평등해. 돈이 많거나 힘이 있다고 법을 함부로 어기거나 잘못을 범해서는 안 되지. 법은 모든 사람에게 공평하게 적용되니까.

"☐ 위에 사람 없고, ☐ 아래 사람 없다"

민주주의 국가에서는 법으로 국민의 권리를 보장하고 질서를 지키며 살아가도록 합니다. 이 말은 이러한 법 앞에서 모든 사람은 차별받지 않고 평등해야 한다는 것을 뜻합니다.

3 한자어 익히기

다음 한자어를 소리 내어 읽고 빈칸에 따라 써 보세요.

立	法
설 입	법 법

입법(立法): 법을 만듦.

- 국회는 입법 기관이다.
- 법이 중요한 만큼 입법 과정을 투명하게 공개하자.
- 모든 입법 행위는 헌법을 존중하는 바탕 위에서 이루어져야 한다.

立	法						
설 입	법 법						

03회 만 18세도 늦다, 투표 나이 만 16세로 낮추자!

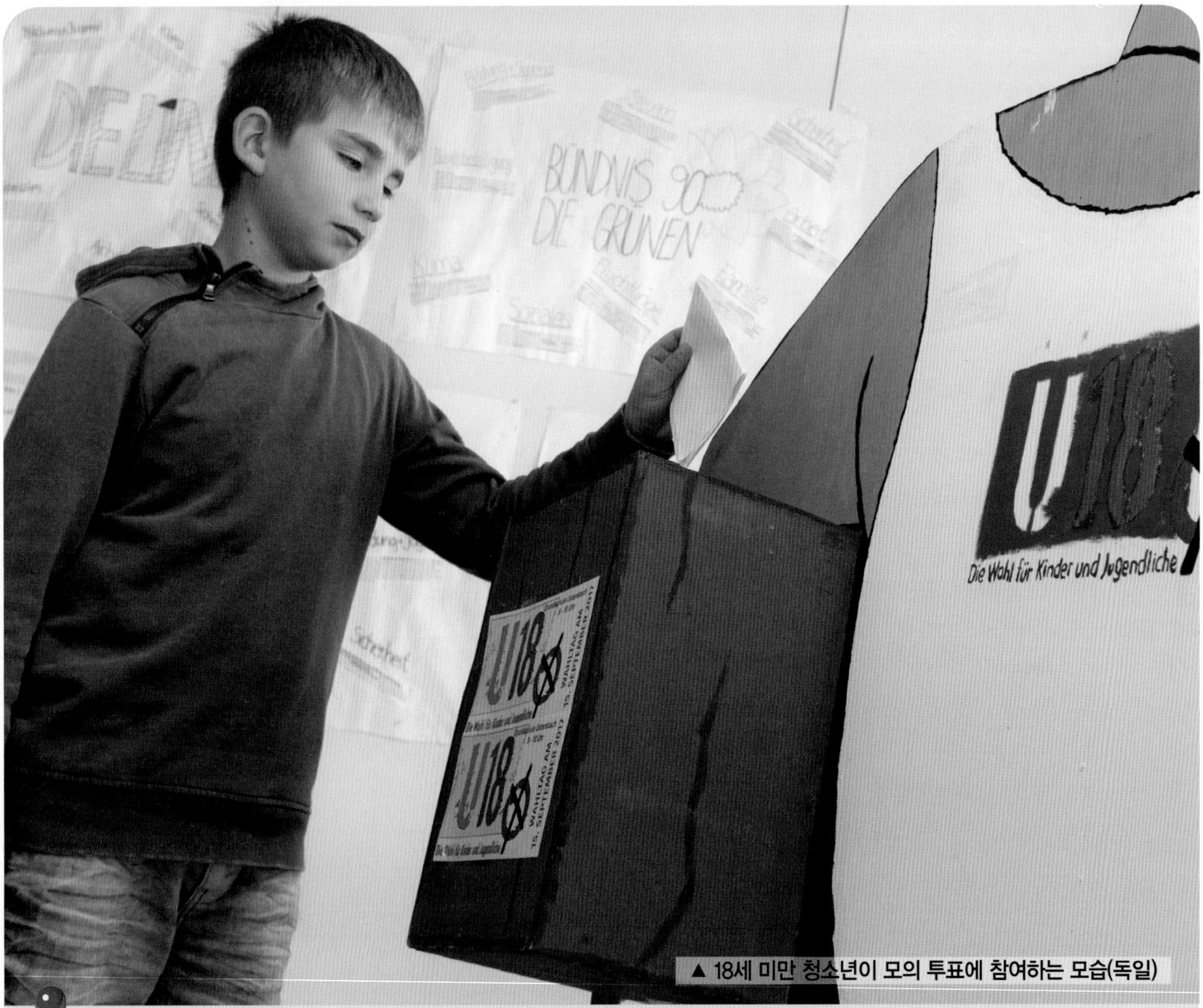

▲ 18세 미만 청소년이 모의 투표에 참여하는 모습(독일)

☑ 핵심 개념인 '참정권'과 관련된 말들을 알아 둡시다.

→ 국민의 참정권 / 참정권 제한 / 참정권을 지키자

참정권이란 국민이 정치에 참여할 수 있는 권리를 말해요.

☑ 글을 읽고 이것만은 꼭 찾아냅시다.

→ 참정권이란 무엇인가요?

☑ 글을 읽고 내용의 타당성을 평가해 봅시다.

→ 글을 읽을 때에는 내용이 타당한지를 따져 보아야 글을 바르게 이해할 수 있습니다.

내용이 글 주제와 관련되는가?	+	내용이 논리적으로 이치에 맞는가?	+	내용에 근거가 있고 그 근거가 믿을 만한가?

글을 읽을 때에는 내용이 타당한지 따져 보고 판단해야 해요.

준비 학습

1 핵심 개념 미리 보기

다음 빈칸에 들어갈 알맞은 단어에 √표 하세요.

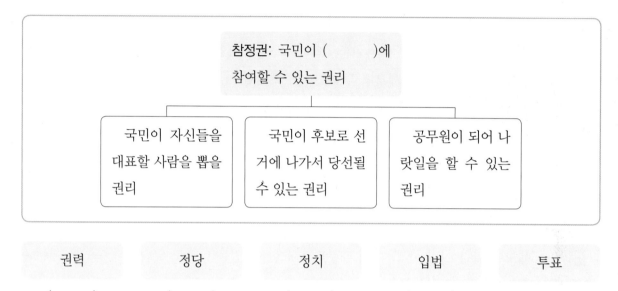

참정권: 국민이 (   )에 참여할 수 있는 권리

- 국민이 자신들을 대표할 사람을 뽑을 권리
- 국민이 후보로 선거에 나가서 당선될 수 있는 권리
- 공무원이 되어 나랏일을 할 수 있는 권리

권력	정당	정치	입법	투표
( )	( )	( )	( )	( )

2 읽기 방법 미리 보기

다음 글에서 타당하지 않은 문장에 밑줄을 치고, 왜 그렇게 생각하는지 이유를 간단하게 쓰세요.

요즘 청소년들은 청량음료를 너무 많이 마신다. 피자와 같은 음식을 먹을 때는 물론이고 날씨가 조금만 더워도 청량음료를 마신다. 청량음료는 건강에 매우 좋지 않다. 설탕과 여러 가지 색소가 많이 들어 있기 때문이다. 물만 마셔도 병을 없앨 수 있다. 청량음료 대신 물을 마시자. 그래야 건강하게 살 수 있다.

➡ 이유: ____________________

정답 1. 정치 2. 타당하지 않은 문장: 물만 마셔도 병을 없앨 수 있다.
이유: 물만 마셔도 병을 없앨 수 있다는 주장을 뒷받침하는 근거가 없기 때문이다.

ERI 지수 654 사회 | 정치

가 민주주의 국가에서 모든 국민은 정치에 참여할 수 있는 참정권을 가집니다. 참정권에는 국민이 자신들을 대표할 사람을 뽑는 선거권, 자기 자신이 직접 선거에 나가서 당선될 수 있는 권리인 피선거권, 공무원이 되어서 나랏일을 할 수 있는 권리가 있습니다. 저는 이 중에서 선거권에 대해 이야기하고자 합니다. 우리나라는 만 18세가 되어야 선거권을 가지고 투표에 참여할 수 있습니다. 과거에는 만 19세가 되어야 선거권을 갖고 투표에 참여할 수 있었습니다. 그러나 미국, 프랑스, 일본 등 많은 나라가 만 18세부터 투표를 하도록 하고 있고, 만 18세 정도면 투표를 할 수 있을 정도로 충분히 성숙하다고 본다는 점에서 우리나라도 선거권을 갖는 나이를 만 18세로 낮추었습니다.

나 그러나 저는 만 18세도 늦다고 생각합니다. 투표에 참여하는 나이를 만 16세로 더 낮추어야 합니다. 만 16세가 너무 이르다고요? 그렇지 않습니다. 실제로 오스트리아, 브라질, 아르헨티나, 에콰도르, 쿠바, 니카라과 등의 나라에서는 만 16세 청소년부터 투표를 할 수 있습니다.

다 만 16세보다 한참 어린 한 살 아기 때부터 투표할 수 있는 나라도 있습니다. 독일에서는 독일에 사는 18세 미만의 어린이와 청소년은 누구나 어른과 똑같은 투표용지를 받아서 ㉠모의 투표를 할 수 있습니다. 어린이와 청소년 스스로 학교, 동네 공원, 도서관 등에 투표소를 설치하고 투표함을 만들어 투표를 합니다. 모의 투표이긴 하지만 각 정당과 정치인들은 어린이와 청소년들의 투표 결과를 중요하게 여기고 실제 정치에 반영하려고 노력합니다.

라 어른들은 청소년이나 어린이들은 아직 경험도 부족하고, 현명하게 판단하는 힘이 없기 때문에 투표를 하기에 이르다고 생각합니다. 그러나 중학생 정도의 나이가 되면 사회를 보는 눈도 생기고 옳고 그름을 판단할 수 있습니다. 어른들의 눈에는 어려 보여도 만 16세 정도가 되면 생각하는 힘이 충분히 길러집니다. 앞에서 이야기한 것처럼 오스트리아, 브라질 등의 나라에서 만 16세 청소년들에게 투표할 권리를 주는 것도 이 시기 청소년들이 판단할 수 있는 힘이 있다는 것을 인정하기 때문이 아닐까요?

마 만 16세부터 청소년에게 선거권이 주어진다면 정치인들이 청소년들의 목소리에 더욱 귀를 기울여 청소년에게 필요한 정책을 고민하고 마련하게 될 것입니다. 또한 청소년들은 자신의 삶과 직접적으로 관련된 정책이 무엇인지, 후보자들이 내세운 정책 및 주장에 대하여 관심을 가지고 어릴 때부터 정치에 참여하는 기회를 가질 수 있다는 장점이 있습니다. 만 16세부터 투표할 수 있는 권리를 주어야 할 것입니다.

내용 파악하기

1. '참정권'과 관련된 설명으로 바르지 않은 것은 무엇인가요? (　　　)

① 참정권은 정치에 참여할 수 있는 권리이다.
② 선거에 참여하는 데에는 나이에 제한이 있다.
③ 피선거권은 국민이 자신들을 대표할 사람을 뽑는 권리이다.
④ 과거 우리나라의 선거권은 만 19세 이상 국민에게 주어졌다.
⑤ 공무원이 되어 나랏일을 할 수 있는 권리도 참정권에 포함된다.

표현 방법 파악하기

2. 나에 사용된 표현 방법으로 알맞은 것을 모두 골라 √표 하세요.

(1) 글쓴이가 스스로 질문하고 스스로 답하고 있다. (　　　)
(2) 글쓴이의 생각을 직접적으로 드러내지 않고 돌려 말하고 있다. (　　　)
(3) 글쓴이의 생각을 뒷받침하기 위하여 다른 나라의 사례를 열거하고 있다. (　　　)

내용의 타당성 평가하기

3. 다음은 다를 읽고 세 친구가 나눈 대화입니다. 빈칸에 알맞은 말을 이 글에서 찾아 쓰세요.

진수: 한 살 때부터 투표할 수 있다는 독일의 모의 투표 사례가 글쓴이의 주장을 뒷받침하는 근거로 타당할까?
영미: 타당하다고 생각해. 왜냐하면 독일의 각 정당과 정치인들이 어린이와 청소년들의 투표 결과를 중요하게 여기고 (　　　　　　　　　　　　) 노력하기 때문이야.
민정: 그렇지만 투표와 모의 투표가 엄연히 다르다는 점에서 '한 살 아기 때부터 투표'를 한다는 내용은 읽는 이의 오해를 불러일으킬 수 있어. 그러니 정확하게 설명하는 것이 좋겠어.

정답과 해설 21쪽

설득 방법 파악하기

4. **다음은 글쓴이가 라의 내용을 쓴 이유를 생각하여 정리한 것입니다. 빈칸에 알맞은 말을 〈보기〉에서 찾아 쓰세요.**

보기

결정　　동의　　반박　　인정　　참고

이 글을 읽는 사람들 중에는 만 16세 청소년이 옳고 그름을 판단하지 못하기 때문에 선거에 참여하기에 어리다고 생각하는 사람들이 있을 수 있다. 글쓴이가 라의 내용을 쓴 이유는 이러한 사람들의 생각에 미리 (　　　　　)을/를 하기 위해서이다.

어휘의 의미 파악하기

5. **㉠과 같은 뜻으로 '모의'가 사용된 문장은 무엇인가요? (　　　)**

① 왕을 배반하는 모의를 꾀하다 탄로가 났다.
② 지난주 모의로 실험한 결과가 오늘 나온다.
③ 잘못된 일을 모의하다가는 믿음을 잃게 된다.
④ 밤중에 몇 사람의 모의로 일을 결정할 수는 없다.
⑤ 조사 결과 그 일은 두 사람이 모의한 것으로 드러났다.

내용 요약하기

6. **이 글의 내용을 다음과 같이 정리할 때, ⓐ와 ⓑ에 들어갈 알맞은 말을 쓰세요.**

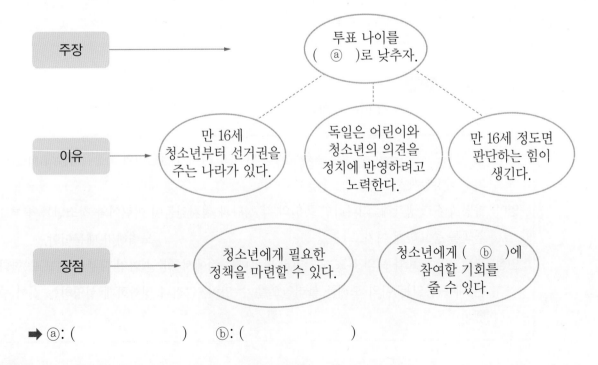

주장 → 투표 나이를 (ⓐ)로 낮추자.

이유 → 만 16세 청소년부터 선거권을 주는 나라가 있다. / 독일은 어린이와 청소년의 의견을 정치에 반영하려고 노력한다. / 만 16세 정도면 판단하는 힘이 생긴다.

장점 → 청소년에게 필요한 정책을 마련할 수 있다. / 청소년에게 (ⓑ)에 참여할 기회를 줄 수 있다.

➡ ⓐ: (　　　　　　)　ⓑ: (　　　　　　)

어휘 익히기

정답과 해설 21쪽

1 단어 뜻 알기

빈칸에 들어갈 알맞은 단어를 〈보기〉에서 찾아 쓰세요.

보기

참여　　성숙　　눈　　정책

1. 사람들의 (　　　　)이/가 너무 적었다.
   뜻 어떤 일에 끼어들어 관계함.

2. 국민을 위한 (　　　　)을/를 세워야 합니다.
   뜻 정치적 목적을 실현하기 위한 방법.

3. 몸만이 아니라 정신의 (　　　　)도 필요하다.
   뜻 몸과 마음이 자라서 어른스럽게 됨.

4. 그는 좋은 물건을 알아보는 (　　　　)이/가 정확하다.
   뜻 사물을 보고 판단하는 힘.

2 관용 표현 알기

다음 빈칸에 들어갈 알맞은 말을 쓰세요.

"세 살 먹은 아이 □도 귀담아들으랬다"

이 속담은 어린아이가 하는 말이라도 일리가 있을 수 있으므로 소홀히 여기지 말고 귀담아들어야 한다는 뜻으로, 남이 하는 말을 신중하게 잘 들어야 함을 비유적으로 이르는 말입니다. 이 속담에 따르면 단지 나이가 어리다는 이유만으로 청소년의 선거권을 제한해서는 안 되겠지요?

3 한자어 익히기

다음 한자어를 소리 내어 읽고 빈칸에 따라 써 보세요.

參	政
참여할 **참**	정치 **정**

참정(參政): 정치에 참여함.

- 참정권을 갖는 나이에 제한이 있다.
- 국민의 참정권을 제한해서는 안 된다.
- 권리가 확대되면서 시민들의 참정이 가능하게 되었다.

參	政						
참여할 참	정치 정						

04회 투표용지에 빵 그림이 있다고요?

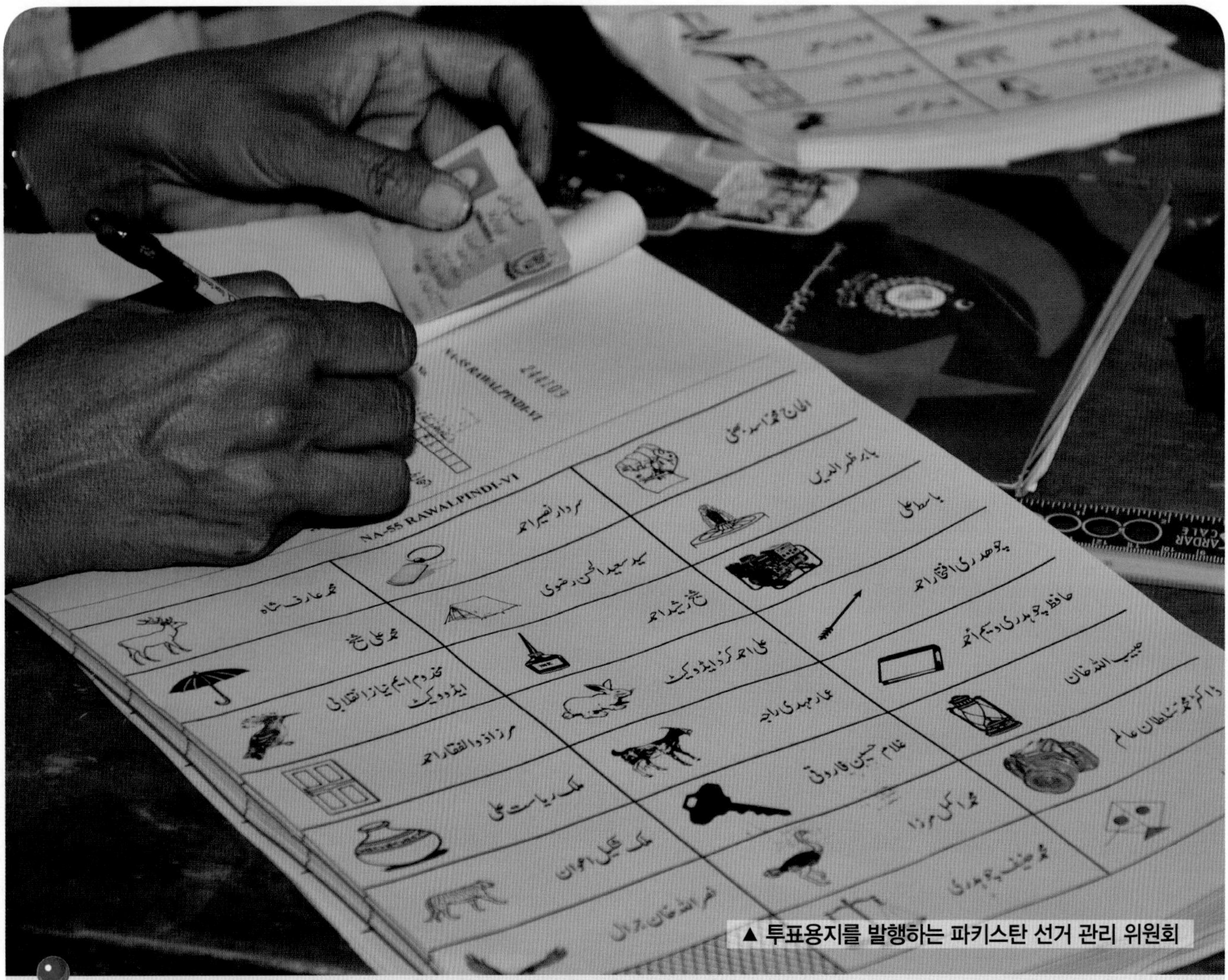

▲ 투표용지를 발행하는 파키스탄 선거 관리 위원회

☑ 핵심 개념인 '투표'와 관련된 말들을 알아 둡시다.

→ 투표율 / 투표소 / 투표용지

투표란 선거를 하거나 어떤 일을 결정할 때 자신의 의사를 표시하여 일정한 곳에 내는 일을 말해요.

☑ 글을 읽고 이것만은 꼭 찾아냅시다.

→ 투표용지가 나라마다 다른 이유가 무엇인가요?

☑ 글을 읽으며 사회의 문제를 해결하는 방안을 생각해 봅시다.

→ 글에서 제시한 문제와 해결 방안에 대해 판단하고 자신의 생각과 견주어 읽습니다.

글 내용	내 생각
• 무엇이 문제인가? • 문제를 어떻게 해결하고자 하는가?	• 글에서 제시한 해결 방안이 충분한가? • 나라면 그 문제를 어떻게 해결하겠는가?

사회의 문제를 다룬 글을 읽으며 나라면 그 문제를 어떻게 해결할지 생각해 보아요.

1 핵심 개념 미리 보기

다음의 포스터를 만들어 홍보하는 목적을 아래와 같이 정리할 때, 빈칸에 알맞은 말을 쓰세요.

이 포스터는 국민들이 (　　　　)에 적극적으로 참여하여 나라의 주인으로서 권리를 행사하고 민주주의를 실현해 나가도록 일깨우기 위하여 만들어진 것입니다.

2 읽기 방법 미리 보기

다음 글에서 해결 방안을 제시한 부분에 밑줄을 치고, 나라면 그 문제를 어떻게 해결할지 쓰세요.

코로나19 바이러스로 사람들이 가게에 직접 가지 않고 집에서 택배로 상품을 받는 일이 많아졌다. 이에 따라 상품 포장 쓰레기가 크게 늘었다. 그렇지 않아도 환경 오염이 큰 문제가 되는 상황에서 쓰레기가 넘쳐나니 심각한 문제가 아닐 수 없다. 쓰레기를 줄이기 위해서 재활용 분리를 더욱 철저하게 해야 할 것이다.

➡ 나의 해결 방안: ______________________________

정답 **1.** 투표 **2.** 해결 방안을 제시한 부분: 재활용 분리를 더욱 철저하게 해야 할 것이다.
나의 해결 방안: 예 과대 포장을 방지하는 법을 만들어 시행한다.

ERI 지수 619 사회 | 정치

가 여러분, 국민의 대표를 뽑는 선거에 사용되는 투표용지를 본 적이 있나요? 아직 투표를 해 보지 않아서 투표용지를 직접 본 적은 없지만, 선거 안내문이나 방송을 통해 투표용지를 본 친구들도 있을 것입니다. 우리나라 투표용지는 무늬가 없는 종이에 후보자의 번호와 이름이 쓰여 있습니다. 투표를 하는 사람들은 자신이 투표하고 싶은 후보자의 이름 옆에 도장을 찍습니다. 그럼 다른 나라의 투표용지는 어떨까요? 우리나라와 같은 투표용지를 사용할까요?

나 인도와 파키스탄은 글자를 읽지 못하는 국민이 많기 때문에 투표용지에 그림을 그려 넣습니다. 투표용지에는 각 정당을 표시하는 그림이 그려져 있습니다. 인도에서는 투표용지에 빵, 프라이팬, 포도와 같이 일상생활에서 사람들이 사용하는 물건을 그림으로 그려서 투표하고자 하는 정당을 쉽게 기억할 수 있도록 돕습니다. 파키스탄에서는 연꽃, 코코넛, 손바닥 등의 각 정당을 나타내는 그림 위에 잉크를 묻힌 손가락 지문을 찍을 수 있게 투표용지를 제작합니다. 이집트는 글자를 모르는 국민을 위하여 후보자의 이름과 함께 후보자의 사진을 투표용지에 넣습니다. 그림이나 사진을 투표용지에 넣으면 글자를 읽지 못하는 국민이 투표하는 데 도움을 주지만, 투표용지를 인쇄하는 데 시간과 비용이 많이 드는 문제가 발생합니다.

다 여러 나라에서 이주해 온 사람들이 많이 모여 사는 나라, 미국의 투표용지는 어떻게 생겼을까요? 미국은 투표용지에 영어와 함께 스페인어 또는 한국어, 중국어를 나란히 써서 영어를 잘하지 못하는 사람들을 배려하고 있습니다. 또한 미국의 투표용지에는 정책에 대한 설명이 상세하게 적혀 있습니다. 정책에 대한 설명을 투표용지에 써넣으면 사람들이 정책을 이해하고 투표하는 데 도움을 줍니다. 하지만 글자가 빽빽하게 쓰여서 국민들이 투표용지를 잘 읽지 못하거나 읽는 데 시간이 많이 걸린다는 문제점도 있습니다.

라 이웃 나라 일본의 투표용지는 어떻게 생겼을까요? 일본에서는 유권자가 자신이 지지하는 후보나 정당의 이름을 직접 쓰도록 투표용지를 만듭니다. 후보자나 정당의 이름을 직접 써서 투표하기 때문에 글자를 틀리게 쓰거나 빠뜨리는 등 후보자나 정당의 이름을 잘못 쓰는 일이 발생하기도 합니다. 하지만 가능한 한 ㉠무효표를 만들지 않기 위해 일본의 선거법에서는 "투표자의 의사가 분명히 전달되는 내용이면 유효로 인정한다."라고 규정하고 있습니다. 예를 들어, 후보자 이름 '홍길동'을 '홍긴동'과 같이 써도 어떤 후보자의 이름을 썼는지 알 수 있다면 유효표로 인정됩니다. 일본과 같이 후보자나 정당의 이름을 직접 쓰는 방식은 글을 모르는 국민이 투표하기에는 어렵다는 문제가 있습니다. 그러나 ㉡부정 선거를 막고, 투표용지 준비가 쉽다는 장점이 있습니다.

마 이처럼 투표용지는 나라마다 다르게 생겼습니다. 나라마다 투표용지가 다른 것은 선거에 대한 국민의 참여를 높이고 무효표를 줄이려는 각 나라의 노력의 결과라고 볼 수 있습니다.

글의 성격 파악하기

1. **이 글에 대한 설명으로 가장 알맞은 것은 무엇인가요? (   )**

① 우리나라 투표용지의 장점을 알리는 글이다.
② 우리나라 투표용지의 개선 방안을 제안한 글이다.
③ 다른 나라 투표용지의 문제점을 구체적으로 지적한 글이다.
④ 국민들에게 투표에 적극적으로 참여할 것을 권유하는 글이다.
⑤ 세계 여러 나라의 예를 들어 투표용지가 나라마다 다르다는 것을 설명한 글이다.

세부 내용 파악하기

2. **각 나라별 투표용지에 대한 설명을 다음과 같이 정리할 때, ⓐ와 ⓑ에 들어갈 말을 알맞게 짝지은 것은 무엇인가요? (   )**

나라	투표용지의 특징	장점
인도, 파키스탄	정당을 나타내는 (ⓐ)을/를 그려 넣음.	글자를 모르는 국민의 참여를 도움.
이집트	후보자의 이름과 사진을 함께 넣음.	글자를 모르는 국민의 참여를 도움.
미국	정책을 제시하고, 영어와 함께 여러 나라의 언어를 나란히 써넣음.	정책 이해를 돕고, (ⓑ)을/를 잘 하지 못하는 사람을 배려함.
일본	후보자나 정당의 이름을 직접 적게 함.	부정 선거를 막고, 투표용지 준비가 쉬움.

	ⓐ	ⓑ
①	정책	영어
②	정책	언어
③	정책	글자
④	그림	영어
⑤	그림	글자

어휘 관계 파악하기

3. **㉠과 반대되는 뜻으로 쓰인 단어를 라에서 찾아 쓰세요.**

(   )

어휘의 의미 파악하기

4. ㉡과 같은 뜻으로 '부정'이 사용된 문장은 무엇인가요? (　　　)

① 범인이 자신의 범행을 부정하고 있다.
② 돈을 부정한 방법으로 모아서는 안 됩니다.
③ 그는 긍정도 부정도 하지 않고 미소만 지었다.
④ 나는 억울해서 계속 그 일을 부정할 수밖에 없었다.
⑤ 그녀가 내 의견을 부정하지 않는 것을 보니 아마도 나와 같은 생각인가 보다.

중심 내용 파악하기

5. 이 글의 내용을 바탕으로 다음의 질문에 답할 때, 빈칸에 알맞은 말을 쓰세요.

질문: 투표용지가 왜 나라마다 다른 건가요?

⬇

답변: 각 나라가 처한 상황을 고려하여 국민의 투표 (　　　　　　)을/를 높이고 무효표를 줄이기 위해서입니다.

사회 문제를 해결하는 방안 찾기

6. 나라면 다음 문제를 어떻게 해결할 것인지 그 방안을 간단하게 쓰세요.

문제: 한글을 읽지 못하는 사람들을 위하여 우리나라 투표용지를 어떻게 만들 것인가?

➡ 나의 해결 방안: ____________________

어휘 익히기

정답과 해설 23쪽

1
단어 뜻 알기

빈칸에 들어갈 알맞은 단어를 〈보기〉에서 찾아 쓰세요.

보기

용지　　후보　　정당　　이주

1. 그녀가 우리 지역 국회 의원 (　　　　)(으)로 나섰다.
   뜻 선거에서, 어떤 직위나 신분을 얻으려고 일정한 자격을 갖추어 나섬. 또는 그런 사람.

2. 나는 회사에 가서 가수 지망 신청서 (　　　　)을/를 받았다.
   뜻 어떤 일에 쓰는 종이.

3. 그는 자신과 뜻이 같은 사람들이 모인 (　　　　)에 가입하였다.
   뜻 정치적인 주장이나 입장이 같은 사람들이 권력을 잡고 정치적 이상을 실현하기 위하여 조직한 단체.

4. 여러 민족이 (　　　　)하여 모여 살게 되면서 문화 교류가 활발하게 이루어졌다.
   뜻 본래 살던 지역을 떠나 다른 지역으로 이동하여 정착함.

2
관용 표현 알기

다음 빈칸에 들어갈 알맞은 말을 쓰세요.

"눈 먹던 토끼 얼음 먹던 토끼가 □□□"

눈을 먹고 살던 토끼와 얼음을 먹고 살던 토끼가 다르다는 뜻으로, 사람은 자기가 겪어 온 환경에 따라서 그 능력이 다르고 생각이 다름을 비유적으로 이르는 말입니다. 사람이 자라온 환경에 따라서 생각이나 능력이 다른 것처럼, 나라마다 처한 상황이 다르므로 사회 문제를 해결하는 정책이나 방안도 제각각입니다.

3
한자어 익히기

다음 한자어를 소리 내어 읽고 빈칸에 따라 써 보세요.

投	票
던질 **투**	표 **표**

투표(投票): 선거를 하거나 어떤 일을 결정할 때 자신의 의사를 표시하여 일정한 곳에 내는 일.

- 대표자를 뽑기 위해 **투표**를 실시하였다.
- 이 법을 없앨지는 시민들의 **투표** 결과에 따르기로 하였다.

投	票						
던질 투	표 표						

05회 읽기 방법 익히기

1 인용의 효과 파악하기

인용은 다른 사람의 말이나 글을 자신의 말이나 글에 끌어다 쓰는 것을 말합니다. 남의 말이나 글을 적절하게 인용하면 자신이 말하고자 하는 바를 분명하게 하거나 자기 생각을 효과적으로 뒷받침할 수 있습니다. 글을 읽으며 글쓴이가 누구의 말이나 글을, 왜 인용하였는지 파악하고 인용한 말이나 글이 믿을 만하고 적절한지 평가하면, 글을 좀 더 정확하게 비판적으로 이해할 수 있습니다.

★ **글에서 인용 부분을 찾으려면,**

(1) 다른 사람의 말과 글을 그대로 인용할 때 사용하는 큰따옴표(" ")를 찾습니다.

(2) '~에 따르면(의하면)'이나 '~(라)고' 등의 표현을 찾습니다.

★ **인용의 효과**

(1) 글쓴이는 인용을 하여 글쓴이가 하고 싶은 말을 더욱 명확하게 표현하거나 실감 나게 전달할 수 있습니다.

(2) 널리 알려지거나 신뢰할 수 있는 사람의 말과 글, 그리고 출처가 분명한 말과 글 등을 사용하여 글쓴이의 의견이나 주장을 뒷받침할 수 있습니다.

1 다음 글을 읽고, 물음에 답하세요.

"오늘 전주 날씨는 오전에는 맑다가 점점 구름이 끼면서 흐려지겠습니다."

아침에 뉴스에서 들은 오늘의 날씨 소식이다. 오전에 맑다가 구름이 끼면서 흐려지는 것처럼 날씨는 하루나 며칠 사이에 바뀌는 짧은 기간의 대기 상태를 말한다. 이와 달리 기후는 어느 지역에서 오랜 기간 반복되는 대기 상태를 말한다. 봄, 여름, 가을, 겨울 사계절이 있고, 계절별로 온도 차이가 큰 우리나라의 기후는 해마다 비슷하게 나타난다.

(1) 이 글에서 인용한 부분을 찾아 밑줄을 치세요.

(2) 이 글에서 (1)에서 답한 부분을 인용한 이유를 간단하게 쓰세요.

2 다음 글을 읽고, 빈칸에 알맞은 말을 쓰세요.

(가) 언제나 말조심을 해야 합니다. 친구와 단둘이서만 주고받은 말이라도 다른 친구들의 귀에 들어가 어느새 학교 전체에 퍼져 나갈 수 있으니까요. 늘 말조심합시다.

(나) 언제나 말조심을 해야 합니다. 친구와 단둘이서만 주고받은 말이라도 다른 친구들의 귀에 들어가 어느새 학교 전체에 쉽게 퍼져 나갈 수 있으니까요. '발 없는 말이 천 리 간다.'라는 말도 있듯이 늘 말조심합시다.

➡ (나)는 속담을 (　　　　)하여 말이 쉽게 퍼져 나간다는 것을 실감 나게 표현함으로써 (가)보다 말조심을 하자는 주장을 더 설득력 있게 전달하고 있다.

3 다음 글을 읽고, 물음에 답하세요.

(가) ① 최근 들어 인구가 빠른 속도로 크게 줄고 있다. ② 통계청에 따르면 지난 4월 우리나라에서 태어난 사람은 2만 3,420명이라고 한다. ③ 이는 인구를 조사하기 시작한 이래 가장 적은 수이다. ④ 반면 같은 기간에 사망한 사람은 2만 4,628명으로, 태어난 사람보다 1,208명이 많다고 한다. ⑤ 지난 4월 우리나라 인구가 그만큼 줄었다는 뜻이다. ⑥ 인구의 자연 감소는 사망자가 많아서 생긴 일로 볼 수도 있으나, 태어난 사람의 수가 크게 준 것이 더 큰 영향을 미친다.

(나) 우리나라 인구가 계속 줄고 있다. 태어난 사람보다 사망한 사람이 더 많은 자연 감소가 이어지고 있는 것이다. 이처럼 출생자 수가 계속 줄 경우 2750년 우리나라의 인구는 '0'이 되면서 대한민국이라는 나라가 없어질 수 있다고 한다.

(1) (가)의 ①~⑥ 중 인용을 한 문장을 모두 고르세요. (　　　,　　　)

(2) (가)에서 인용을 한 이유로 알맞은 것을 모두 골라 ✓표 하세요.

① 통계청을 홍보하기 위하여 (　　　)
② 객관적인 수치를 제시하여 글에 신뢰감을 더 주려고 (　　　)
③ 통계청이라는 믿을 만한 기관의 자료를 활용함으로써 주장의 신뢰성을 높이기 위해 (　　　)

(3) (나)의 인용문이 지닌 문제점을 한 가지 쓰세요.

2 내용의 타당성 평가하기

우리는 왜 글을 읽을까요? 여러 가지 이유가 있겠지만, 우리는 필요한 정보를 얻거나 다른 사람의 생각이나 의견을 이해하기 위해 글을 읽습니다. 그런데 우리가 읽는 글의 내용이 늘 정확하거나 옳은 것은 아닙니다. 그러므로 잘못된 정보를 맞는다고 믿거나 옳지 않은 생각을 무조건 받아들이지 않기 위해서는 내용이 타당한지를 따지며 글을 읽어야 합니다.

★ 내용의 타당성을 평가한다는 것은,

타당하다는 것은 일이 이치에 맞고 옳다는 뜻입니다. 그러므로 글을 읽으며 내용의 타당성을 평가한다는 것은 내용이 글의 주제와 관련이 되는지, 논리적이고 합리적인지, 믿을 만한 근거가 제시되었는지 등을 따져서 이치에 맞고 옳은지를 판단하는 것을 말합니다.

★ 내용의 타당성을 평가하려면,

- 내용이 글 주제와 관련되는가?
- 내용이 논리적으로 이치에 맞는가?
- 내용에 근거가 있고 그 근거가 믿을 만한가?

이러한 질문을 통해 글에서 다루는 내용이 타당한지 꼼꼼하게 따져 보며 글을 읽어야 합니다.

1 다음 글을 읽고, 물음에 답하세요.

① 학교에서 친구들이 급식으로 받은 음식을 계속 남긴다. ② 고기를 남기는 것은 이해할 수 없지만, 당근처럼 먹기 싫은 것은 남겨도 좋다. ③ 친구들처럼 음식을 많이 남겨 쓰레기로 버리게 되면 여러 가지 문제가 생긴다. ④ 무엇보다 음식물 쓰레기는 환경을 오염시킨다. ⑤ 음식물 쓰레기를 땅에 묻으면 바다와 공기를 오염시켜 우리가 숨을 쉴 수 없게 된다. ⑥ 환경을 오염시키지 않기 위해서라도 음식을 남겨서 버리지 않도록 해야 한다.

(1) ①~⑥ 중 글의 주제와 관련이 적어 삭제하면 좋을 문장을 찾아 그 번호를 쓰세요.

( )

(2) 이 글의 타당성을 높이기 위하여 ⑤를 어떻게 고치면 좋을지 의견을 쓰세요.

2 **다음 글을 읽고 친구들이 나눈 대화입니다. ㉠, ㉡에 들어갈 알맞은 말을 쓰세요.**

요즈음 지역마다 특색 있는 축제를 여는 것이 유행이다. 유행에 뒤처지지 않게 우리 고장도 개성 있고 특이한 축제를 만들어 유명해지면 좋겠다. 유명해지면 관광객들이 많이 와서 지역 경제가 좋아지고 일자리도 늘어서 우리 고장에 이익이 되기 때문이다. 토마토가 맛있는 우리 고장에서는 토마토 축제를 여는 것이 좋다고 생각한다. 세계적으로 이름난 스페인의 토마토 축제에 해마다 수많은 사람이 와서 즐긴다고 하니 이를 참고하여 축제를 만들면 절대 실패하지 않을 것이다.

진영: 유행에 뒤처지지 않게 축제를 열어야 한다고 하는데, 유행은 변하기 때문에 유행을 따라가는 것은 문제가 있어.

현기: 맞아. 그리고 지역 축제가 유명해지면 장점도 있지만 관광객이 늘면 쓰레기 증가나 교통 체증 등 예상하지 못한 (㉠)도 생길 거야.

샛별: 우리와 상황이 다를 텐데 스페인 축제를 참고하면 절대 (㉡)하지 않는다는 말을 믿기도 어려워.

➡ ㉠: (   ) ㉡: (   )

3 **다음 글 내용의 타당성을 높이기 위한 조언으로 알맞지 않은 것은 무엇인가요? (   )**

요즈음 로봇이 사람들의 일자리를 빼앗아 돈을 벌지 못하는 사람이 많다. 기업들은 왜 일 잘하는 사람을 놔두고 로봇을 써서 사람들의 일자리를 빼앗는지 모르겠다. 10년 후면 나도 일을 해서 돈을 벌어야 하는데 로봇 때문에 굶어 죽을 수도 있겠다. 앞으로 로봇을 만들지 못하게 하는 법을 만들어 사람들의 일자리를 지켜 내야 한다.

① 기업이 사람 대신 로봇을 쓰는 이유를 조사해서 알려 주면 글을 객관적으로 만들 수 있어.
② 로봇의 종류와 로봇을 만드는 방법을 자세하게 설명해 주면 글을 더 재미있게 읽을 수 있어.
③ 로봇을 만들지 못하게 하는 법을 만드는 것이 필요하고 가능할지 꼼꼼하게 검토하고 의견을 제시해야 해.
④ 10년 후 로봇이 사람이 하는 일을 어느 정도로 대신하게 될지 예측한 자료가 있으면 글쓴이의 주장에 공감할 수 있을 거야.
⑤ 로봇 때문에 사람들의 일자리가 얼마나 줄어들었는지 보여 주는 통계 자료를 제시하면 이 글에서 제기한 문제에 동의하기가 쉬울 것 같아.

3 주차

무엇을 배울까요?

회차	글의 내용	핵심 개념	읽기 방법	학습 계획일
01회	 **빛을 통해 보이는 세상** 우리가 빛을 통해 세상을 볼 수 있다는 것을 다양한 예를 들어 설명한 글입니다.	[물리] 빛	단서를 활용하여 글의 내용 예측하기	월 일 (요일)
02회	 **사라진 해, 붉은 달** 일식과 월식 현상이 일어나는 원인과 특징에 대해 조사하고 작성한 발표문입니다.	[지구 과학] 일식, 월식	출처의 신뢰성 평가하기	월 일 (요일)
03회	 **[오늘의 날씨] 미세 먼지 나쁨** 최근 문제가 되고 있는 대기 오염의 원인과 해결 방안을 제시한 강연문입니다.	[화학] 대기 오염	문단 간의 관계 (문제–해결) 파악하기	월 일 (요일)
04회	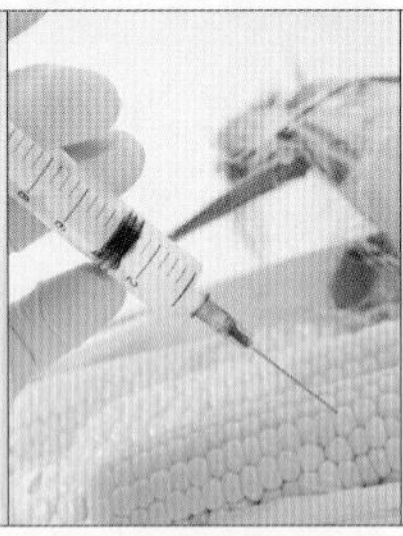 **병들지 않는 식물** 식물 번식에 유전자 재조합 기술을 활용하는 것에 대한 토론 내용을 소개한 글입니다.	[생물] 생명, 번식	글의 관점에서 자료 평가하기	월 일 (요일)
05회	**읽기 방법 익히기** 이 주에 공부한 중요 [읽기 방법]을 한눈에 정리하고 문제로 확인합니다. 1 출처의 신뢰성 평가하기 2 문단 간의 관계(문제–해결) 파악하기			월 일 (요일)

어느 수준일까요?

01회 빛을 통해 보이는 세상

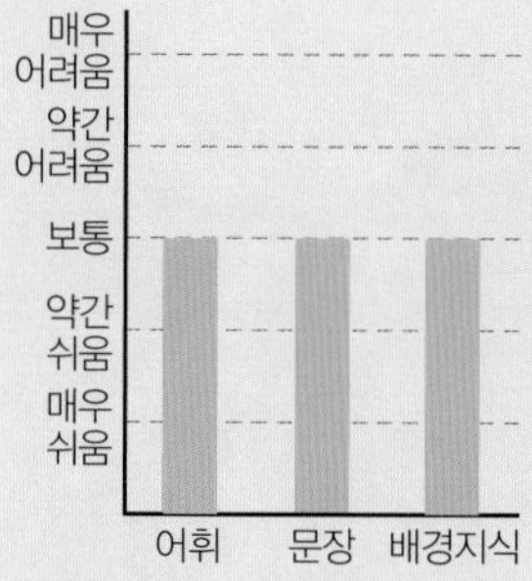

★ 빛에 대한 설명 내용을 마인드맵으로 그리며 읽어요.

ERI 605

02회 사라진 해, 붉은 달

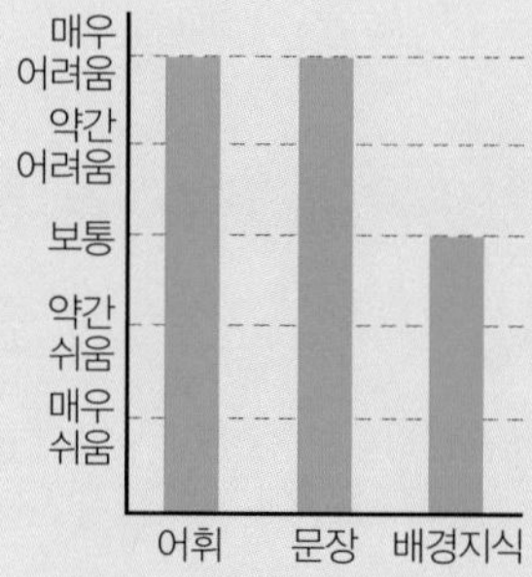

★ 나열된 내용을 한 묶음으로 묶어서 생각해요.

ERI 695

03회 [오늘의 날씨] 미세 먼지 나쁨

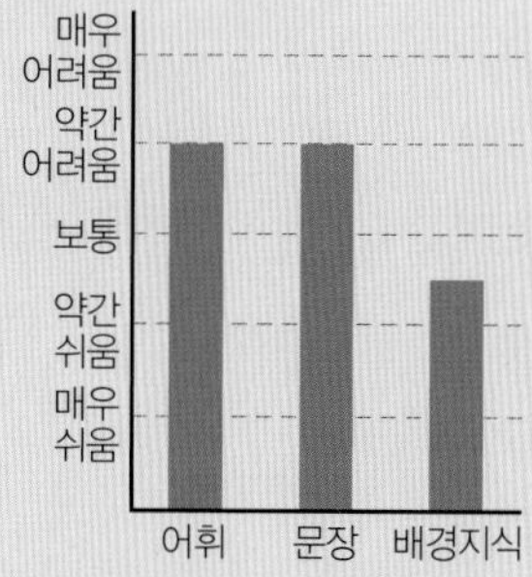

★ 모르는 단어를 사전에서 찾아 익혀요.

ERI 624

04회 병들지 않는 식물

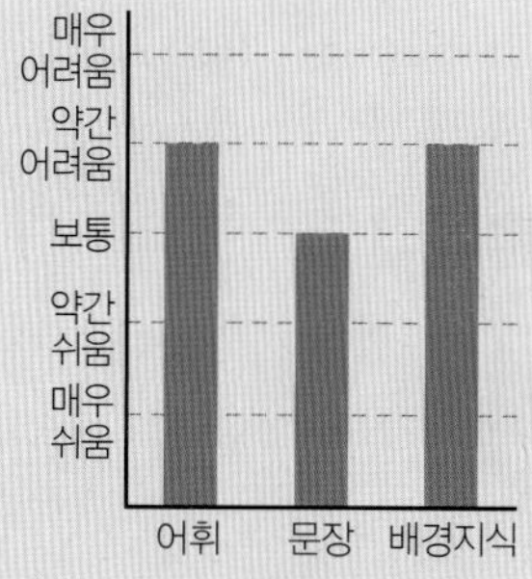

★ 유전자 변형 식물의 사례를 생각하며 이해해요.

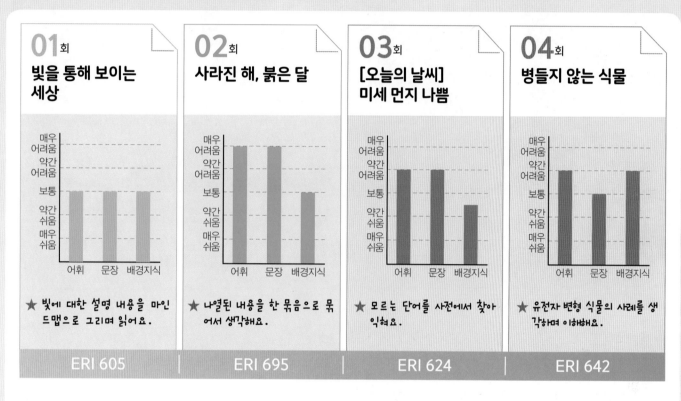

ERI 642

이 주의 ERI 지수

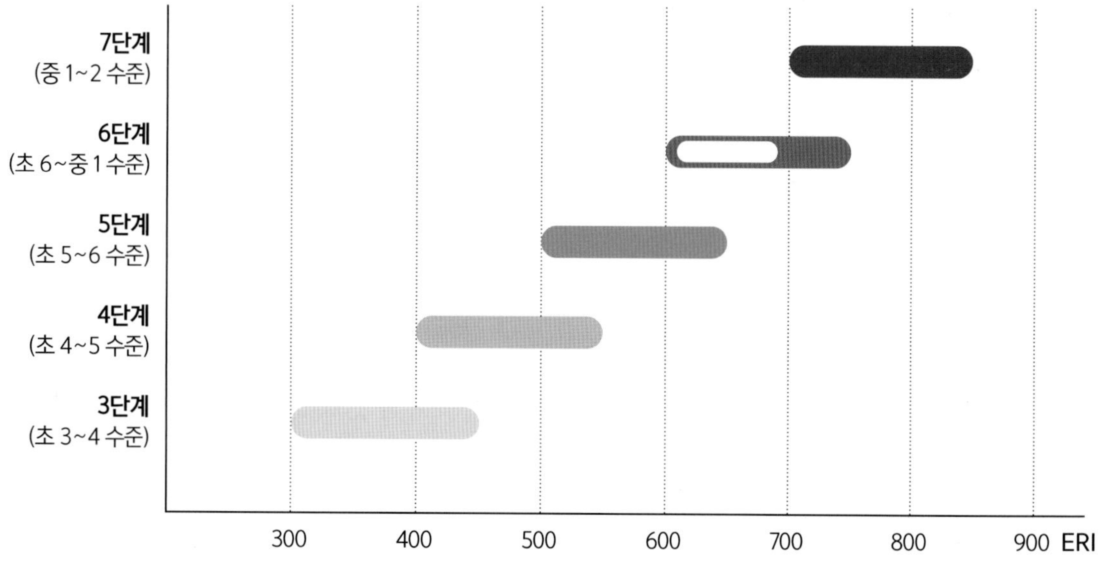

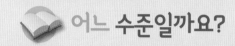

01회 빛을 통해 보이는 세상

☑ 핵심 개념인 '빛'과 관련된 말들을 알아 둡시다.

➜ 빛의 반사 / 빛의 흡수 / 빛의 굴절

빛은 우리 눈을 자극하여 물체를 볼 수 있게 하는 것을 말해요.

☑ 글을 읽고 이것만은 꼭 찾아냅시다.

➜ 우리가 물체를 보는 데 빛이 어떤 작용을 할까요?

☑ 글에 나타난 단서를 활용하여 내용을 예측하면서 글을 읽어 봅시다.

➜ 글의 제목, 접속어, 시각 자료 등의 단서를 통해 글의 내용을 짐작할 수 있습니다.

글의 제목 + 접속어 + 시각 자료 ➜ 글의 내용 예측하기

단서란 사건이나 문제를 푸는 데 도움이 되는 것, 즉 실마리를 말해요.

1 핵심 개념 미리 보기

다음 빈칸에 들어갈 알맞은 단어를 표에서 골라 써넣으세요.

반	수	물
작	흡	체
빛	용	사

(1) ☐☐: 빨아서 거두어들임.

(2) ☐: 우리 눈을 자극하여 물체를 볼 수 있게 하는 것. 태양 등에서 나옴.

(3) 빛의 ☐☐: 곧게 나아가던 빛이 어떤 물체에 닿아 앞으로 나아가지 못하고 다시 되돌아 나가는 현상.

2 읽기 방법 미리 보기

글에 나타난 단서를 활용하여 글의 내용을 예측한 학생을 모두 찾아 √표 하세요.

이 글의 내용과 비슷한 나의 경험을 떠올려 보았어.

미리

(　　　)

이 글의 제목을 읽은 후 글의 내용을 미리 생각해 봤어.

지석

(　　　)

내가 이미 알고 있는 내용이 나온 부분에는 밑줄을 그었어.

민호

(　　　)

'그러나, 그러므로'와 같은 접속어를 통해 내용 간의 연결 관계를 추측해 보았어.

은진

(　　　)

정답 **1.** (1) 흡수 (2) 빛 (3) 반사 **2.** 지석, 은진

ERI 지수 605 과학 | 물리

빛이 전혀 없는 깜깜한 방에 들어갔을 때 무언가를 볼 수 있었나요? 또는 야외로 나가 눈을 감았을 때 무언가를 볼 수 있었나요? 볼 수 없었을 것입니다. 여러분이 무언가를 볼 수 있는 것은 빛을 내는 것과 그것을 볼 수 있는 여러분의 눈이 있기 때문입니다. 즉 '본다'는 것은 빛이 눈으로 들어와 물체가 인식된다는 것을 말합니다.

그렇다면 우리가 볼 수 있는 물체는 모두 스스로 빛을 내는 것일까요? 그렇지는 않습니다. ㉠태양, 성냥불, 형광등과 같이 스스로 발광하는 물체도 있지만, ㉡책, 연필, 꽃, 나무와 같이 스스로 빛을 내지 못하고 태양 등에서 뿜어져 나오는 빛을 흡수하거나 반사하는 물체도 있습니다. 물체에 흡수된 빛은 볼 수 없으며, 물체에서 반사된 빛만 우리 눈에 보입니다. 그래서 우리가 물체를 볼 수 있다는 것은 그 물체가 빛을 반사하고 있음을 의미합니다.

햇빛이 비치는 정원에 빨갛게 피어 있는 장미꽃을 본다고 해 봅시다. 이때 장미꽃이 빨갛게 보이는 것은 장미꽃이 본래 빨간색을 지니고 있기 때문이 아니라, 장미꽃에서 반사되어 나온 빛이 빨간색이기 때문입니다. 그럼 ㉢햇빛은 빨간색으로만 되어 있을까요? 아닙니다. 햇빛은 무지개에서 볼 수 있듯 빨강, 초록, 파랑 등 여러 가지 색깔을 지니고 있습니다. 햇빛에 포함된 여러 색깔의 빛 중에서 다른 색깔의 빛은 모두 (㉣)되고, 빨간색 빛만 꽃의 표면에서 (㉤)되어 우리의 눈으로 들어오기 때문에 장미꽃이 빨갛게 보이는 것이지요.

한편, 같은 물체라도 빛에 따라 물체의 색깔이 다르게 보일 수도 있습니다. 가령, 노란 조명 아래에서 책을 읽을 때와 빨간 조명 아래에서 책을 읽을 때 종이의 색깔이 다르게 보일 수 있습니다. 책에서 반사되는 빛의 색깔이 다르기 때문에 우리 눈에 보이는 종이의 색깔도 달라지는 것입니다. 이처럼 하나의 물체가 빛에 따라 달리 보이는 것은, 우리의 눈이 빛에 의존하여 물체를 본다는 것을 말합니다. 스스로 빛을 내지 않는 물체를 보기 위해서는 반드시 빛의 도움을 받아야 하는 것이지요.

㉮ 그럼 물체들이 빛을 반사하는 모습은 모두 같을까요? 그렇지 않습니다. 예를 들어 평면거울은 우리의 모습을 그대로 비추어 주지만 종이는 그렇지 않습니다. 그 이유는 물체 표면의 특성에 따라 빛을 반사하는 모습이 달라지기 때문입니다. 평면거울의 표면은 매우 고르기 때문에 모든 빛이 나란히 들어갔다가 나란히 튕겨 나옵니다. 그 빛이 우리의 모습을 비추어 주는 것이지요. 그러나 종이의 표면은 매우 거칠기 때문에 모든 빛이 나란히 들어가기는 하지만 튕겨 나오는 빛의 방향이 제각각입니다. 이렇게 빛이 울퉁불퉁한 표면에 부딪쳐 반사되어 여러 방향으로 흩어지는 현상을 '산란'이라고 하는데, 산란이 일어나면 우리의 모습을 비추어 보기 어렵습니다.

내용 파악하기

1. 이 글을 읽고 해결할 수 있는 질문이 아닌 것은 무엇인가요? (　　　)

① 우리가 물체를 볼 수 있는 원리는 무엇일까?
② 스스로 빛을 내는 물체에는 어떤 것들이 있을까?
③ 어떤 물체가 스스로 빛을 내지 못하는 이유는 무엇일까?
④ 물체의 색깔이 때에 따라 다르게 보이는 이유는 무엇일까?
⑤ 종이로 우리의 모습을 비추어 볼 수 없는 것은 어떤 이유에서일까?

세부 내용 파악하기

2. ㉠과 ㉡의 차이점에 대한 설명으로 알맞은 것은 무엇인가요? (　　　)

① ㉠은 모양이 있지만, ㉡은 모양이 없다.
② ㉠은 빛을 흡수하지만, ㉡은 빛을 흡수하지 않는다.
③ ㉠은 빛을 반사하지만, ㉡은 빛을 반사하지 않는다.
④ ㉠은 색깔을 지니지만, ㉡은 색깔을 지니지 않는다.
⑤ ㉠은 스스로 빛을 내지만, ㉡은 스스로 빛을 내지 않는다.

맥락을 활용하여 추론하기

3. ㉢의 답을 '예'라고 가정할 때 벌어질 수 있는 일을 추측한 것으로 알맞은 것은 무엇인가요? (　　　)

① 우리의 눈에 아무것도 보이지 않게 될 것이다.
② 모든 물체가 스스로 빨간색 빛을 내보내게 될 것이다.
③ 햇빛을 흡수하는 물체는 모두 빨간색으로 보일 것이다.
④ 햇빛을 반사하는 물체는 모두 빨간색으로 보일 것이다.
⑤ 빨간색 장미꽃을 제외한 다른 색깔의 꽃만 보일 것이다.

문맥을 통해 추론하기

4. ㉣과 ㉤에 들어갈 말을 바르게 짝지은 것은 무엇인가요? (　　　)

	㉣	㉤		㉣	㉤
①	반사	흡수	②	제거	반사
③	흡수	반사	④	제거	발광
⑤	흡수	발광			

글의 내용 적용하기

5. 다음은 ㉮에서 설명하고 있는 내용을 그림으로 나타낸 것입니다. ⓐ와 ⓑ에 해당하는 물체를 ㉮에서 찾아 쓰세요.

➡ ⓐ: (　　　　　　　) ⓑ: (　　　　　　　)

단서를 활용하여 글의 내용 예측하기

6. 학생이 이 글을 읽는 과정에서 글에 나타난 단서를 활용하여 글의 내용을 예측해 본 것으로 알맞지 않은 것은 무엇인가요? (　　　)

① '빛을 통해 보이는 세상'이라는 제목을 보니, 이 글의 중심 내용은 '빛'과 관련된 내용일 것 같아.

② 1문단의 질문들을 보니, 무언가를 보려면 '빛'과 '눈'이 있어야 한다는 내용이 뒤에 이어질 것 같아.

③ 2문단의 질문을 보니, 물체들 중에는 스스로 빛을 내지 않는 것들도 있다는 걸 짐작할 수 있겠어.

④ 3문단의 그림을 보니, 3문단에는 장미꽃의 색깔이 빨갛게 보이는 이유가 설명되어 있을 것 같아.

⑤ 4문단의 '한편'이라는 말을 보니, 4문단에서는 앞의 내용을 요약해서 정리해 주고 있을 것 같아.

어휘 익히기

1 단어 뜻 알기

빈칸에 들어갈 알맞은 단어를 〈보기〉에서 찾아 쓰세요.

보기

인식 발광 표면 의존

1. 달의 (   )은 움푹 들어간 곳이 많다.
   뜻 사물의 가장 바깥쪽. 또는 가장 윗부분.

2. 친구에게 지나치게 (   )하는 것은 좋지 않다.
   뜻 다른 것에 의지하여 존재함.

3. 잘못을 저지르면 벌을 받는다는 것을 (   )하게 되었다.
   뜻 사물을 분별하고 판단하여 아는 일.

4. 내 친구는 반딧불이 (   )하는 모습을 보고 매우 좋아하였다.
   뜻 빛을 냄.

2 관용 표현 알기

다음 빈칸에 들어갈 알맞은 말을 쓰세요.

"☐ 좋은 개살구"

'개살구'란 개살구나무에서 나는 열매를 의미합니다. 개살구는 일반 살구보다 시고 떫어서 잼이나 즙으로 만들어야 겨우 먹을 수 있을 정도로 맛이 없지만, 대신에 열매의 모양이 매우 예쁩니다. 이 속담은 모양과 빛이 곱지만 정작 먹어 보면 별 볼 일이 없는 개살구처럼, 겉만 그럴듯하고 실속이 없는 경우를 비유할 때 쓰는 말입니다.

3 한자어 익히기

다음 한자어를 소리 내어 읽고 빈칸에 따라 써 보세요.

反	射
되돌아갈 **반**	비출 **사**

반사(反射): 일정한 방향으로 나아가던 파동이 다른 물체의 표면에 부딪쳐서 나아가던 방향을 반대로 바꾸는 현상.

- 빌딩에 반사된 햇빛이 번쩍인다.
- 거울에 빛이 반사되어 눈을 뜰 수가 없다.

反	射						
되돌아갈 반	비출 사						

02회 사라진 해, 붉은 달

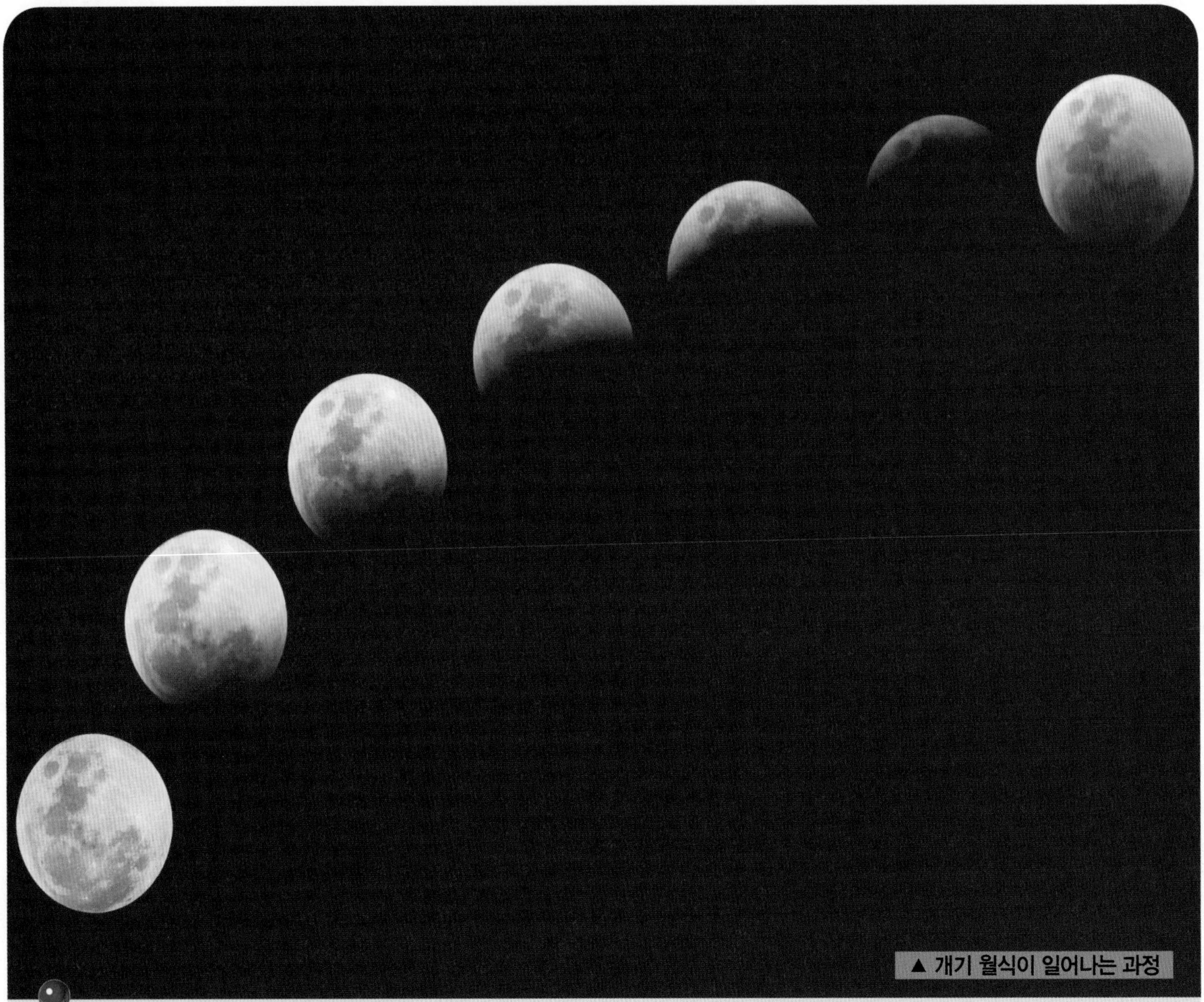

▲ 개기 월식이 일어나는 과정

☑ 핵심 개념인 '일식, 월식'과 관련된 말들을 알아 둡시다.

→ 개기 일식 / 부분 일식 / 개기 월식 / 부분 월식

일식은 달이 해의 일부나 전부를 가리는 현상, 월식은 달이 지구의 그림자에 가려 일부나 전부가 가려지는 현상을 말해요.

☑ 글을 읽고 이것만은 꼭 찾아냅시다.

→ 일식과 월식 현상이 일어나는 원인은 무엇인가요?

☑ 출처의 신뢰성을 평가하면서 글을 읽어 봅시다.

→ 글이나 인터넷 등에서 제시한 정보 및 자료의 글쓴이, 출판사, 시기 등을 확인함으로써 출처가 믿을 만한지 판단해 봅니다.

글쓴이 + 출판사 + 시기 ➡ 출처의 신뢰성 평가하기

출처란 사물이나 말 등이 생기거나 나온 근거를 말해요.

1 핵심 개념 미리 보기

다음 노랫말의 ㉠, ㉡과 관계된 것을 찾아 선으로 연결하세요.

달

윤석중 작사
권길상 작곡

㉠ 달 달 무 슨 달 쟁 반 같 이 둥 근 달
달 달 무 슨 달 낮 과 같 이 밝 은 달
달 달 무 슨 달 거 울 같 은 보 름 달

㉡ 어 디 어 디 떴 – 나 남 산 위 에 떴 – 지
어 디 어 디 비 추 나 우 리 동 네 비 추 지
무 엇 무 엇 비 추 나 우 리 얼 굴 비 추 지

(1) ㉠ • • ① 달의 위치

(2) ㉡ • • ② 달의 모양

2 읽기 방법 미리 보기

글에서 제시한 자료나 정보의 신뢰성을 평가하는 방법으로 알맞은 것에 √표 하세요.

(1) 자료를 만든 출판사가 사람들에게 인기가 많은지 판단한다. ( )

(2) 정보를 제공한 사람이 그 분야에 전문성을 갖고 있는지 판단한다. ( )

정답 1. (1) – ② (2) – ① 2. (2)

ERI 지수 695 과학 | 지구 과학

여러분, 안녕하세요. 저희는 일식과 월식에 대해 조사한 내용을 발표하려고 합니다. 모둠에서 작성한 보고서를 바탕으로, 저희 모둠이 조사한 방법과 조사 결과에 대해 말씀드리겠습니다. 먼저 저희가 수집한 사진 중에서 ㉠첫 번째 사진을 보여 드리겠습니다. 이 사진이 찍힌 시각이 한낮임에도 불구하고, 정작 하늘에 있어야 할 해는 어딘가로 사라지고 검게 가려진 해의 주변만 밝게 빛납니다. 이제 두 번째 사진을 보시겠습니다. 첫 번째 사진과 달리 이 사진은 밤에 찍은 것인데도, 하늘에 떠 있는 달이 평소와 달리 붉은색을 ⓐ띠고 있는 모습을 볼 수 있습니다.

저희는 앞서 보여 드린 두 사진에 나타난 현상들에 궁금증을 가졌고, 이에 대해 알아보기 위해 책이나 문서를 찾아 조사하는 문헌 조사와 해당 분야와 관련된 사람을 인터뷰하는 면담 조사를 실시하였습니다. 문헌 조사 대상은 ○○ 출판사에서 출간한 과학 잡지 21호, 초등학교 과학 교과서, '킹왕짱과학님' 블로그에 ⓑ개시된 글과 관련 사진입니다. 면담 조사는 과학을 전공하신 우리 학교 선생님과 진행하였습니다. 그중 과학 잡지, 초등학교 과학 교과서, 선생님과의 면담 자료는 ㉡믿을 만하다고 판단되어 보고서 작성에 활용하였지만, 블로그의 자료는 제외하였습니다.

조사 결과, 첫 번째 사진에 나타난 현상은 해와 달과 지구의 움직임에 의해 생기는 '일식'이라는 것을 알게 되었습니다. 일식이란 달이 해를 가릴 때 생기는 현상입니다. 지구에서 해를 바라보는 일직선 사이에 달이 위치하게 되면, 즉 세 천체가 '해-달-지구'의 순서로 일직선상에 놓이게 되면 달에 가려서 해가 보이지 않게 되는 것입니다. 이때 천체의 움직임이나 관측자의 위치에 따라 해가 가려지는 정도가 달라지게 되는데, 해 전체가 가려지는 것을 개기 일식, 해의 일부만 가려지는 것을 부분 일식이라고 합니다.

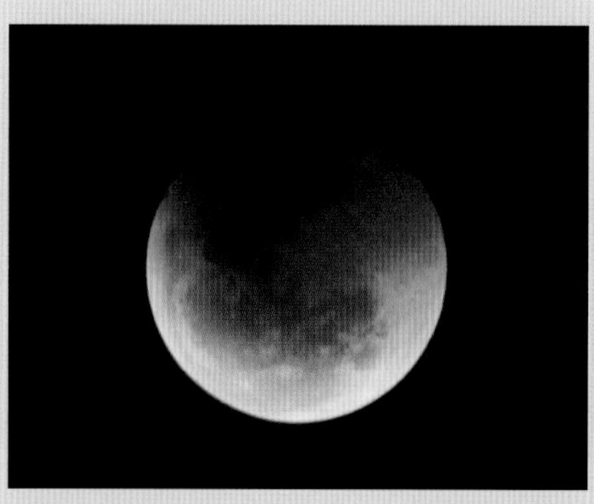

다음으로, 두 번째 사진과 같이 밤하늘에 붉은 달이 보이는 현상 역시 해와 달과 지구의 움직임에 의해 생기는 것인데요, 일식과 다른 점은 바로 지구의 그림자에 의해 달이 가려지는 현상이라는 것입니다. '월식'이라 ⓒ불리우는 이 현상은 세 천체가 '해-지구-달'의 순서로 일직선상에 놓일 때 일어납니다. 이때 지구의 그림자가 달을 전부 가리게 되면 달이 전혀 보이지 않게 될 ⓓ꺼라고 생각할 수 있지만, 그렇지는 않습니다. 지구의 대기 때문에 꺾인 햇빛이 달에 반사되기 때문에 우리 눈에는 어두운 붉은색으로 보이게 됩니다. 일식이 개기 일식과 부분 일식으로 나뉜 것처럼, 월식 또한 지구의 그림자가 달을 가리는 정도에 따라 개기 월식과 부분 월식으로 구분됩니다.

'일식(日食)'은 달이 '해[日]를 먹는다[食]'는 의미이고, '월식(月食)'은 지구 그림자가 '달[月]을 먹는다[食]'는 의미입니다. 이는 지구가 해 둘레를 돌고, 달이 지구 둘레를 돌기 때문에 나타나는 신비한 우주 현상입니다. 지금까지 저희가 말씀드린 내용을 떠올리며, 오늘 밤 달을 한번 ⓔ처다 보는 건 어떨까요? 이상으로 발표를 마치겠습니다.

글의 특징 파악하기

1. **이 글에 대한 이해로 알맞지 않은 것은 무엇인가요? (   )**

① 첫머리에서 발표 주제를 밝히고 있다.
② 발표 내용과 관련된 사진을 시각 자료로 활용하고 있다.
③ 모둠에서 실시한 조사 방법을 구체적으로 소개하고 있다.
④ 조사를 통해 알게 된 자연 현상의 개념과 원리를 설명하고 있다.
⑤ 청중에게 앞으로의 조사에 동참할 것을 제안하며 마무리하고 있다.

표기의 적절성 판단하기

2. **ⓐ~ⓔ의 표기를 고친 것으로 바르지 않은 것은 무엇인가요? (   )**

① ⓐ: 띄고 → 띠고
② ⓑ: 개시된 → 계시된
③ ⓒ: 불리우는 → 불리는
④ ⓓ: 꺼라고 → 거라고
⑤ ⓔ: 처다보는 → 쳐다보는

시각 자료로 적용하기

3. **이 글의 내용을 바탕으로 ㉠에 나타난 '해'의 모습을 추측해 보았을 때, 알맞은 것은 무엇인가요?**
(   )

①

②

③

④

⑤

정답과 해설 29쪽

출처의 신뢰성 평가하기

4. **㉡의 의미로 알맞지 않은 것은 무엇인가요? (　　　)**

① 자료의 분량이 적절하다.

② 과학적으로 검증된 자료이다.

③ 글과 사진의 출처가 분명하다.

④ 해당 분야의 전문가가 작성하였다.

⑤ 믿을 만한 출판사에서 발행되었다.

글의 내용 적용하기

5. **이 글을 바탕으로 할 때, 〈보기〉의 ㉮와 ㉯에 대한 설명으로 알맞지 않은 것은 무엇인가요? (　　　)**

보기

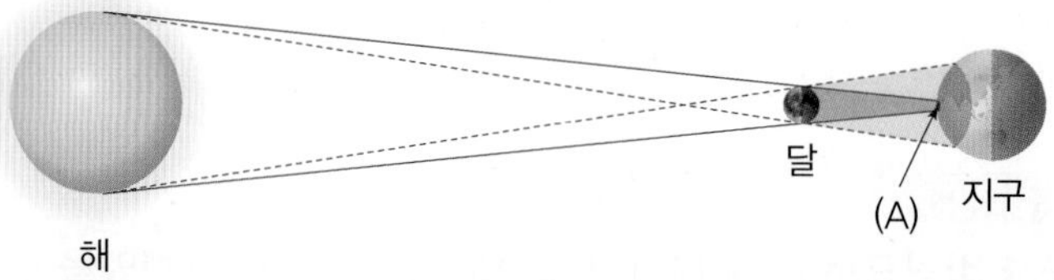

㉮

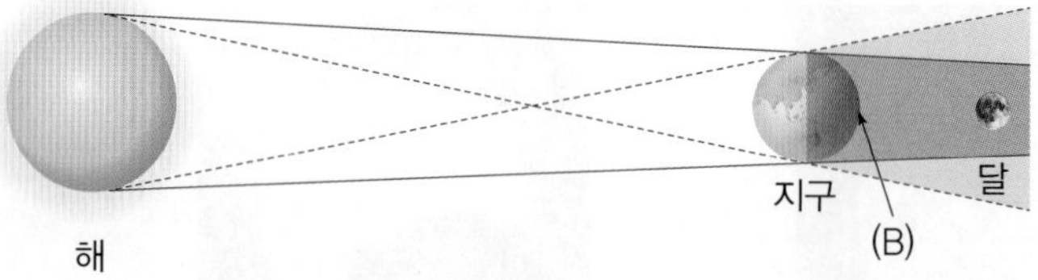

㉯

① ㉮의 (A) 지점에서는 해가 달에 가려져 보이지 않는다.

② ㉮에서 달이 현재의 위치를 벗어나면 (A) 지점에서 해를 볼 수 있다.

③ ㉯에서 달이 해와 지구 사이에 놓이게 되면 월식이 일어나지 않는다.

④ ㉯의 (B) 지점에서는 달이 지구의 그림자에 가려져 전혀 보이지 않는다.

⑤ ㉮와 ㉯ 모두 해와 달, 지구의 움직임에 의해 일어나는 자연 현상이다.

어휘 익히기

1 단어 뜻 알기

빈칸에 들어갈 알맞은 단어를 〈보기〉에서 찾아 쓰세요.

보기

보고서　　면담　　출간　　일직선

1. 팔을 (　　　　)(으)로 올려 보았다.
   뜻 한 방향으로 쭉 곧은 줄. 또는 그런 형태.
2. 다음 주에 선생님과 학부모의 (　　　　)이/가 이루어질 예정이다.
   뜻 서로 만나서 이야기함.
3. 온라인 과제로 이번 주까지 실험 관찰 (　　　　)을/를 내야 한다.
   뜻 무엇에 관한 내용이나 결과를 보고하는 글이나 문서.
4. 어린이 전문 출판사에서 최근에 학생용 백과사전을 (　　　　)하였다.
   뜻 서적이나 회화 따위를 인쇄하여 세상에 내놓음.

2 관용 표현 알기

다음 빈칸에 들어갈 알맞은 말을 쓰세요.

"달도 차면 □□□"

달은 초승달에서 모양이 커다랗고 둥근 보름달로 차올랐다가 점점 기울어 손톱 모양의 작은 그믐달이 됩니다. 이 속담은 이처럼 세상의 모든 것은 한번 번성하면 다시 쇠하기 마련이거나, 행운이 언제까지나 지속되지는 않는다는 것을 뜻합니다. 비슷한 속담으로 '달이 둥글면 이지러지고 그릇이 차면 넘친다'가 있습니다.

3 한자어 익히기

다음 한자어를 소리 내어 읽고 빈칸에 따라 써 보세요.

日	食
해 **일**	먹을 **식**

일식(日食): 달이 해의 일부나 전부를 가리는 현상.

- 일식의 진행 과정을 잘 살펴봐야겠다.
- 일부 지역에서만 일식 현상이 일어난다.
- 일식 때 관측대에서 별의 위치를 관찰하였다.

日	食						
해 일	먹을 식						

03회 [오늘의 날씨] 미세 먼지 나쁨

☑ 핵심 개념인 '대기 오염'과 관련된 말들을 알아 둡시다.

→ 대기 오염 원인 / 대기 오염 물질 / 미세 먼지

대기는 '공기'를 달리 이르는 말이고, 오염은 공기나 물 같은 것이 더러워지는 것을 말해요.

☑ 글을 읽고 이것만은 꼭 찾아냅시다.

→ 대기 오염의 원인과 해결 방안은 무엇일까요?

☑ 문단 간의 관계(문제–해결)를 파악하며 글을 읽어 봅시다.

→ 문제–해결 구조는 어떤 문제 상황을 밝히고 그에 대한 해결 방안을 제안하는 글에서 나타납니다. 문제–해결 구조를 중심으로 문단 간 관계를 파악하며 글을 읽어 봅니다.

문제 상황 제시 → 문제 원인 분석 → 해결 방안 제안

문제–해결 구조의 글에서는 문제 상황이 먼저 나오고 이어서 문제에 대한 해결 방안이 제시된답니다.

준비 학습

1 핵심 개념 미리 보기

다음 빈칸에 공통으로 들어갈 말을 쓰세요.

- 대기 (   ): 사람 건강에 해로울 만큼 공기가 더러워지는 현상.
- 수질 (   ): 강물이나 바닷물이 쓰레기나 폐수 같은 것 때문에 더러워지는 현상.
- 토양 (   ): 쓰레기, 농약, 산성비 같은 것이 흙을 더럽히는 현상.
- 환경 (   ): 자원 개발, 매연, 폐수 같은 것으로 사람과 동물이 살아가는 자연환경이 더러워지는 현상.

2 읽기 방법 미리 보기

㉠~㉤ 중 '문제 상황'과 '해결 방법'에 해당하는 것의 기호를 차례대로 쓰세요.

㉠미세 플라스틱은 일반적으로 5mm 미만의 아주 작은 플라스틱 조각을 의미합니다. 최근 미세 플라스틱이 인간과 환경에 나쁜 영향을 미친다는 것이 밝혀지고 있습니다. 예컨대, 인간에게는 피부병이나 각종 염증을 일으킬 수 있고, 물고기 등 바다 생물의 몸에 쌓여 죽음을 몰고 오기도 합니다. 또 미세 플라스틱을 먹은 바닷속 물고기가 인간의 식탁 위에 오르기도 하지요. ㉡미세 플라스틱으로 우리 생태계가 위협받고 있는 것입니다.

㉢이러한 문제를 해결하기 위해서는 다음과 같은 노력이 필요합니다. ㉣플라스틱 대신 나무나 달걀 껍데기 등의 자연 소재로 만든 물건을 사용합니다. 그리고 일회용 컵보다는 개인 컵을 사용하고, 장 볼 때에는 비닐봉지 대신 개인 장바구니를 사용합니다. 과학자들은 플라스틱을 분해할 수 있는 기술을 개발하는 것이 필요합니다. 정부 차원에서는 플라스틱 사용을 제한하는 법을 만들고 시행하는 것도 중요할 것입니다. ㉤우리 모두의 노력이 절실하게 필요한 때입니다.

➡ (,   )

정답 1. 오염 2. ㉡, ㉣

ERI 지수 624 과학 | 화학

우리는 숨을 쉬지 않으면 1분도 견딜 수 없습니다. 한 사람이 하루에 마시는 공기는 약 18kg 정도라고 합니다. 그만큼 공기는 없어서는 안 될 소중한 것이지요. 그런데 요즘 공기의 질이 많이 나빠졌다고 합니다. 이와 관련하여 일기 예보의 한 장면을 보시겠습니다.

현재 전국적으로 미세 먼지 농도가 나쁨에서 매우 나쁨 수준을 보이고 있습니다. 요즘 가을 황사까지 심해지면서 매일같이 이런 심각한 상황이 나타나고 있는데요, 이와 관련하여 기후 전문가들은 이번 겨울에 삼한 사미* 현상이 다시 나타날 것이라 경고하고 있습니다.

㉮ 미세 먼지뿐 아니라 황사, 매연 등 공기의 질을 나쁘게 만드는 여러 요인들로 인해 현재 세계적으로 심각한 환경 문제가 발생하고 있습니다. 이처럼 인간 생활에 나쁜 영향을 주는 오염 물질이 공기 중에 존재하는 상태를 대기 오염이라고 합니다. 대기 오염은 오염 물질을 배출한 지역뿐 아니라 전 세계적으로도 영향을 미칠 수 있습니다. 예컨대, 일부 지역의 대기가 오염되면 바람의 방향에 따라 이웃 지역들이 연쇄적으로 오염될 수 있으며, 대기가 오염되어 내린 산성비가 강을 타고 바다로 흘러가 결국 지구 전체에 좋지 않은 영향을 미칠 수 있는 것이지요.

㉯ 그렇다면 대기 오염은 왜 발생하는 걸까요? 대기 오염이 발생하는 원인은 자연적인 것과 인위적인 것으로 나눌 수 있습니다. 사막에서 발생하는 황사, 화산 폭발에 의한 화산재, 산불이 날 때 발생하는 연기 등은 자연적인 대기 오염 물질에 해당합니다. 또 자동차에서 나오는 매연, 화석 연료나 쓰레기를 태울 때 발생하는 이산화탄소 등은 인위적인 대기 오염 물질에 해당하지요. 그런데 대기가 오염된다고 해서 화산 활동을 멈추게 하거나 자동차를 아예 안 타고 다닐 수도 없습니다. 하지만 우리의 작은 노력으로 대기 오염을 줄이는 것은 충분히 가능합니다.

㉰ 대기 오염을 줄이기 위해 우리가 할 수 있는 일은 다음과 같습니다. 첫째, ㉠집과 학교의 거리가 가깝다면 버스나 자가용 대신 자전거를 타거나 걸어 다닙니다. 자동차 매연이 대기를 오염시키므로 자동차 이용을 최소화하는 것이 좋습니다. 둘째, ㉡식목일에 나무를 심습니다. 나무는 대기를 오염시키는 이산화탄소를 거두어들이고 산소를 내보냄으로써 지구의 대기를 깨끗하게 해 줍니다. 셋째, ㉢샴푸나 린스 같은 세제의 사용을 줄입니다. 세제는 물을 더럽힐 뿐만 아니라 물속 생물들에게 나쁜 영향을 미치기 때문입니다.

* **삼한 사미**: 7일을 주기로 사흘 동안 춥고 나흘 동안은 미세 먼지가 발생한다는 말.

내용 파악하기

1. **이 글에서 알 수 있는 내용이 아닌 것은 무엇인가요? (　　　)**

① 황사나 산불 연기도 대기 오염을 일으키는 원인이 된다.
② 쓰레기를 태울 때 나오는 이산화탄소는 대기를 오염시킨다.
③ 화산 폭발 등의 자연 현상에 의해서도 대기가 오염될 수 있다.
④ 대기 오염은 주로 인위적인 것보다 자연적인 원인에 의해 발생한다.
⑤ 대기 오염은 오염 발생 지역뿐 아니라 이웃 지역에도 영향을 미칠 수 있다.

자료 활용 목적 추론하기

2. **이 글에서 일기 예보를 활용한 목적으로 가장 알맞은 것은 무엇인가요? (　　　)**

① 지난겨울의 날씨를 알리기 위해서
② 기후 전문가들의 경고를 전달하기 위해서
③ 가을 황사가 심해졌다는 것을 증명하기 위해서
④ 우리가 살아가는 데 공기가 중요함을 강조하기 위해서
⑤ 공기의 질이 나빠졌다는 것을 구체적으로 보여 주기 위해서

질문의 적절성 판단하기

3. **이 글을 읽고 던질 수 있는 질문으로 알맞지 않은 것은 무엇인가요? (　　　)**

① 사람이 하루에 마시는 공기가 18kg 정도라고 했는데, 공기의 무게는 어떻게 측정할 수 있을까?
② 전문가들이 겨울에 삼한 사미가 나타날 것이라고 했는데, 삼한 사미가 나타나는 이유는 무엇일까?
③ 화산재가 대기를 오염시키는 원인이 된다고 했는데, 화산 활동을 멈출 수 있는 방법은 무엇일까?
④ 대기를 오염시키는 물질이 인간 생활에 나쁜 영향을 준다고 하였는데, 구체적으로 어떤 점에서 나쁜 영향을 미치는 걸까?
⑤ 공기를 깨끗하게 하기 위해 우리가 할 수 있는 개인적인 실천 방안을 제시하였는데, 정부 차원에서 해야 할 일에는 어떤 게 있을까?

문단 간의 관계 파악하기

4. ㉮, ㉯, ㉰의 문단 간의 관계를 나타낸 것으로 알맞은 것은 무엇인가요? (　　　)

① 예시 – 질문 – 나열
② 개념 정의 – 요약 – 예시
③ 개념 정의 – 예시 – 요약
④ 문제 원인 – 문제 상황 – 해결 방법
⑤ 문제 상황 – 문제 원인 – 해결 방법

내용의 적절성 평가하기

5. ㉠~㉢ 중 글의 흐름으로 볼 때 알맞지 않은 것의 기호를 쓰고, 빈칸에 들어갈 알맞은 말을 쓰세요.

• 알맞지 않은 것의 기호: (　　　　)
• 그 이유: 대기 오염을 줄이는 방법이 아니라 (　　　　) 오염을 줄이는 방법이기 때문이다.

글의 내용을 도식화하기

6. 다음은 이 글을 읽고 학생이 만든 포스터입니다. 각각의 빈칸에 들어갈 실천 방법을 이 글에서 찾아 쓰세요.

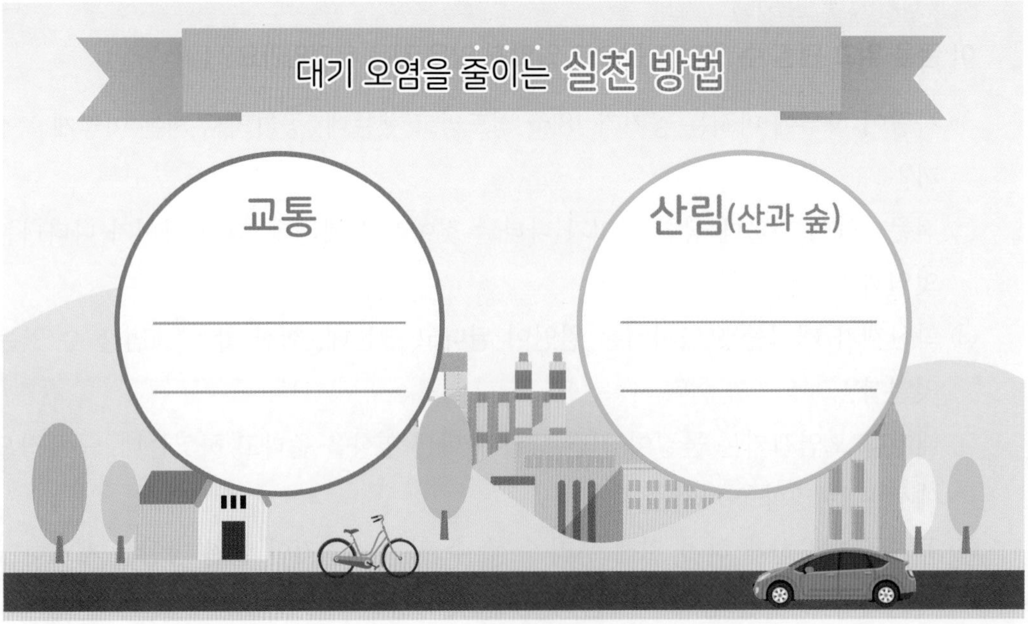

어휘 익히기

정답과 해설 31쪽

1 단어 뜻 알기

빈칸에 들어갈 알맞은 단어를 〈보기〉에서 찾아 쓰세요.

보기

매연 배출 연쇄적 인위적

1. ( )인 느낌을 주는 대사는 자연스럽게 고치자.
   뜻 자연의 힘이 아닌 사람의 힘으로 이루어지는 것.

2. 공장에서 나오는 ( ) 때문에 빨래를 널 수가 없다.
   뜻 연료가 탈 때 나오는 그을림 섞인 연기.

3. 쓰레기 종량제가 실시되자 쓰레기의 ( )이 크게 줄었다.
   뜻 안에서 밖으로 밀어 내보냄.

4. 활화산이 ( )(으)로 폭발하여 거대한 연기를 뿜어내고 있다.
   뜻 서로 연결되어 관련이 있는 것.

2 관용 표현 알기

다음 빈칸에 들어갈 알맞은 말을 쓰세요.

"삼한 □□"

이 말은 사흘 동안은 춥고 나흘 동안은 따뜻하다는 뜻으로, 한국과 중국 등의 겨울철에 나타나는 날씨 주기의 특징을 드러내는 말입니다. 최근 들어 '삼한 사미'(三寒四微)라는 말도 쓰이고 있는데, 이 말은 겨울에 미세 먼지 농도가 높은 날이 많다는 점에 착안하여 새로 만든 말입니다.

한자	뜻	음
三	석	삼
寒	차다	한
四	넉	
溫	따뜻하다	

3 한자어 익히기

다음 한자어를 소리 내어 읽고 빈칸에 따라 써 보세요.

大	氣
클 대	기운 기

대기(大氣): '공기'를 달리 이르는 말.

- 나는 신선한 대기를 들이마셨다.
- 겨울 아침의 싸늘한 대기가 몸으로 달라붙었다.
- 이른 봄 우리 동네의 대기는 황사 때문에 색깔이 누렇다.

大	氣						
클 대	기운 기						

04회 병들지 않는 식물

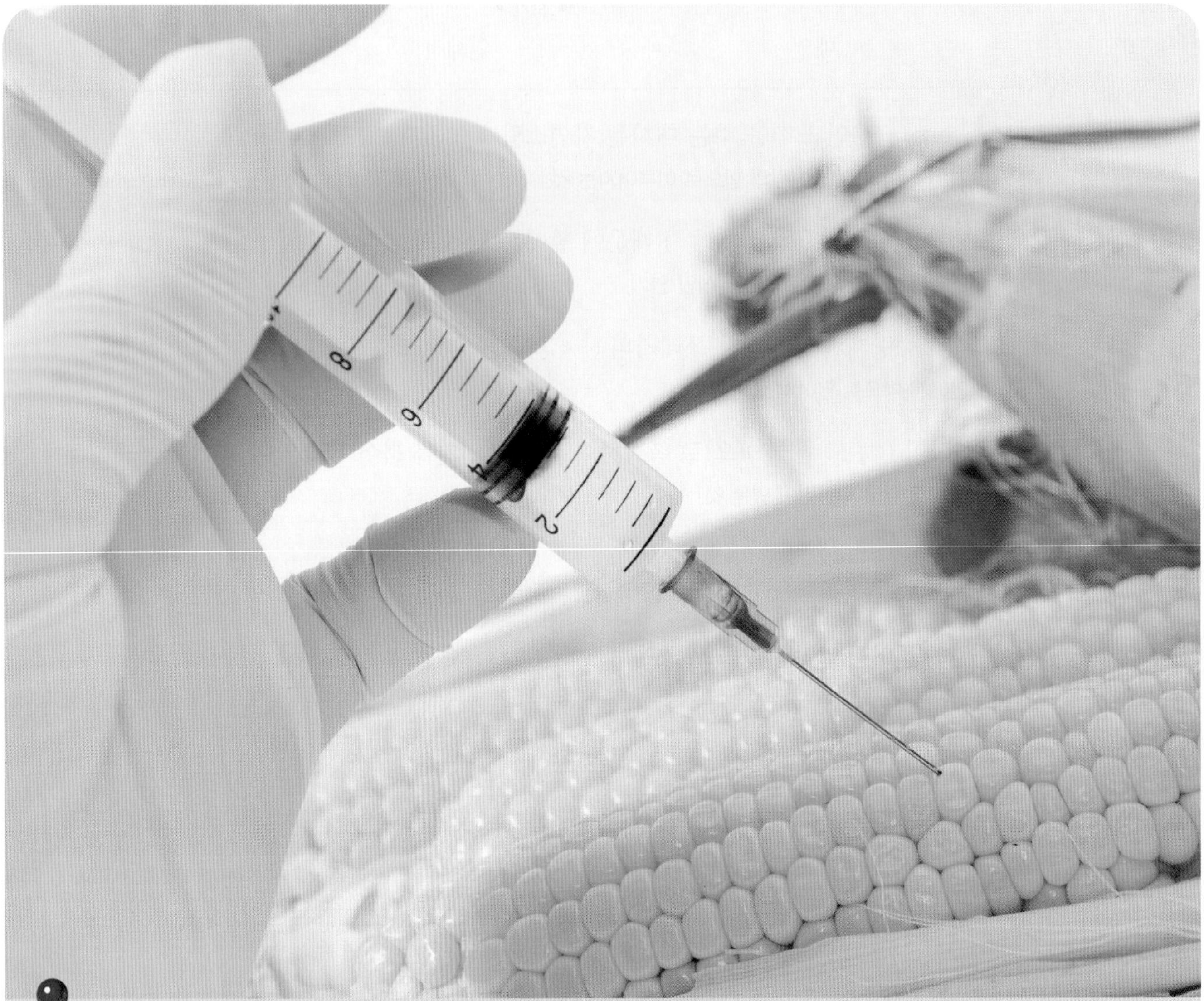

핵심 개념인 '생명, 번식'과 관련된 말들을 알아 둡시다.

→ 생명 존중 / 생명의 기원 / 자연 번식 / 세균 번식을 막다

생명은 생물로서 살아 있게 하는 힘을, 번식은 생물체의 수나 양이 늘어서 많이 퍼지는 것을 말해요.

글을 읽고 이것만은 꼭 찾아냅시다.

→ 식물 번식을 위해 활용할 수 있는 과학 기술에는 어떤 것이 있을까요?

글에 나타난 관점에서 자료를 평가해 봅시다.

→ 글에 나타난 관점을 파악하고 이를 바탕으로 주어진 자료의 내용을 평가해 봅니다. 이를 통해 글의 관점을 더욱 명확히 이해할 수 있습니다.

글의 관점 파악하기 → 글의 관점을 바탕으로 자료 평가하기

관점이란 사물이나 현상에 대해 그 사람이 보고 생각하는 태도나 입장을 말해요.

준비 학습

1 핵심 개념 미리 보기

빈칸에 들어갈 알맞은 단어를 〈보기〉에서 찾아 쓰세요.

보기

번식　　　복제　　　조작

(1) 이 선풍기는 리모컨으로 (　　　)된다.

(2) 호랑이 다섯 마리가 자연 (　　　)(으)로 태어났다.

(3) 인간을 (　　　)하는 것은 생명의 존엄성을 해치는 일이다.

2 읽기 방법 미리 보기

(가)와 (나)에 나타난 관점을 비교하고, (　　) 안에서 알맞은 말을 골라 ○표 하세요.

(가) 이번 실험에서는 게임을 하는 동안 조이스틱 하나를 조종하는 단순한 조작에서도 뇌의 여러 부분이 활성화된다는 점이 확인되었다. 이는 게임을 통해 뇌의 인지 기능이 긍정적으로 발달할 수 있다는 가능성을 보여 준다는 점에서 의미가 크다고 할 수 있다.

(나) 게임에 빠질 경우 성적 부진, 친밀한 대인 관계 형성의 어려움 등으로 학교 부적응이 생기고, 시간을 효율적으로 사용하지 못할 가능성이 높아진다. 아울러 스트레스에 약해지고, 자신의 기분을 잘 조절하지 못하는 것으로 나타났다.

➡ (가)는 게임을 (긍정적 / 부정적)으로 평가하는 반면, (나)는 게임을 (긍정적 / 부정적)으로 보고 있다.

정답 1. (1) 조작 (2) 번식 (3) 복제 2. 긍정적, 부정적

ERI 지수 642 과학 | 생물

유전자 재조합 기술에 대해 들어 본 적이 있나요? 유전자 재조합 기술은 기존의 생물체 속에 다른 생물체의 유전자를 끼워 넣음으로써 기존의 생물체에 존재하지 않던 새로운 성질을 갖도록 하는 기술인데요, 지난달에 우리 학교에서 이와 관련된 토론 대회가 있었습니다. 가는 토론 주제 및 문제 상황이고, 나와 다는 대회 수상 팀이 공개한 토론 내용입니다. 함께 읽어 봅시다.

가

- **토론 주제**: 식물 번식에 유전자 재조합 기술을 활용하는 것이 바람직하다.
- **문제 상황**: 과학 기술이 발달하면서 유전자를 변형하거나 조작하여 새로운 식물을 만들어 내는 일이 늘고 있습니다. 이에 유전자 재조합 기술이 지닌 여러 가지 장점을 근거로 그 필요성을 주장하며 찬성하는 입장과 유전자 재조합 기술의 적용이 부정적인 결과로 이어질 수 있음을 우려하며 반대하는 입장이 팽팽히 맞서고 있습니다.

나 우리 팀은 식물 번식에 유전자 재조합 기술을 활용하는 것에 찬성합니다. 그 근거는 다음과 같습니다.

첫째, ⓐ기존의 품종에 비해 수확량이 획기적으로 많은 품종을 만들 수 있습니다. ㉠작물의 수확량이 늘어나면 미래의 식량 부족 문제를 해결하는 데 도움이 됩니다. 둘째, ㉡유전자의 순서를 바꾸거나 넣고 빼서 원래의 농작물이 가진 단점을 제거함으로써 좋은 작물로 바꿀 수 있습니다. ⓑ이렇게 탄생한 작물로 사람들에게 건강한 먹거리를 제공할 수 있습니다. 셋째, 어떤 식물의 우수한 유전자를 다른 식물에 옮겨 ⓒ이전에는 없던 완전히 새로운 품종의 식물을 만들 수 있습니다. 이를 통해 우리가 원하는 식물, 예컨대 해충을 퇴치하는 풀을 만들 수도 있는 것입니다. 물론, ㉢새로 생겨난 식물이 항상 우리에게 이로운 것은 아닐 수도 있습니다.

다 우리 팀은 식물 번식에 유전자 재조합 기술을 활용하는 것에 반대합니다. 그 근거는 다음과 같습니다.

첫째, 지금도 작물의 수확량이 부족해서 식량 문제가 생기는 것은 아닙니다. ㉣작물 수확량이 늘어난다고 해도 그것이 가난한 나라에 전해지지 않는다면 아무 소용이 없는 것입니다. 오히려 현재 식량이 풍부한 나라만 더 풍족하게 만드는 결과를 낳을 수도 있습니다. 둘째, 유전자 재조합으로 생산된 식물은 사람에게 해로울 수 있습니다. ⓓ유전자가 조작된 농작물을 먹을 경우 부작용을 일으켜 사람들의 건강에 문제가 될 수도 있습니다. 셋째, ⓔ새로운 종류의 식물을 생산하는 과정에서 생태계에 악영향을 미치는 종이 탄생할 가능성이 있습니다. 그렇게 되면 ㉤기존의 생태계 질서가 무너져 돌이키지 못하는 상황을 맞을 수도 있습니다.

내용 파악하기

1. 이 글에서 알 수 없는 것은 무엇인가요? (　　　)

① 유전자 재조합 기술은 식물에 적용될 수 있다.
② 병충해에 잘 걸리지 않는 식물을 생산하는 것이 가능하다.
③ 유전자 재조합 기술을 통해 작물의 수확량을 늘릴 수 있다.
④ 유전자 재조합 기술은 생물체가 새로운 성질을 갖도록 만든다.
⑤ 유전자가 조작된 농작물을 먹을 경우 사람의 유전자도 조작될 수 있다.

내용 전개 방식 파악하기

2. 가~다에 나타난 내용 전개 방식이 아닌 것은 무엇인가요? (　　　)

① 가: 개념을 정의하고 있다.
② 가: 서로 다른 관점을 보여 주고 있다.
③ 나: 구체적인 예를 들어 설명하고 있다.
④ 다: 아직 일어나지 않은 일을 가정하고 있다.
⑤ 나, 다: 다양한 근거를 나열하고 있다.

근거의 적절성 평가하기

3. ㉠~㉤ 중 각 주장을 뒷받침하는 근거로 알맞지 않은 것은 무엇인가요? (　　　)

① ㉠　② ㉡　③ ㉢
④ ㉣　⑤ ㉤

어휘의 맥락적 의미 추론하기

4. ⓐ~ⓔ 중 가리키는 바가 다른 하나는 어느 것인가요? (　　　)

① ⓐ　② ⓑ　③ ⓒ
④ ⓓ　⑤ ⓔ

정답과 해설 33쪽

관점 대립의 쟁점 파악하기

5. 다음은 이 글에 제시된 토론 내용을 정리한 것입니다. (1)~(3)에 들어갈 쟁점을 〈보기〉에서 찾아 쓰세요.

보기

식량 문제 해결　　새로운 품종 개발　　건강한 먹거리 제공

찬성		쟁점		반대
미래의 식량 부족 문제를 해결하는 데 도움이 된다.	←	(1) (　　　　　)	→	수확량이 늘어나더라도 식량 문제가 해결되지 않는다.
사람들에게 건강한 먹거리를 제공할 수 있다.	←	(2) (　　　　　)	→	유전자 조작 농작물이 사람들의 건강에 해가 될 수 있다.
우리가 원하는 새로운 종류의 식물을 생산할 수 있다.	←	(3) (　　　　　)	→	생태계를 파괴하는 식물이 탄생할 수 있다.

글의 관점에서 자료 평가하기

6. 〈보기〉의 Ⓐ에 대해 나, 다의 관점에서 보일 반응으로 가장 알맞은 것은 무엇인가요? (　　　)

보기

최초의 유전자 변형 작물은 1994년 미국의 한 생명 공학 기업이 내놓은 Ⓐ플레이버 세이버 토마토이다. 기존의 토마토는 쉽게 물러서 보관이 쉽지 않다는 문제가 있었다. 이를 개선하기 위해 토마토의 세포벽 분해 효소 생성을 방해하는 유전자를 추가해 쉽게 무르지 않고 오래가는 토마토를 개발한 것이다.

① 나의 관점에서는 Ⓐ가 토마토의 생산량을 획기적으로 늘렸다는 점에서 높이 평가할 것이다.
② 나의 관점에서는 Ⓐ가 기존 토마토의 단점을 제거했다는 점에서 긍정적으로 받아들일 것이다.
③ 다의 관점에서는 Ⓐ가 이전에 없던 새로운 종류의 식물이라는 점에서 환영할 것이다.
④ 다의 관점에서는 Ⓐ가 식량 문제 해결에 도움이 된다는 점에서 바람직하게 여길 것이다.
⑤ 다의 관점에서는 Ⓐ가 부작용이 없는 건강한 먹거리를 제공한다는 점에서 높은 점수를 줄 것이다.

어휘 익히기

정답과 해설 33쪽

1 단어 뜻 알기

빈칸에 들어갈 알맞은 단어를 〈보기〉에서 찾아 쓰세요.

보기

조작　　우려　　획기적　　부작용

1. 그는 컴퓨터를 능숙하게 (　　　　　)할 줄 안다.
   뜻 일정한 방식에 따라 다루어 움직임.
2. 그 약을 많이 먹으면 (　　　　　)이/가 일어날 수 있다.
   뜻 어떤 일에 부수적으로 일어나는 바람직하지 못한 일.
3. 심각한 교통 문제를 해결하기 위한 (　　　　　) 대책이 필요하다.
   뜻 어떤 과정이나 분야에서 전혀 새로운 시기를 열어 놓을 만큼 뚜렷이 구분되는 것.
4. 환경 보호 단체는 앞으로 발생할 문제점에 대해 (　　　　　)을/를 표시했다.
   뜻 근심하거나 걱정함. 또는 그 근심과 걱정.

2 관용 표현 알기

다음 빈칸에 들어갈 알맞은 말을 차례대로 쓰세요.

"콩 심은 데 ☐ 나고, 팥 심은 데 ☐ 난다"

이 속담은 콩을 심었는데 팥이 날 수 없고, 팥을 심었는데 콩이 날 수가 없는 것처럼, 모든 일은 원인에 따라 거기에 걸맞은 결과가 나타난다는 것을 뜻합니다. 하지만 콩과 팥에 유전자 재조합 기술을 적용한다면 이 속담도 달라져야 하겠죠?

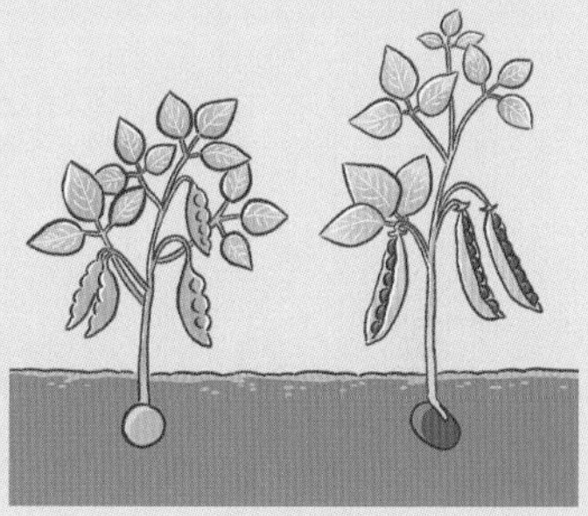

3 한자어 익히기

다음 한자어를 소리 내어 읽고 빈칸에 따라 써 보세요.

生	命
날 **생**	목숨 **명**

생명(生命): 동물과 식물의, 생물로서 살아 있게 하는 힘.

- 생명의 기원을 밝히는 것은 쉽지 않다.
- 봄이 되면 뜰이 온갖 생명으로 가득 찬다.
- 꽃은 뭍에 사는 모든 생명에게 봄소식을 알린다.

生	命						
날 생	목숨 명						

05회 읽기 방법 익히기

1 출처의 신뢰성 평가하기

출처란 사물이나 말 등이 생기거나 나온 곳을 말합니다. 글쓴이는 글을 쓸 때 다른 사람의 자료나 말 등을 근거로 제시하기도 하므로, 독자들은 글을 읽을 때 글쓴이가 제시한 자료나 말의 출처가 믿을 만한지 평가하며 읽어야 합니다. 내용의 신뢰성과 출처의 신뢰성은 비례한다고 볼 수 있습니다. 만약 글에 제시된 자료나 말의 출처를 믿을 수 없을 경우, 그 글의 내용에 대한 신뢰성도 확보되기 어렵습니다. 반면에 글에 제시된 자료나 말의 출처가 믿을 만한 경우, 그 글의 신뢰성도 높아집니다.

★ **출처의 신뢰성을 평가하려면,**

(1) 자료나 말의 출처가 글에 정확하게 표기되어 있는지 확인합니다.
(2) 자료나 말이 생산된 맥락(누가, 언제, 어디서, 어떻게, 왜)을 확인합니다.
(3) 자료나 말의 출처가 해당 분야에 전문성이 있는 사람이나 기관인지 확인합니다.

1 다음 글의 신뢰성을 높이기 위한 제안으로 알맞은 것은 무엇인가요? (　　　)

여러분, 안녕하세요. 저희는 일식과 월식에 대해 조사한 내용을 발표하려고 합니다. 모둠에서 작성한 보고서를 바탕으로, 저희 모둠이 조사한 방법과 조사 결과에 대해 말씀드리겠습니다. 먼저 저희가 수집한 사진 중에서 첫 번째 사진을 보여 드리겠습니다. 이 사진이 찍힌 시각이 한낮임에도 불구하고, 정작 하늘에 있어야 할 해는 어딘가로 사라지고 검게 가려진 해의 주변만 밝게 빛납니다. 이제 두 번째 사진을 보시겠습니다. 첫 번째 사진과 달리 이 사진은 밤에 찍은 것인데도, 하늘에 떠 있는 달이 평소와 달리 붉은색을 띠고 있는 모습을 볼 수 있습니다.

▲ 첫 번째 사진

▲ 두 번째 사진

① 사진의 출처를 분명하게 밝히는 게 좋겠어.
② 보고서의 작성자가 누구인지 알려 주는 게 좋겠어.
③ 제시한 사진 외에 더 많은 사진을 보여 주는 게 좋겠어.
④ 일식과 월식을 주제로 선택한 이유를 설명해 주는 게 좋겠어.
⑤ 사진을 보여 주기 전에 조사 방법과 결과를 먼저 제시하는 게 좋겠어.

2 **다음 신문 기사를 보고, 출처의 신뢰성에 대해 평가한 내용으로 바르지 않은 것은 무엇인가요? (　　　)**

12면　1966년 2월 1일(화)　제70호

최근 외국의 한 연구 팀에 의하면 치매 증상이 나타나기 전에 단 한 번의 뇌 촬영으로 치매 진단이 가능해졌다고 한다. 즉 21세기형 인공 지능(AI)을 활용한 진단 덕분이다. 이 시스템을 활용하면 치매 증상이 나타나기 훨씬 이전에, 뇌 손상이 없는 경우에도 진단이 가능한 것으로 연구 결과 밝혀졌다.

이현진 기자

① 제목이 없어서 이 기사의 중심 내용이 무엇인지 알 수 없어. 내가 제목을 작성해 봐야겠어.
② 어떤 언론사의 기사인지 나와 있지 않기 때문에 출처의 신뢰성을 판단하기가 어려워. 언론사가 어디인지 알아봐야겠어.
③ 글쓴이의 이름과 직업만으로는 주제에 대한 전문성을 판단하기가 어려워. 기자가 어떤 기사를 주로 썼는지 찾아봐야겠어.
④ '외국의 한 연구 팀'을 정확히 밝히지 않아서 그들의 연구 결과를 믿기가 어려워. 인용한 자료의 출처가 어디인지 정확히 찾아봐야겠어.
⑤ 기사의 내용은 최근 발달한 21세기형 인공 지능에 대한 것인데 기사 입력 날짜는 너무 오래전이라서 내용과 시기가 안 맞는 것 같아. 날짜에 오류가 있는 것이 아닌지 알아봐야겠어.

3 **다음 글을 읽고, 빈칸에 들어갈 알맞은 단어를 쓰세요.**

안녕하세요. 저는 초등학교 3학년 3반 김우식입니다. 제가 이렇게 글을 쓰게 된 이유는 외계에 생명체가 존재하는지를 밝히고 관련 정보를 알려 드리기 위해서입니다. 저도 잘은 모르지만 아마도 지구가 아닌 다른 행성에 외계인이 존재하는 것 같습니다. 왜냐하면 제가 얼마 전에 하늘에서 번쩍이는 불빛을 보았기 때문입니다. 여러분도 그런 경험이 한 번씩은 있으시죠? 그때 보셨던 이상한 불빛이 바로 외계인입니다.

➡ 이 글은 믿을 수 없다. 그 이유는 글의 주제에 대한 □□□의 전문성이 낮을 뿐 아니라 주장과 근거가 타당하지 않기 때문이다.

2 문단 간의 관계(문제-해결) 파악하기

글을 읽을 때는 각 문단의 중심 내용을 파악하여 각 문단이 전체 글 속에서 어떤 역할을 하는지 살펴보아야 합니다. 이때 문단을 이어 주는 접속어(왜냐하면, 그러므로 등)나 지시어(이, 그, 저 등)를 살펴보면 문단 간의 관계를 파악하는 데 도움이 됩니다. 어떤 문제 상황을 제시하고 그에 대한 해결 방안을 제안하는 글의 문단 간의 관계를 보면 문제-해결의 관계로 이루어진 경우가 많습니다. 이러한 글에서는 일반적으로 '문제 상황 제시-문제 원인 분석-해결 방안 제안'의 순서로 내용이 전개됩니다. 문단 간 관계를 파악하며 읽으면 글을 더욱 체계적으로 이해할 수 있습니다.

★ **문단 간의 관계를 파악하려면,**

(1) 글 전체의 화제와 문단별 중심 내용을 파악하여, 각 문단이 글에서 어떤 역할을 하는지 확인합니다.

(2) 각 문단을 이어 주는 접속어나 지시어를 살펴서 연결된 문단의 관계를 파악합니다.

(3) 문단 간의 관계가 '문제-해결'의 관계일 경우에는 문제의 원인을 정확하게 분석하고, 그에 따라 적절한 해결 방안을 제시하였는지 확인합니다.

1 **다음은 '대기 오염 문제'를 다룬 글의 일부분입니다. 중심 내용을 파악하여 빈칸을 채우고, (　　) 안에서 이 문단에 해당되는 것을 골라 ○표 하세요.**

그렇다면 대기 오염은 왜 발생하는 걸까요? 대기 오염이 발생하는 원인은 자연적인 것과 인위적인 것으로 나눌 수 있습니다. 사막에서 발생하는 황사, 화산 폭발에 의한 화산재, 산불이 날 때 발생하는 연기 등은 자연적인 대기 오염 물질에 해당합니다. 또 자동차에서 나오는 매연, 화석 연료나 쓰레기를 태울 때 발생하는 이산화탄소 등은 인위적인 대기 오염 물질에 해당하지요. 그런데 대기가 오염된다고 해서 화산 활동을 멈추게 하거나 자동차를 아예 안 타고 다닐 수도 없습니다. 하지만 우리의 작은 노력으로 대기 오염을 줄이는 것은 충분히 가능합니다.

이 문단의 중심 내용은 '대기 오염의 (　　　　　)'이므로, 전체 글 가운데 (문제 상황 / 문제 원인 / 해결 방안)에 해당합니다.

2 **'문제-해결' 구조의 글을 읽을 때 주의할 점으로 알맞지 않은 것은 무엇인가요? (   )**

① 문제의 원인을 정확하게 분석하고 있는지 확인하며 읽어야겠어.
② 각 문단이 전체 글에서 어떤 역할을 하는지 파악하며 읽어야겠어.
③ 문제의 해결 방안으로 제시된 내용이 적절한지 살펴보며 읽어야겠어.
④ 각 문단이 시간의 흐름에 따라 순서대로 되어 있는지 확인하며 읽어야겠어.
⑤ 문단을 이어 주는 '왜냐하면, 그러므로' 등의 접속어에 주목하며 읽어야겠어.

3 **문제 상황과 구체적인 해결 방안으로 짝지어진 것은 무엇인가요? (   )**

태평양 위의 쓰레기 섬

㉠태평양 위의 쓰레기 섬은 1997년 미국 로스앤젤레스에서 하와이까지 횡단하는 요트 대회에 참가하고 있던 찰스 무어에 의해 발견되었다. ㉡사람들이 버린 플라스틱 쓰레기가 해류에 의해 그곳으로 모이고 쌓여서 거대한 섬처럼 형성되어 있었던 것이다. ㉢그가 쓰레기 섬의 존재를 세상에 알린 후 환경 운동가를 비롯해 여러 분야의 사람이 플라스틱 문제의 심각성을 해결하기 위해 많은 노력을 기울였다. ㉣쓰레기 섬을 하나의 국가로 가정하고 국기, 화폐, 우표 등을 만들었다. ㉤또한 2017년에는 국제 연합(UN)에 쓰레기 섬을 하나의 국가로 인정해 달라고 요청하였다. 쓰레기 섬이 공식 국가가 되면, 주변 국가에 쓰레기 섬의 환경을 개선해야 하는 의무가 생기기 때문이다.

① ㉠ - ㉡
② ㉡ - ㉢
③ ㉡ - ㉣
④ ㉢ - ㉣
⑤ ㉣ - ㉤

STEAM 독해

올림픽으로 보는 평화의 가치

이 글의 중심 화제는 올림픽입니다. 이와 관련하여 역사, 사회, 미술을 공부해요.
올림픽의 기원 및 정신, 올림픽 종목 등을 알아보면서 올림픽과 관련된 다양한 주제를 만나 보세요.

세계인의 축제인 올림픽(Olympics)은 고대 그리스의 올림피아제에서 시작되었습니다. 올림피아제는 고대 그리스의 올림피아에서 4년마다 초여름 5일간에 걸쳐 제우스 신을 위하여 지내던 제사입니다. 제사가 끝난 뒤에는 큰 경기 대회를 열었는데, 이때는 전쟁을 벌이던 도시 국가들 모두 무기를 내려놓고 대회에 참가했다고 합니다. 이렇게 시작된 올림픽은 로마 제국이 그리스를 통치할 때에도 계속되다가 393년 로마 제국의 테오도시우스 황제가 올림픽은 기독교도와 다른 이교도*의 제사 의식이니 금지하라고 명령하면서 중단되었습니다.

▲ 피에르 드 쿠베르탱

그렇게 잊혔던 올림픽은 약 1,500년 뒤인 1896년 프랑스의 피에르 드 쿠베르탱(1863~1937)에 의해 근대* 올림픽으로 재탄생하게 됩니다. 당시 프랑스는 프로이센*과의 전쟁에서 져 사기*가 크게 떨어져 있었습니다. 쿠베르탱은 사람들에게 새로운 희망을 주고 전 세계에 고대 올림픽에서 추구했던 평화의 정신을 퍼트리자는 취지로 올림픽 부활을 추진하였습니다.

그 결과 1894년 국제 올림픽 위원회(IOC, International Olympics Committee)가 생겨났고, 2년 뒤인 1896년 올림픽의 기원 국가인 그리스의 수도 아테네에서 제1회 근대 올림픽이 개최되었습니다. 이후 올림픽은 제1 · 2차 세계 대전으로 인해 몇 차례 개최되지 못하기도 하였고 냉전* 시대에 개최된 1980년 모스크바 올림픽, 1984년 로스앤젤레스 올림픽은 반쪽짜리 대회로 열리기도 하였습니다. 하지만 1988년 서울 올림픽은 대부분의 국가가 참가해 올림픽이 추구하는 평화와 화합의 모습을 보여 주었습니다. 이후 개최된 올림픽에서도 잊지 못할 감동의 순간들과 스포츠 정신, 평화에 대한 바람 등을 엿볼 수 있습니다.

특히 2016 리우데자네이루 올림픽을 처음으로 2020 도쿄 올림픽에서도 특별한 팀을 만날 수 있었습니다. 바로 오륜기를 흔들며 입장했던 '㉠난민 대표 팀'입니다. 시리아와 남수단 등 세계 곳곳에서 내전(內戰)이 벌어지면서 난민 선수들이 많이 발생하자 국제 올림픽 위원회가 별도의 선수단을 만들기로 한 것입니다. 이들은 출신 국가는 다양하지만 모두 올림픽을 향한 꿈과 의지로 도쿄 올림픽에 참여하였습니다. 난민들의 입장에서 볼 때 스포츠는 단순한 운동 이상의 의미를 지닙니다. 그들이 각종 고난을 이겨 내고 올림픽에 출전하는 것만으로도 난민의 현실을 알릴 수 있는 기회가 됩니다. 또 수많은 난민에게 희망의 메시지를 전할 수 있습니다. 우리 역시 올림픽이 만들어 낸 이와 같은 특별한 장면들을 통해 평화와 화합의 소중함을 깊이 생각해 볼 수 있을 것입니다.

▲ 2020 도쿄 올림픽 개막식 때 난민 대표 팀 입장 모습

* **이교도**: 기독교에서 기독교 이외의 종교를 받들고 믿는 사람이나 그런 무리를 가리키는 용어.
* **근대**: 역사의 시대 구분의 하나로, 중세와 현대 사이의 시대.
* **프로이센**: 과거 유럽 동북부와 중부 지방 일대를 부르던 지명이자 해당 지역에 존재했던 나라의 이름.
* **사기**: 의욕이나 자신감 따위로 충만하여 굽힐 줄 모르는 기세.
* **냉전**: 제2차 세계 대전 이후 미국과 소비에트 연방을 비롯한 양측 동맹국 사이에서 갈등, 긴장, 경쟁 상태가 이어진 대립 시기.

1 다음 지도에서 고대 올림픽이 열렸던 국가를 찾아 동그라미로 표시하세요.

2 ㉠과 관련된 다음 글을 읽고, (1)~(3)에 알맞은 말을 쓰세요.

지구촌 인구 80억 명 중 8,000만 명이 난민입니다. 즉 인구 100명 중 1명이 난민인 셈입니다. 난민 문제는 20세기 중반부터 한 국가의 문제가 아닌 지구촌의 문제로 인식되기 시작했습니다. 그중 유엔 난민 기구에서 1951년에 체결된 '난민의 지위에 관한 유엔 협약'은 난민 문제를 해결하기 위한 노력의 결실이었습니다. 협약에서는 난민에 대해 '박해, 전쟁, 테러, 빈곤, 재해를 피해 다른 나라로 망명한 사람으로서 본국의 보호를 원치 않는 사람'이라고 정의했습니다. 지금도 시리아나 아프가니스탄 등 내전이 지속되고 있는 국가에서 많은 난민이 발생하고 있습니다.

➡ 박해, 전쟁, 테러, 빈곤, 재해를 피해 다른 나라로 망명한 사람으로서 본국의 보호를 원치 않는 사람을 (1) ______________(이)라고 한다. 현재도 내전이 지속되고 있는 (2) ______________, (3) ______________와/과 같은 국가에서는 많은 난민이 발생하고 있다.

3 다음 글을 읽고, 올림픽과 패럴림픽을 상징하는 기를 모두 완성해 보세요.

올림픽의 상징은 오륜기로, 1914년 국제 올림픽 위원회 총회에서 결정되었다. 각각 파란색, 노란색, 검은색, 초록색, 빨간색인 5개의 고리가 'W' 자를 이루며 연결되어 있으며, 바탕은 흰색이다. 이 5개의 고리는 전 세계인의 화합을 상징한다.

올림픽의 상징이 오륜기라면 패럴림픽(Paralympics)의 상징은 아지토스(Agitos)다. '아지토스'는 라틴어로 '나는 움직인다.'라는 뜻이다. 이는 장애를 극복하고 패럴림픽에 나선 선수들의 열정과 투지를 나타낸다. 아지토스에 사용된 빨간색, 파란색, 초록색은 전 세계 국기에서 많이 쓰인 색상을 뽑은 것이며, 3개의 초승달 모양의 곡선이 하나의 중심을 향하고 있는 아지토스의 모습은 전 세계 선수들의 화합을 의미한다.

▲ 오륜기

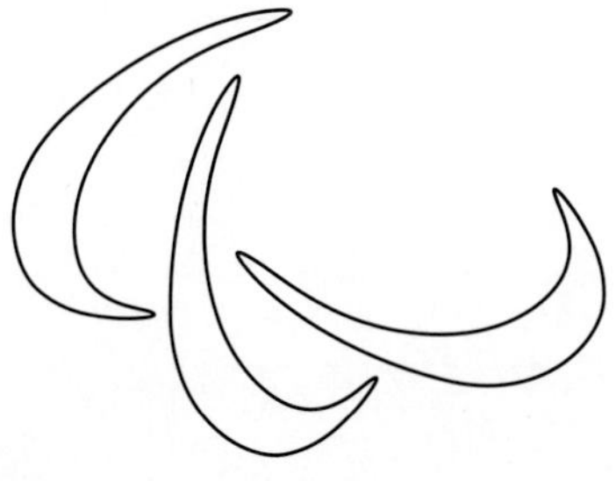
▲ 아지토스

4 다음 글을 읽고, 밑줄 친 내용과 관련된 사례를 인터넷 검색을 활용하여 찾아 쓰세요.

종교는 스포츠와 충돌하는 부분이 있습니다. 올림픽이 1,500여 년 동안 중단되었던 이유도 기독교를 국교로 정한 로마 제국이 올림픽을 이교도의 종교 행사라는 이유로 반대했기 때문입니다. 그런데 20세기 들어 로마 교황청이 스포츠에 대한 입장을 조금씩 바꾸기 시작하여, 2019년에는 처음으로 정식 스포츠 팀을 만들었습니다. 바로 사제*, 수녀, 약사, 장애인 등으로 구성된 육상 팀입니다. 아직은 아마추어 수준이지만 기념 대회는 물론 정식 대회에도 출전할 예정이라고 합니다.

한편 이슬람교에서는 운동 자체는 허용하지만 종교 교리를 철저히 따라야 합니다. 이슬람 교리에 따르면 여성은 공공장소에서 머리와 목을 가리는 '히잡(hijab: 아랍어로 '가리다'라는 뜻)'을 써야 합니다. 또 라마단(이슬람력으로 아홉 번째 달) 기간에는 해가 뜰 때부터 질 때까지 금식을 해야 합니다. <u>종교 교리를 철저하게 지키는 모슬렘*들을 위해 올림픽 경기에서는 규정을 바꾸기도 합니다. 또 스포츠 업계는 모슬렘 맞춤형 스포츠용품을 출시하기도 하는 등 배려와 공존의 노력을 기울이고 있습니다.</u>

* **사제**: 주교와 신부를 통틀어 이르는 말.
* **모슬렘(moslem)**: 이슬람교 신자를 가리키는 말로, 무슬림이라고도 함.

---

5 다음 글에 대한 설명으로 알맞으면 ○표, 알맞지 않으면 ×표 하세요.

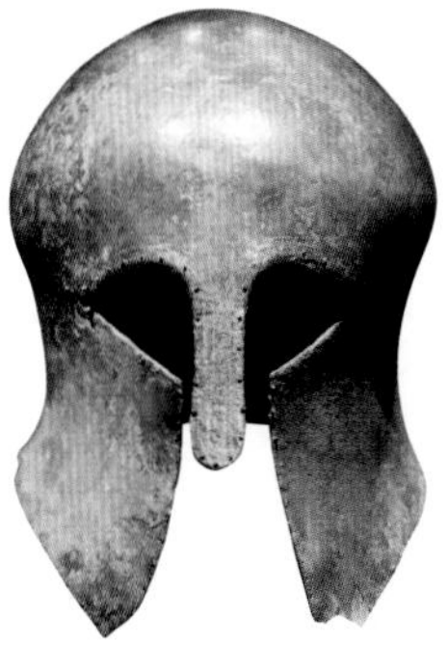
▲ 청동 투구(손기정 기증)

스포츠는 단순히 화젯거리를 넘어 역사적, 문화적 유산을 남깁니다. 서울 용산에 위치한 국립 중앙 박물관에는 기원전 6세기경 그리스의 코린트에서 제작된 청동 투구가 있습니다. 이 투구는 손기정 선생이 1936년 베를린 올림픽 마라톤에서 우승한 뒤 메달과 함께 받기로 되어 있었던 부상이었습니다. 하지만 이 투구는 당시 국제 올림픽 위원회의 '아마추어 선수에게는 메달 이외에 어떠한 선물도 공식적으로 수여할 수 없다.'라는 규정과 일제 강점기라는 시대적 불운 속에서 손기정 선수에게 전달되지 못했습니다. 이후 청동 투구는 1975년 독일 베를린의 박물관에서 발견되었고, 각계의 노력 끝에 우승한 지 50여 년 만에 돌려받게 됩니다. 그리고 1994년 손기정 선생은 "이 투구는 나의 것이 아니라 우리 민족의 것"이라며 국립 중앙 박물관에 기증하였습니다.

(1) 손기정 선생은 1936년 베를린 올림픽 마라톤 우승자이다. (　　)
(2) 손기정 선생은 1936년 당시에 청동 투구를 부상으로 받았다. (　　)
(3) 손기정 선생이 기증한 청동 투구는 현재 국립 중앙 박물관에 전시되어 있다. (　　)

4주차

무엇을 배울까요?

회차	글의 내용		핵심 개념	읽기 방법	학습 계획일
01회		**우리의 노래 아리랑** 한국을 대표하는 노래인 아리랑의 역사와 그 계승 양상을 설명한 글입니다.	[음악] 전통	추론의 근거 밝히기	월 일 (요일)
02회		**설렘과 행복으로 표현한 그리움** 한국 현대 미술을 대표하는 화가 이중섭의 대표작 「길 떠나는 가족」을 보고 쓴 감상문입니다.	[미술] 감상	문단 간의 관계(인과) 파악하기	월 일 (요일)
03회		**여성에게도 달릴 자유가 있다** 1967년 보스턴 마라톤 대회에서 완주한 캐서린 스위처에 관한 이야기입니다.	[체육] 차별	글에서 얻은 깨달음으로 성찰하기	월 일 (요일)
04회		**3월 14일에는 파이를!** 원주율의 개념과 쓰임을 설명하고 원주율과 관련된 기념일인 '파이 데이'를 소개한 글입니다.	[수학] 원주율	글을 읽고 자기 생각을 비유적으로 표현하기	월 일 (요일)
05회	**읽기 방법 익히기** 이 주에 공부한 중요 [읽기 방법]을 한눈에 정리하고 문제로 확인합니다. 1 글에서 얻은 깨달음으로 성찰하기 2 글을 읽고 자기 생각을 비유적으로 표현하기				월 일 (요일)

어느 수준일까요?

01회 우리의 노래 아리랑

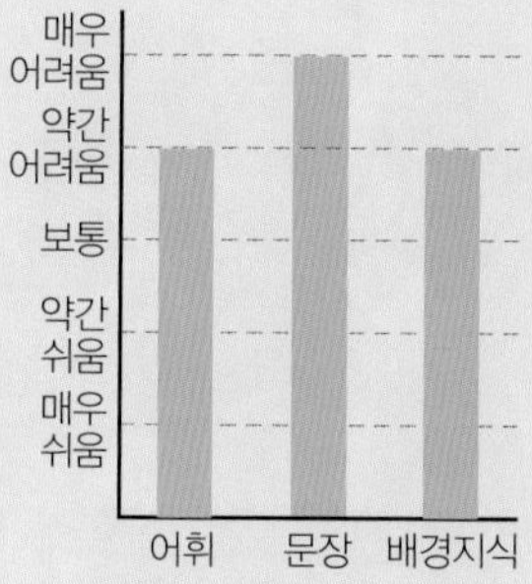

★ 쉼표가 없이 이어진 문장도 이어진 곳을 찾아 끊어 읽어요.

ERI 662

02회 설렘과 행복으로 표현한 그리움

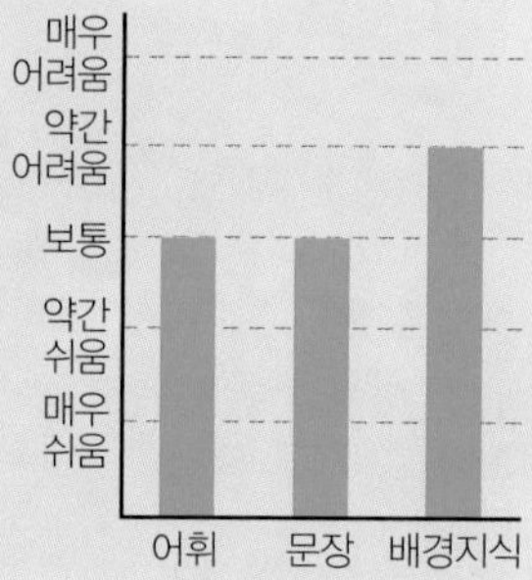

★ 그림을 스스로 감상해 본 후 읽어요.

ERI 630

03회 여성에게도 달릴 자유가 있다

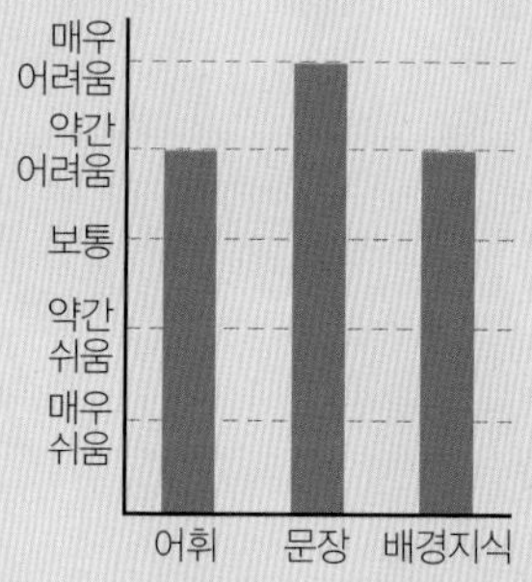

★ 긴 문장 속의 작은 문장들을 하나로 묶어서 읽어요.

ERI 661

04회 3월 14일에는 파이를!

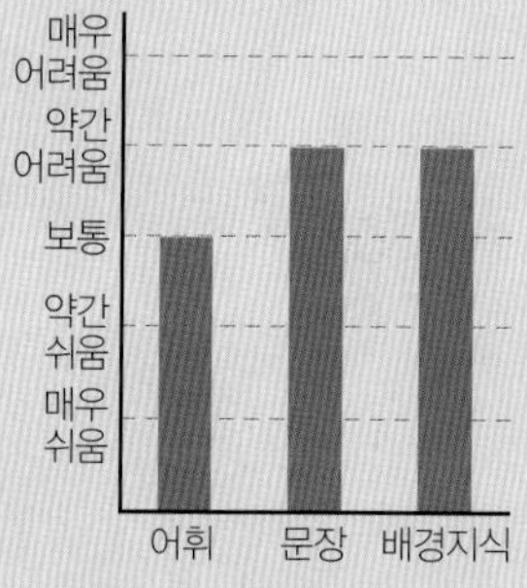

★ 원의 지름과 둘레의 길이를 실로 재어 비교해요.

ERI 645

이 주의 ERI 지수

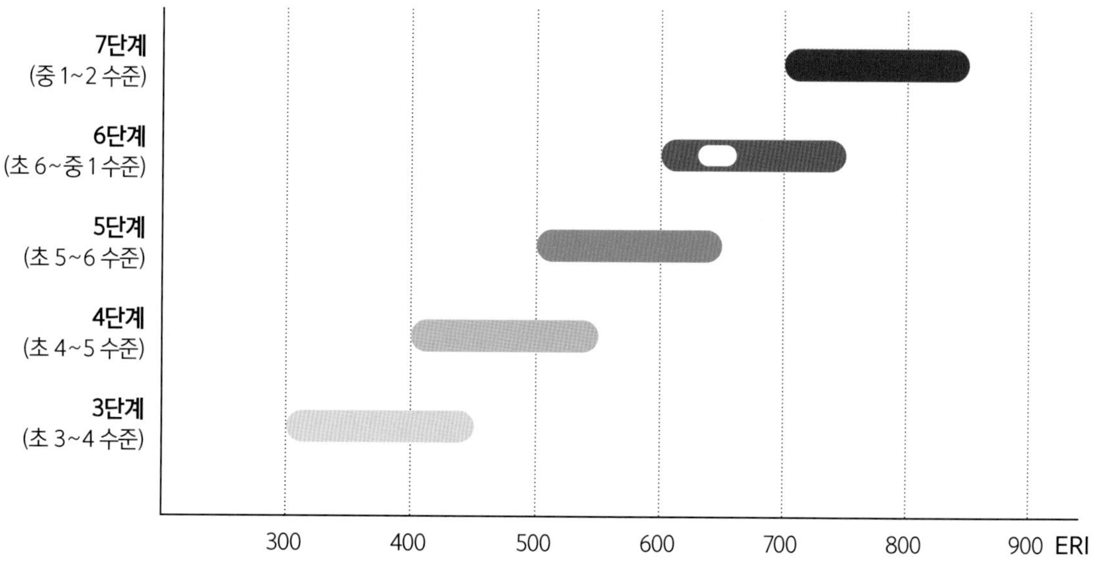

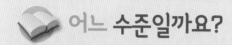

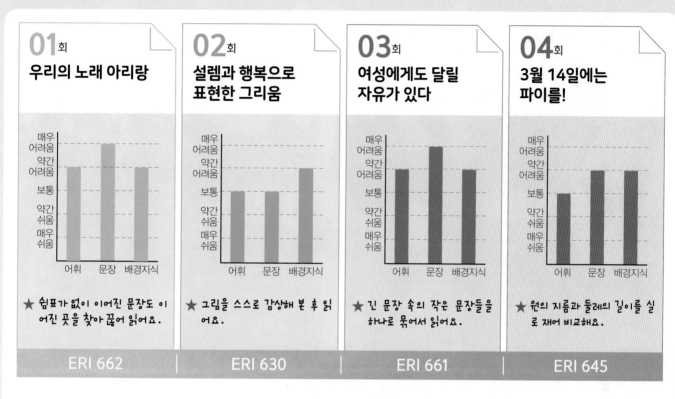

01회 우리의 노래 아리랑

☑ 핵심 개념인 '전통'과 관련된 말들을 알아 둡시다.

→ 전통 음악 / 전통문화의 계승 / 전통 놀이

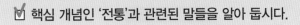

전통이란 옛날부터 전해 내려오는 문화, 행사, 놀이 등에 나타난 일정한 생활 모습이나 행동 등을 뜻해요.

☑ 글을 읽고 이것만은 꼭 찾아냅시다.

→ 아리랑이 지역과 세대를 초월해 전승되고 재창조되는 까닭은 무엇인가요?

☑ 추론하며 글을 읽고, 왜 그렇게 추론하였는지 밝혀 봅시다.

→ 글에 드러나지 않은 내용을 짐작해 보고, 글에 제시된 단서, 자신의 지식이나 경험 중에서 무엇을 활용해 글의 내용을 짐작하였는지 설명합니다.

글의 내용 추론하기 → 무엇을 활용해 추론하였는지 설명하기

추론하며 글을 읽을 때는 글에 제시된 단서, 배경지식 등을 추론의 근거로 활용할 수 있어요.

준비 학습

1 핵심 개념 미리 보기

빈칸에 공통으로 들어갈 단어를 〈보기〉에서 찾아 쓰세요.

보기

계승　　　단절　　　발명　　　상속

- 판소리는 오늘날 대중가요로도 창작될 만큼 창조적으로 (　　　　　)되고 있다.
- 과거로부터 내려오는 문화 중에서 오늘날에도 가치 있는 것을 골라 (　　　　　)해야 한다.

2 읽기 방법 미리 보기

다음 글을 읽고, 민호가 '총칭'의 뜻을 추론할 때 활용한 것에 √표 하세요.

거의 모든 한국인이 아리랑을 알고 있다. 아리랑은 특정 노래의 이름이 아니라 한반도 전 지역에서 지역별로 다양하게 내려오는 노래의 총칭이다. 즉 아리랑에 속하는 노래들은 다양한 곡조와 가사를 가지고 있다.

'총칭' 뒤에 나오는 문장을 보면 '즉'이라는 말이 제시되어 있고, 아리랑에 속하는 노래들이 다양한 곡조와 가사를 가지고 있다고 설명하고 있어. 이로 보아 '총칭'이란 비슷한 것들을 두루 모아 하나로 묶어 부르는 말을 뜻하는 것 같아.

글에 제시된 단서 (　　)　　개인적인 경험 (　　)　　자신의 지식 (　　)

정답 1. 계승 2. 글에 제시된 단서

ERI 지수 662 예술 | 음악

▲ 영화 「아리랑」의 주제가를 수록한 최초의 음반

외국인 친구가 한국을 대표하는 노래가 무엇이냐고 묻는다면, 여러분은 뭐라고 답하시겠습니까? 사람마다 다양한 노래를 꼽을 수 있겠지만, 오랫동안 한국인에게 널리 사랑받아 온 노래인 아리랑을 빼놓을 수는 없겠지요?

원래 ㉠아리랑은 한 곡의 이름이 아닙니다. 오래전부터 한반도 전 지역에서 다양하게 불렸던 노래들을 합쳐 이르는 말입니다. 아리랑이라는 이름으로 지금까지 내려오는 노래는 총 3,600여 곡에 달합니다. 여기에 속하는 노래들은 가락이나 내용이 서로 다르지만 '아리랑'이나 '아라리' 또는 그와 비슷한 말로 된 후렴구를 가지고 있다는 공통점이 있습니다. 전문가들은 강원도에서 불렸던 「정선 아리랑」이 오랜 시간에 걸쳐 한반도의 여러 지역으로 퍼져 나가면서 지역별로 다양한 아리랑이 생겨난 것으로 보고 있습니다.

이렇게 다양한 아리랑 중에서 가장 친숙한 것은 "아리랑 아리랑 아라리요, 아리랑 고개로 넘어간다."로 시작하는 노래입니다. 이 노래는 일제 강점기였던 1926년에 개봉된 영화 「아리랑」의 주제가입니다. 수많은 아리랑과 구별하기 위해 이 노래를 ㉡「본조 아리랑」이라고 부릅니다. 여기에서 '본조'는 '원조'라는 뜻이 아니라 '서울에서 본격적으로 불린 노래'라는 뜻입니다. 「본조 아리랑」은 조선 말에 생겨난 「경기 긴 아리랑」을 새롭게 바꾼 노래입니다. 당시 사람들은 우리 민족의 아픔을 다룬 영화 「아리랑」을 보고 「본조 아리랑」을 함께 부르며 나라 잃은 슬픔을 달래고 독립 의지를 다졌습니다. 이때부터 아리랑은 우리 민족을 대표하는 노래가 되었습니다. 또 1930년대부터는 우리나라의 각 지역은 물론 일본, 만주, 중국, 미국, 멕시코 등에서도 우리 동포들에 의해 「본조 아리랑」을 현지 상황에 맞게 고친 새로운 아리랑이 활발히 창작되었습니다.

아리랑은 오늘날에도 사랑받는 노래입니다. 아리랑은 2018년 평창 동계 올림픽 개막식에서 불리었고, 국가 대표 선수들을 응원하기 위한 응원가에도 꾸준히 사용되고 있습니다. 또 2016년에는 방탄소년단이 「본조 아리랑」, 「진도 아리랑」, 「밀양 아리랑」을 엮은 「아리랑」을 선보여 전 세계 많은 사람의 주목을 받기도 했습니다. ㉢아리랑은 누구나 쉽게 만들어 부를 수 있습니다. 이 때문에 아리랑은 지역과 세대를 초월해 전승되어 지금까지도 창작되는 것입니다. 2012년에는 아리랑이 그 가치를 인정받아 유네스코 인류 무형 유산으로 지정되었습니다. 이렇듯 아리랑은 여전히 창작되는 (㉣)의 노래이자, 한국을 대표하는 (㉤)의 노래입니다.

내용 파악하기

1. **이 글의 내용과 일치하지 않는 것은 무엇인가요? (   )**

① 아리랑은 2012년에 유네스코 인류 무형 유산으로 지정되었다.

② 방탄소년단은 2016년에 세 가지 아리랑을 엮은 노래를 선보였다.

③「본조 아리랑」의 '본조'는 다른 노래의 원본이 되는 원조를 뜻한다.

④ 전문가들은「정선 아리랑」이 다양한 아리랑의 시작이라고 생각한다.

⑤ 지금까지 아리랑이라는 이름으로 전해 내려오는 노래는 3,600여 곡에 달한다.

글의 목적 파악하기

2. **글쓴이가 이 글을 쓴 궁극적인 목적은 무엇인가요? (   )**

① 아리랑을 창작하는 과정을 설명하기 위해

② 많은 이가 한류에 관심을 갖도록 하기 위해

③ 아리랑의 수준 높은 음악성을 주장하기 위해

④ 한국을 대표하는 노래인 아리랑을 널리 알리기 위해

⑤ 아리랑의 유네스코 인류 무형 유산 지정을 축하하기 위해

세부 내용 파악하기

3. **㉠과 ㉡에 대한 설명으로 알맞은 것은 무엇인가요? (   )**

① ㉠과 ㉡ 모두 기원을 알 수 없다.

② ㉠과 ㉡은 모두 영화「아리랑」의 주제가로 쓰였다.

③ ㉠은 정선 지역의 노래이지만 ㉡은 서울 지역의 노래이다.

④ ㉠은 조선 시대의 민요이지만 ㉡은 일제 강점기의 노래이다.

⑤ ㉠은 비슷한 노래를 한데 묶어 이르는 말이지만 ㉡은 한 곡의 이름이다.

추론의 근거 밝히기

4. 다음은 은진이가 ㉢의 구체적인 내용을 추론한 과정입니다. (　　) 안에서 추론의 근거로 활용한 것을 골라 ○표 하세요.

음악 시간에 '아리랑의 가사 바꾸어 부르기' 활동을 한 적이 있어. 우리 반 친구들 각자가 자기 경험이나 생각을 노랫말로 써서 아리랑 가락에 맞추어 불렀지. 그때 선생님께서 제시한 조건은 "노랫말의 원래 글자 수와 같게 만들 것", "노래에 '아리랑 아리랑 아라리요' 하는 후렴구를 꼭 넣을 것"이었어. 또 선생님께서는 이렇게 하면 우리가 만든 노래도 아리랑이 될 수 있다고 말씀하셨어. 그때를 떠올리니 아리랑은 누구나 쉽게 만들어 부를 수 있다는 말이 무슨 뜻인지 알겠어.

➡ 추론의 근거로 활용한 것: (글에 제시된 단서 / 자신의 지식 / 개인적인 경험)

문맥을 활용하여 추론하기

5. 이 글의 흐름으로 볼 때, ㉣과 ㉤에 들어갈 말로 알맞은 것은 무엇인가요? (　　　)

	㉣	㉤		㉣	㉤
①	어제	우리	②	어제	지역
③	오늘	우리	④	오늘	지역
⑤	내일	지역			

문단의 중심 내용 파악하기

6. 다음은 이 글을 요약하기 위해 각 문단의 중심 내용을 정리한 표입니다. 알맞은 내용을 넣어 표를 완성하세요.

1문단	아리랑은 한국을 대표하는 노래이다.
2문단	아리랑은 오래전부터 (　　　　　　　　)에서 다양하게 불렸던 노래이다.
3문단	다양한 아리랑 중에서 우리에게 가장 친숙한 것은 (　　　　　　　　)이다.
4문단	아리랑은 여전히 창작되는 노래이자, 한국을 대표하는 노래이다.

어휘 익히기

정답과 해설 39쪽

1 단어 뜻 알기

빈칸에 들어갈 알맞은 단어를 〈보기〉에서 찾아 쓰세요.

보기

친숙　　주목　　초월　　전승

1. 전해 드릴 말이 있으니 모두 저를 (　　　　)해 주세요.
   뜻 관심을 가지고 주의 깊게 살핌.
2. 그 친구는 곤충에 관해 상상을 (　　　　)하는 호기심을 가지고 있다.
   뜻 어떠한 한계나 기준 등을 뛰어넘음.
3. 그날 처음 만났지만 우리는 어느새 (　　　　)하게 이야기를 나누었다.
   뜻 친하여 익숙하고 허물이 없음.
4. 훌륭한 문화유산을 (　　　　)하여 발전시키는 것이 우리 후손들의 임무이다.
   뜻 전통이나 문화 같은 것을 물려받아 이어 감.

2 관용 표현 알기

다음 사자성어의 뜻풀이를 완성하세요.

"온고지신(溫故知新)"

기술의 발전과 사회의 변화로 인해 현대인의 삶은 과거에 비해 그 속도가 무척 빨라졌습니다. 그러나 이럴 때일수록 과거의 역사와 전통을 이해하는 것이 매우 중요합니다. 이와 같이 (　　　　)을/를 익히고 그것을 통해 새것을 알게 되는 것을 '온고지신'이라고 합니다.

한자	뜻	음
溫	익히다	온
故	옛	고
知	알다	지
新	새	신

3 한자어 익히기

다음 한자어를 소리 내어 읽고 빈칸에 따라 써 보세요.

代	表
대신할 대	나타낼 표

대표(代表): 전체의 상태나 성질을 어느 하나로 잘 나타냄.

- 반장은 반을 대표한다.
- 김치는 한국의 대표적인 음식이다.
- 그는 우리나라를 대표하여 국제 회담에 참석했다.

代	表						
대신할 대	나타낼 표						

02회 설렘과 행복으로 표현한 그리움

▲ 이중섭, 「길 떠나는 가족」(1954)

☑ 핵심 개념인 '감상'과 관련된 말들을 알아 둡시다.

→ 음악 감상 / 미술 작품 감상 / 감상을 표현하다

미술에서 감상이란 미술 작품의 내용을 이해하여 자기 생각과 느낌을 만들어 보는 활동을 말해요.

☑ 글을 읽고 이것만은 꼭 찾아냅시다.

→ 글쓴이는 이중섭의 그림 「길 떠나는 가족」에서 어떤 느낌을 받았나요?

☑ 문단 간의 관계(인과)를 파악하며 글을 읽어 봅시다.

→ 문단과 문단이 원인과 결과의 관계로 이어질 때 두 문단은 인과 관계에 있다고 합니다. 각 문단의 내용을 정리하며 문단 간의 관계를 파악해 봅니다.

각 문단의 중심 내용 파악하기 → 다른 문단의 원인이 되는 문단 찾기 → 문단 간의 관계 정리하기

글의 내용을 정확하게 이해하기 위해서는 문단과 문단의 관계를 파악하며 읽어야 해요.

1 핵심 개념 미리 보기

다음은 두 학생이 같은 그림을 보고 나눈 대화입니다. 〈보기〉의 감상 방법 중 두 학생이 감상한 방법을 각각 찾아 쓰세요.

보기

- 전체 감상: 작품의 전체적인 분위기나 느낌을 살펴보는 감상 방법
- 세부 감상: 작품을 부분으로 나누어 세부적으로 살펴보는 감상 방법

미리

이 작품은 따뜻한 느낌이 들어서 그런지 평화로워 보여.

화면 가운데 자리한 집은 붉은색으로 칠해져 있어 노을에 물든 것 같아.

지석

➡ 미리: (   ) 감상

지석: (   ) 감상

2 읽기 방법 미리 보기

(가)와 (나)의 문단 간 관계를 파악하고, (   ) 안에서 알맞은 말을 골라 ○표 하세요.

(가) 지난 한 달 동안 나는 매일 아침 삼십 분씩 공원 운동장을 열심히 달렸다. 처음에는 아침에 일찍 일어나기가 힘들고 혼자 달리기가 쑥스러웠지만, 익숙해지니 괜찮아졌다. 첫날에는 뛴 시간보다 걸은 시간이 더 길었지만 점차 달리는 시간이 더 많아졌고, 일주일쯤 지나자 삼십 분 내내 달릴 수 있게 되었다.

(나) 이렇게 한 달 동안 꾸준히 하고 나니 이제는 달리기에 자신감도 생기고, 하루 종일 기분도 상쾌하다. 또 힘도 더 세진 것 같다. 역시 운동은 몸과 마음에 좋은 영향을 미친다는 말이 맞는 것 같다.

➡ (가)는 (나)의 (원인 / 결과)에, (나)는 (가)의 (원인 / 결과)에 해당하는 문단이다.

정답 **1.** 미리: 전체, 지석: 세부 **2.** 원인, 결과

ERI 지수 630 예술 | 미술

가 휴일을 맞아 가족과 함께 '이중섭 특별전'에 다녀왔다. 미술 교과서에서 본 「황소」와 「도원」을 비롯해 이중섭의 다양한 그림을 직접 볼 수 있어서 참 좋았다.

나 오늘 전시회에서 보았던 그림 중에서 제일 인상 깊었던 것은 「길 떠나는 가족」이다. 좀 더 보고 싶어서 집에 돌아온 뒤 인터넷에서 그림을 찾았다. 그리고 ㉠미술 시간에 선생님께서 가르쳐 주셨던 감상 방법을 떠올리며 그림을 천천히 감상해 보았다.

다 선생님께서는 미술 작품을 감상할 때 작품을 꼼꼼하게 살피고 내가 받은 느낌에 집중해야 한다고 말씀하셨다. 그러기 위해서는 작품의 전체적인 분위기도 살펴보고, 부분적으로도 감상해 보면 좋다고 설명해 주셨다. 또 창작 배경을 찾아보는 것도 도움이 된다고 하셨다.

라 나는 제일 먼저 작품의 전체적인 분위기와 느낌을 중심으로 감상을 시작했다. 제목에서 알 수 있듯, 이 그림에는 가족이 등장한다. 아버지, 어머니, 두 아이, 그리고 소와 달구지*가 수평으로 배치되어 있어 안정감을 준다. 또 전체적으로 붉은색과 노란색이 은은하게 어우러져 차분하고 평화로운 느낌이 든다.

마 그다음 등장인물의 행동을 중심으로 각 부분을 자세히 살펴보았다. 화면의 가장 왼쪽에서 소를 끄는 아버지는 하늘을 쳐다보며 흥겹게 한 손을 들어 올리고 있다. 또 달구지에 탄 왼쪽 아이는 소의 꼬리를 잡고 장난을 치고 있고, 오른쪽 아이는 손바닥에서 흰 새를 날려 보내고 있다. 무척 즐거워 보인다. (㉡) 두 아이 사이에 앉은 어머니는 아이들을 가만히 잡아 주고 있다. 어딘가 멋진 곳으로 떠나는 온 가족의 설렘과 행복이 느껴진다.

바 마지막으로 백과사전에서 「길 떠나는 가족」의 창작 배경을 찾아보았다. 이 그림을 그릴 당시에 이중섭은 너무나 가난하여 가족을 일본으로 떠나보낸 채 홀로 외롭게 살았다고 한다. 「길 떠나는 가족」은 가족을 만날 날을 기다리는 화가의 마음을 표현한 작품이라고 한다. 이러한 점을 알고 나니, 그림이 조금 쓸쓸하고 슬프게 느껴졌다. 가족과의 만남이 좀처럼 이루어지기 어려운 상황에서, 설렘과 희망으로 그리움을 표현할 수밖에 없었던 화가의 마음이 느껴졌기 때문이다.

사 나는 이번 기회에 다시 한번 가족의 소중함을 생각하게 되었다. 늘 함께 있어 가족에 대한 소중함을 그동안 잊고 있었던 것 같다. 가족과 함께 미술관에서 즐거운 시간을 보낼 수 있었던 오늘이 무척이나 감사했다.

* **달구지**: 소나 말이 끄는 짐수레.

내용 파악하기

1. **이 글의 내용과 일치하지 않는 것은 무엇인가요? (　　　)**

① '나'는 「길 떠나는 가족」의 수평 구도에서 안정감을 느끼고 있다.
② '나'가 찾아본 바에 따르면 이중섭은 매우 가난하게 살고 있었다.
③ 전시회에서 '나'가 가장 인상 깊게 본 그림은 「길 떠나는 가족」이다.
④ '나'는 전시회에 가기 전에 미술 교과서에서 이중섭의 그림을 본 적이 있다.
⑤ '나'는 「길 떠나는 가족」에 등장하는 가족이 도시로 이사 가는 중이라고 생각한다.

글의 전개 방식 파악하기

2. **이 글의 전개 방식에 대한 설명으로 알맞은 것은 무엇인가요? (　　　)**

① 전시회에 전시된 작품들을 공간의 이동에 따라 소개하였다.
② 그림에 대한 전문가의 감상을 소개하며 자신의 감상을 덧붙였다.
③ 그림에 대한 감상과 함께 화가의 삶을 시간 순서대로 제시하였다.
④ 그림의 부분에 대한 설명을 먼저 하고 난 뒤에 전체에 대한 설명을 하였다.
⑤ 선생님께서 설명하신 그림 감상 방법에 따라 미술 작품에 대한 감상을 서술하였다.

문단 간의 관계 파악하기

3. **다음 학생들이 나눈 대화를 읽고, (　　) 안에서 알맞은 말을 골라 ○표 하세요.**

유민: 바에서 '나'는 그림의 창작 배경을 찾아본 뒤 가족과 떨어져 외롭게 살았던 이중섭의 당시 처지를 알게 되었어.
지환: 사에는 '나'가 가족의 소중함을 깨닫고 있는 모습이 담겨 있군.
동희: 그럼 바는 사의 (원인 / 결과)에 해당하는 문단이겠군.

정답과 해설 41쪽

세부 내용 파악하기

4. ㉠에 해당하지 않는 것은 무엇인가요? (   )

① 작품의 창작 배경을 찾아본다.
② 다른 사람의 감상문을 찾아본다.
③ 작품에서 받은 느낌에 집중한다.
④ 작품의 부분을 자세히 살펴본다.
⑤ 작품의 전체적인 분위기를 살펴본다.

이어 주는 말 파악하기

5. ㉡에 들어갈 말로 알맞은 것은 무엇인가요? (   )

① 그리고　　② 그래서　　③ 하지만
④ 그러면　　⑤ 그러므로

제목의 의미 추론하기

6. 다음은 이 글을 읽은 학생이 이 글의 '나'를 인터뷰한 내용입니다. 이 글의 내용을 바탕으로 빈칸에 들어갈 알맞은 말을 쓰세요.

학생: 이 글의 제목을 '설렘과 행복으로 표현한 그리움'으로 한 이유가 무엇인가요?
'나': 이중섭의 「길 떠나는 가족」에 묘사된 (   )을/를 봤을 때 길을 떠나는 가족의 설렘과 행복이 느껴졌습니다. 그러나 이 그림의 (   )을/를 찾아본 뒤 그림을 다시 감상해 보니 멀리 떠나보낸 가족에 대한 화가의 진한 그리움을 느낄 수 있었습니다. 그래서 글의 제목을 '설렘과 행복으로 표현한 그리움'이라고 하였습니다.

어휘 익히기

정답과 해설 41쪽

1 단어 뜻 알기

빈칸에 들어갈 알맞은 단어를 〈보기〉에서 찾아 쓰세요.

보기

꼼꼼하게 은은하게 흥겹게 좀처럼

1. 그는 (   ) 화를 내지 않는 성격이다.
   뜻 여간하여서는. 부정하는 말과 함께 쓰여, 웬만해서는 어떤 행동을 하지 않음을 나타냄.
2. 저녁이 되자 교회의 종소리가 저 멀리서 (   ) 들려왔다.
   뜻 뚜렷하게 나타나지 않고 어슴푸레하며 흐릿하게.
3. 너무 기뻐서 집으로 오는 길에 친구들과 (   ) 노래를 불렀다.
   뜻 매우 신이 나서 즐겁게.
4. 이번 일은 무척 중요하니까 계획을 다시 한번 (   ) 살펴봐야 해.
   뜻 빈틈이 없이 차분하고 조심스럽게.

2 관용 표현 알기

다음 글을 읽고, 밑줄 친 사자성어의 뜻풀이를 완성하세요.

얼마 전 전학을 간 단짝 재희가 벌써 보고 싶다. 학교 점심시간이 되면 재희 생각이 더욱 간절하게 난다. 잠을 자다 재희와 함께 신나게 노는 꿈을 꾸기도 한다. 자나 깨나 재희를 잊지 못하는 것 같다. 이런 나를 보고 엄마는 "너 요즘 재희를 오매불망(寤寐不忘)하며 그리워하는구나."라고 말씀하셨다.

한자	뜻	음
寤	깨다	오
寐	잠자다	매
不	아니다	불
忘	잊다	망

이 사자성어는 (   ) 때나 잠을 잘 때나 잊지 못함을 뜻합니다.

3 한자어 익히기

다음 한자어를 소리 내어 읽고 빈칸에 따라 써 보세요.

特	別
특별할 **특**	다를 **별**

특별(特別): 보통과 구별되게 다름.
- 늦둥이 막내는 가족 사이에서 늘 특별 대우를 받는다
- 우리는 모두 이 세상에 하나밖에 없는 특별한 존재이다.
- 우리 동아리에서는 가을을 맞아 특별 전시회를 마련했다.

特	別						
특별할 특	다를 별						

03회 여성에게도 달릴 자유가 있다

☑ 핵심 개념인 '차별'과 관련된 말들을 알아 둡시다.

→ 차별을 두다 / 차별을 받다 / 차별을 없애다

차별이란 둘 이상의 대상을 합당한 이유 없이 차이를 두어 구별하는 것을 뜻해요.

☑ 글을 읽고 이것만은 꼭 찾아냅시다.

→ 캐서린 스위처의 행동은 사회적으로 어떤 영향을 미쳤나요?

☑ 글에서 얻은 깨달음으로 자기를 성찰해 봅시다.

→ 글의 주제를 중심으로 깨달은 점을 정리하고 자신의 말, 행동, 생각 등과 연결하여 자신의 삶을 성찰해 봅니다.

깨달은 점 정리하기 → 자신의 말, 행동, 생각과 비교하기 → 자신의 삶을 돌아보며 성찰하기

글을 읽고 성찰한다는 것은 글을 읽으며 깨달은 점에 비추어 자신의 삶을 살펴보는 일을 말해요.

1 핵심 개념 미리 보기

다음과 같은 '차별'의 뜻을 참고하여 이에 해당하는 것을 모두 찾아 √표 하세요.

차별: 둘 이상의 대상을 합당한 이유 없이 차이를 두어 구별하는 것.

(1) 1950년대 미국에서 흑인은 공공 버스의 맨 뒷자리에 앉아야 했다. (   )

(2) 저 사람은 여성이기 때문에 일을 잘하지 못할 것이므로 신입 사원으로 뽑으면 안 된다. (   )

(3) 이번 과제를 하면서 영호가 가장 많은 부분을 담당하였으므로 영호에게 더 높은 점수를 주어야 한다. (   )

2 읽기 방법 미리 보기

다음은 같은 이야기를 읽고 난 학생들의 반응입니다. 글에서 얻은 깨달음으로 자기를 성찰한 학생을 모두 찾아 √표 하세요.

(1) 주인공은 저 대목에서 얼마나 외롭고 쓸쓸했을까? 주인공의 그런 마음이 잘 느껴져서 가슴이 뭉클했어. (   )

(2) 이 이야기의 주제는 '정직'이야. 이야기를 읽으면서 친구를 이기기 위해 거짓말을 한 일이 떠올라 부끄러웠어. 앞으로는 절대로 거짓말을 하지 않을 거야. (   )

(3) 이 이야기는 정직하게 패배하는 것이 부정하게 승리하는 것보다 더 낫다는 점을 보여 주었어. 과정보다 결과를 더 중요하게 여기고 행동해 온 나를 돌아보게 되었어. (   )

정답 **1.** (1), (2) **2.** (2), (3)

ERI 지수 661 예술 | 체육

1967년 4월 미국 보스턴 마라톤 대회에 캐서린 스위처는 귀걸이를 걸고 립스틱을 진하게 바른 채 참가했다. 당시에는 마라톤 대회에 여성이 참가할 수 없었다. ㉠달리기는 여자답지 못한 일이고, 여성이 마라톤을 하면 아이를 낳지 못하게 된다는 생각이 널리 퍼져 있었기 때문이다. 물론 이러한 생각은 과학적 근거가 전혀 없는 것이었다. 캐서린은 이러한 생각을 바꾸기 위해 마라톤 대회 참가를 결심했다. 여성이 마라톤 대회에 참가할 것이라고는 생각하지 못한 대회 조직 위원회가 참가 신청서에 성별을 적는 칸을 만들지 않은 ㉡덕분에 캐서린은 정식 선수로 대회에 참가할 수 있었다.

대회가 시작되고 캐서린이 6km를 통과할 무렵, 대회 조직 위원회는 여자 선수가 달리고 있음을 알게 되었다. 이에 대회 조직 위원장이 달려들어 캐서린을 붙잡고 "번호표를 내놓고 어서 나가!"라고 소리쳤다. 그러나 캐서린은 함께 달리던 자신의 코치가 조직 위원장의 방해를 막아 준 덕분에 계속 달릴 수 있었고, 마침내 4시간 20분의 기록으로 완주하였다. 이로써 캐서린은 보스턴 마라톤 대회에 공식적으로 출전하여 완주한 첫 여성이 되었다.

▲ 1967년 보스턴 마라톤 대회 당시 캐서린 스위처 모습

이 일은 다음 날 미국의 주요 신문에서 크게 다루어지며 화제가 되었다. 그리고 점점 많은 사람이 여성에게도 달릴 자유가 있으며, 여성이라는 이유만으로 마라톤 대회 출전을 막는 것은 올바르지 않다는 생각에 동의하게 되었다. 그 결과 1971년 제2회 뉴욕 마라톤에서는 세계 최초로 여성의 참가가 허용되었다. 또한 보스턴 마라톤에서도 1972년부터 여성의 참가가 허용되었고, 1974년에는 여성부 경기가 만들어졌다. 그리고 마침내 1984년 로스앤젤레스 올림픽에서 여자 마라톤이 정식 종목으로 채택되기에 이르렀다.

캐서린 이전에도 마라톤 대회에 도전한 여성들이 있었지만, 이들은 ㉢가명을 쓰거나 남자처럼 변장하여 몰래 참가하였다. 여성이라는 이유만으로 차별을 받았기 때문이다. 그러나 캐서린 스위처는 여성에게도 달릴 (㉣)이/가 있음을 당당하게 드러내었다. 또 캐서린의 용기와 도전은 성별 등 능력과 무관한 이유로 누군가의 (㉣)을/를 빼앗는 것은 결코 바람직하지 않다는 공감대를 만드는 계기가 되었다.

내용 파악하기

1. **이 글의 내용과 일치하지 않는 것은 무엇인가요? (   )**

① 캐서린 스위처는 마라톤 대회에 참가한 최초의 여성이다.
② 캐서린 스위처는 1967년 보스턴 마라톤 대회에 출전하였다.
③ 캐서린 스위처는 달리는 도중 대회 조직 위원장의 방해를 받았다.
④ 캐서린 스위처의 보스턴 마라톤 대회 출전은 미국에서 큰 화제가 되었다.
⑤ 1984년 로스앤젤레스 올림픽에서는 여자 마라톤이 정식 종목으로 채택되었다.

현재의 관점에서 과거의 생각 비판하기

2. **㉠에 대한 학생들의 반응으로 알맞지 않은 것은 무엇인가요? (   )**

① 1960년대 미국 사회에 퍼져 있던 여성에 대한 편견을 보여 주는군.
② 많은 여성이 달리기를 즐기는 요즘으로서는 상상할 수 없는 생각들이군.
③ 여성이 마라톤을 하면 아이를 낳지 못한다는 것은 과학적 근거가 없는 말이야.
④ 달리기가 여자답지 못한 일이라는 생각은 어떤 근거에서 나온 것인지 모르겠군.
⑤ 아이를 낳을지 말지는 개인이 선택할 문제이지 남들이 왈가왈부할 문제가 아니야.

어휘의 의미 파악하기

3. **글의 흐름을 고려할 때 〈보기〉에서 ㉡과 바꾸어 쓸 수 없는 말을 하나 고르고, 그 이유를 설명한 문장의 빈칸에 알맞은 말을 쓰세요.**

보기		
탓에	까닭에	이유로

• 바꾸어 쓸 수 없는 말: (   )

• 바꾸어 쓸 수 없는 이유: (   )은/는 주로 (   )인 현상이 생겨난 까닭이나 원인을 뜻하는 말이기 때문이다.

맥락을 활용하여 추론하기

4. **캐서린 스위처 이전에 마라톤에 도전한 여성들이 ㉢과 같이 한 까닭은 무엇인가요? (   )**

① 자신의 외모에 자신이 없었기 때문에
② 자신의 이름이 마음에 들지 않았기 때문에
③ 마라톤 경기에서 좋은 기록을 내야 했기 때문에
④ 대회에 참가하려면 자신이 여성임을 감추어야 했기 때문에
⑤ 여성으로 마라톤에 도전하는 것을 부끄럽게 생각했기 때문에

문맥을 활용하여 추론하기

5. **㉣에 공통으로 들어가기에 가장 알맞은 말은 무엇인지 〈보기〉에서 찾아 쓰세요.**

보기

자유　　차별　　차이　　평등　　평화

(　　　　　)

글에서 얻은 깨달음으로 성찰하기

6. **다음은 이 글을 읽고 난 학생들의 반응입니다. 이 글의 주제를 중심으로 글에서 얻은 깨달음을 통해 자기를 성찰한 학생을 모두 찾아 √표 하세요.**

(1) 상호: 차별의 문제를 다룬 이 글을 읽으면서, 비판적으로 생각하지 않는다면 자기도 모르는 사이에 누군가를 차별할 수 있다는 걸 깨달았어. 부끄럽지만 나도 어떤 집단의 사람들에 대해 편견을 가지고 있었어. 앞으로는 편견을 버리고 그들을 개성을 지닌 인간으로 대하려고 노력할 거야. (　　)

(2) 윤희: 이 글은 여성 차별의 문제를 다루고 있어. 이 글을 읽으면서 나는 자신을 비롯한 많은 사람의 자유와 권리를 위해 용감히 맞서는 일이 얼마나 훌륭한지 깨달았어. 나는 소심한 편이라 평소에 나 자신이나 친구의 자유와 권리가 침해되는 일을 겪거나 보고도 모른 척했어. 앞으로는 나와 다른 사람의 자유와 권리를 지키는 문제에 침묵하지 않을 거야. (　　)

(3) 세윤: 마라톤 대회에 관한 이 글을 읽으면서, 나는 달리기가 얼마나 매력적인 운동인가를 알게 됐어. 그렇게 용감하게 나선 걸 보면, 캐서린 스위처는 달리기의 매력을 잘 알고 있었던 것 같아. 나는 평소에 달리기가 힘들고 지루하다고만 생각했는데, 앞으로는 틈틈이 달리기를 하며 건강도 지키고 재미도 느껴 보고 싶어. (　　)

어휘 익히기

정답과 해설 43쪽

1 단어 뜻 알기

빈칸에 들어갈 알맞은 단어를 〈보기〉에서 찾아 쓰세요.

보기: 완주 화제 채택 공감대

1. 가장 좋은 의견으로 (   )될 경우 상금을 드립니다.
   뜻 여럿 가운데 하나를 골라서 뽑아 씀.

2. 이번 대회에서 결승점까지 (   )한 사람에게는 상품을 준대.
   뜻 목표한 지점까지 다 달림.

3. 어제 그가 보여 준 용감한 행동은 우리 반에서 (   )이/가 되었다.
   뜻 이야기할 만한 재료나 소재.

4. 독서가 중요하다는 (   )이/가 형성되면 많은 사람이 책을 읽을 것이다.
   뜻 서로 똑같이 생각하거나 느끼는 부분.

2 관용 표현 알기

다음 글을 읽고, 밑줄 친 사자성어의 뜻풀이를 완성하세요.

사건이 처음부터 끝까지 진행되어 온 과정이 밝혀질 때쯤 주요 신문은 이를 대서특필(大書特筆)하였다. 많은 사람이 큼지막한 크기로 다루어진 기사를 읽고 이 사건을 알게 되었다.

한자	뜻	음
大	크다	대
書	글	서
特	특별하다	특
筆	붓	필

이 사자성어는 특별히 두드러지게 보이도록 글자를 (   ) 쓴다는 뜻으로, 신문 등의 출판물에서 어떤 기사에 큰 비중을 두어 다룸을 이르는 말입니다.

3 한자어 익히기

다음 한자어를 소리 내어 읽고 빈칸에 따라 써 보세요.

平	等
평평할 평	같을 등

평등(平等): 권리, 의무, 자격 등이 차별 없이 고르고 한결같음.
- 사람은 누구나 법 앞에 평등하다.
- 모든 사람이 평등한 사회를 이룹시다.
- 우리는 기회가 평등하게 주어지는 사회를 원합니다.

平	等
평평할 평	같을 등

04회 3월 14일에는 파이를!

☑ 핵심 개념인 '원주율'과 관련된 말들을 알아 둡시다.

→ 원주율을 구하다 / 원주율을 계산하다 / 파이(π)

원주율이란 원의 둘레와 원의 지름 사이의 비율을 말해요.

☑ 글을 읽고 이것만은 꼭 찾아냅시다.

→ 원주율은 어떻게 구하고, 이것은 왜 중요할까요?

☑ 글을 읽고 자기 생각을 비유적으로 표현해 봅시다.

→ 글에 제시된 핵심 개념이나 주제 등을 정리하고, 공통점이 있는 다른 대상을 찾아 핵심 개념이나 주제 등을 비유적으로 표현합니다.

핵심 개념, 주제 정리하기 → 공통점이 있는 다른 대상 찾기 → 비유적으로 표현하기

비유적 표현이란 어떤 현상이나 사물을 그것과 비슷한 다른 현상이나 사물에 빗대어 표현한 것을 말해요.

1 핵심 개념 미리 보기

〈보기〉의 그림을 참고하여 빈칸에 들어갈 알맞은 단어를 쓰세요.

보기

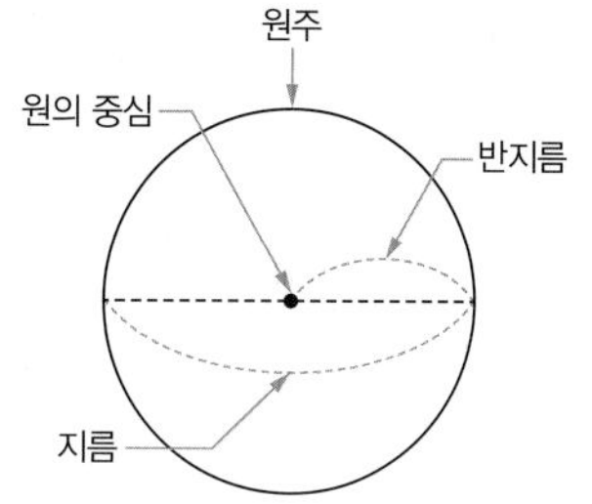

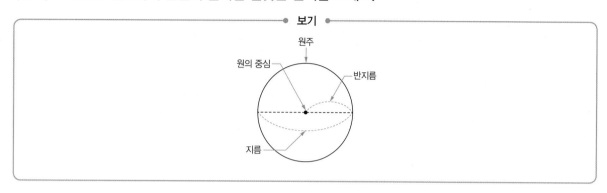

(1) (　　　　): 원의 중심과 원둘레 위의 한 점을 이은 선. 또는 그 길이.

(2) (　　　　): 원의 중심을 지나며 원둘레 위의 두 점을 이은 직선. 또는 그 길이.

(3) (　　　　): 원의 둘레.

2 읽기 방법 미리 보기

다음 글의 밑줄 친 부분에서 말하는 이는 어떤 공통점을 바탕으로 '달'을 '쟁반'에 비유하였는지 쓰세요.

저녁에 가족과 함께 공원을 산책하였다. 산책하면서 하늘을 보니 달이 떠 있었다. 둥근 달이었다. 이지러진 곳 없이 완벽하게 둥근 달이라니! 그때 갑자기 둥근 쟁반이 떠올랐다. 그래서 아버지께 "쟁반 같은 달이 떴네요."라고 말하였다. 그랬더니 아버지께서는 "정말 둥근 달이구나. 예쁘다." 라고 말씀하시며 웃으셨다.

(　　　　　　　　　　)

정답 1. (1) 반지름 (2) 지름 (3) 원주 2. 둥근 모양

ERI 지수 645 예술 | 수학

㉠3월 14일은 무슨 날일까요? 우리에게는 '화이트 데이'로 더 익숙한 이날을 '파이 데이'로 정해 기념하는 사람들이 있습니다. '파이'는 원주율을 뜻하는 그리스 문자 'π'의 이름입니다. 파이 데이는 원주율의 어림값 '3.14'에 해당하는 날짜를 기념일로 정한 것입니다. 매년 3월 14일이 되면 전 세계의 수학 전공자들은 다양한 행사를 열어 수학의 재미를 널리 알리고 수학의 발전을 기원합니다. 그중에서도 커다란 파이를 만들어 나누어 먹는 행사가 가장 유명합니다. 이 행사를 하는 이유는 (㉡) 때문입니다.

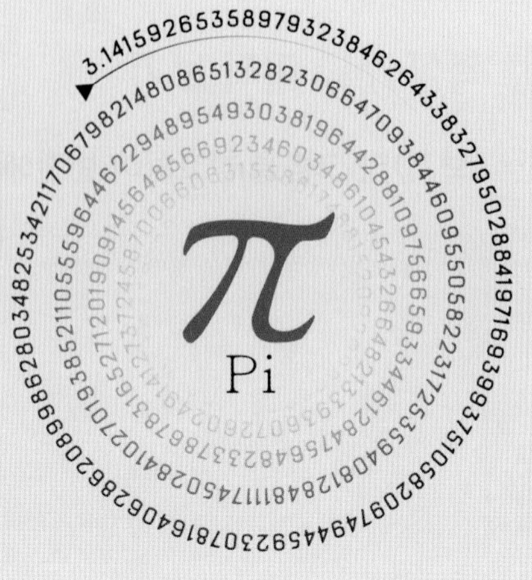

원주율은 원의 둘레 길이를 지름으로 나눈 값을 말합니다. 즉 원의 둘레 길이가 지름의 몇 배인지를 나타내는 값입니다. 정확하게는 '3.14159265358979323846……'로 규칙을 찾을 수 없는 숫자가 끝없이 계속되지만, 편의상 소수점 이하 두 번째 자리까지만 써서 '3.14'로 표시합니다.

원의 둘레는 둥글기 때문에 그 길이를 자로 정확하게 재기 어렵습니다. 그래서 사람들은 아주 오래전부터 지금까지 원주율을 정확하게 구하기 위해 노력하고 있습니다. 원주율을 정확하게 알면 원의 둘레 길이나 넓이 등을 정확하게 계산할 수 있기 때문입니다. 기원전 3세기에 그리스의 수학자 아르키메데스가 원주율을 소수점 이하 두 번째 자리까지 계산해 낸 것을 시작으로 수학자들은 원주율의 정확한 값을 구하기 위해 노력했습니다. 이러한 노력은 오늘날까지 이어져, ㉢최근에는 컴퓨터를 활용하여 무려 소수점 이하 31조 4,159만 번째 자릿값까지 계산해 냈습니다.

원주율은 원이나 곡선으로 된 사물의 길이, 넓이, 부피 등을 구하는 데 꼭 필요한 값입니다. 원주율을 알면 곡선이 들어 있는 다양한 도형에 관해 더 잘 이해할 수 있습니다. 그래서 원주율은 수학 발전의 기초가 됩니다. 나아가 자연과 우주를 이해하고 우리의 삶을 편리하게 만드는 기술을 개발하는 데 널리 활용됩니다. 예를 들어 자동차에 설치된 속도계와 거리계는 모두 원주율을 활용해 둥근 바퀴의 둘레를 계산한 결과를 활용합니다. 또 인공위성은 원주율을 바탕으로 계산한 방향과 속력으로 발사되어 지구 주위를 돌 수 있게 됩니다.

주위에서 볼 수 있는 원은 단순한 모양이지만, 신기하게도 그 안에는 끝없이 계속되는 숫자가 숨어 있습니다. 신기하기도 하고 중요하기도 한 원주율. 돌아오는 3월 14일에는 사탕 대신 파이를 주고받아 보는 것은 어떨까요?

내용 파악하기

1. **이 글의 내용과 일치하는 것은 무엇인가요? (　　　)**

① 원주율의 정확한 값은 기원전 3세기에 계산되었다.

② 원주율은 원의 둘레 길이를 반지름으로 나눈 값이다.

③ 원의 둘레는 자로도 그 길이를 정확하게 잴 수 있다.

④ 매년 3월 14일이 되면 다양한 파이 데이 행사가 열린다.

⑤ 원주율은 원이 아닌 사물의 길이를 재는 데에는 사용되지 않는다.

글쓴이의 의도 추론하기

2. **글쓴이가 ㉠에서 '화이트 데이'를 언급하며 '파이 데이'에 관한 설명을 시작한 까닭을 알맞게 말한 친구를 모두 찾아 √표 하세요.**

화이트 데이에 대한 정보를 정확하게 전달하기 위해서야.

미리
(　　　)

독자가 파이 데이보다 화이트 데이에 더 익숙할 것이라고 생각했기 때문이야.

은진
(　　　)

화이트 데이와 파이 데이 모두 3월 14일이라는 공통점이 있어서야.

지석
(　　　)

생략된 내용 추론하기

3. **글의 맥락을 고려할 때, ㉡에 들어가기에 가장 알맞은 말은 무엇인가요? (　　　)**

① 3월 14일이 화이트 데이라는 것을 잘 모르기

② 파이는 수학 전공자들이 가장 좋아하는 음식이기

③ 파이는 여러 사람이 나누어 먹기에 간편한 음식이기

④ 원주율 '파이(π)'의 개념을 처음 알게 된 날이 3월 14일이기

⑤ 'π'의 발음과 행사에서 나누어 먹는 음식 '파이'의 발음이 똑같기

정답과 해설 45쪽

글쓴이의 의도 추론하기

4. **다음은 글쓴이가 ㉢에서 '무려'라는 단어를 넣은 의도를 추측한 것입니다. 빈칸에 알맞은 말을 쓰세요.**

㉢에서 '무려'를 빼면 오늘날 계산한 원주율의 값에 관한 정보만 전달하는 것이 된다. 그런데 글쓴이는 여기에 '무려'를 넣음으로써 최근에 컴퓨터를 활용해 계산한 원주율 값이 (   )(라)는 생각을 드러내고 있다.

문단의 핵심 내용 파악하기

5. **다음은 이 글의 핵심 내용을 문단별로 정리한 표입니다. 알맞은 내용을 넣어 표를 완성하세요.**

1문단	파이 데이 소개
2문단	( )
3문단	원주율의 정확한 값을 알아내기 위한 수학자들의 노력
4문단	( )
5문단	신기하면서도 중요한 원주율

글을 읽고 자기 생각을 비유적으로 표현하기

6. **'원주율'을 비유적으로 표현하고 그렇게 표현한 이유가 알맞으면 ○표, 알맞지 않으면 ×표 하세요.**

(1) 원주율은 우주이다. 왜냐하면 원주율과 우주는 끝을 알 수 없고 신비롭기 때문이다. (   )

(2) 원주율은 소금 같다. 왜냐하면 원주율과 소금은 모두 다양한 곳에 사용되기 때문이다. (   )

(3) 원주율은 파도이다. 왜냐하면 원주율의 값을 이루는 숫자와 파도는 규칙적으로 오르락내리락하기 때문이다. (   )

(4) 원주율은 깊은 바다 같다. 왜냐하면 원주율과 깊은 바다는 모두 인간이 그 끝을 알기 위해 끊임없이 도전하는 대상이기 때문이다. (   )

어휘 익히기

1 단어 뜻 알기

빈칸에 들어갈 알맞은 단어를 〈보기〉에서 찾아 쓰세요.

보기

어림 기원 활용 발사

1. 그날 모인 학생들이 (   )(으)로도 백 명은 되었다.
   뜻 대강 짐작으로 헤아림. 또는 그런 셈이나 짐작.
2. 우리는 통신 위성을 지구 궤도로 (   )할 예정이다.
   뜻 활 · 총포 · 로켓이나 광선 · 음파 등을 쏘는 일.
3. 이번 설문 조사 결과는 급식 식단을 짜는 데 (   )될 예정이다.
   뜻 충분히 잘 이용함.
4. 옛날에는 온 동네 사람들이 모여 풍년을 (   )하는 마을 잔치를 벌였다.
   뜻 바라는 일이 이루어지기를 빎.

2 관용 표현 알기

다음 빈칸에 들어갈 알맞은 말을 쓰세요.

“쉬 더운 방이 쉬 식는다”

어떤 사람들은 수학 공부에 많은 시간과 노력이 든다고 불평합니다. 또 조금만 공부해도 수학 실력이 빨리 늘길 바랍니다. 이 속담은 힘이나 노력을 적게 들이고 (   ) 해 버린 일은 그만큼 결과가 오래가지 못함을 뜻합니다. 수학 공부에 들인 시간과 노력은 결국 큰 즐거움과 유익함으로 돌아올 것입니다.

3 한자어 익히기

다음 한자어를 소리 내어 읽고 빈칸에 따라 써 보세요.

圖	形
그림 **도**	모양 **형**

도형(圖形): 점, 선, 면, 체 또는 그것들의 집합을 통틀어 이르는 말. 사각형, 원, 구 등을 이름.

- 삼각형은 꼭짓점이 세 개인 **도형**이다.
- 오늘은 수학 시간에 몇 가지 **도형**에 대해 배웠다.

圖	形						
그림 도	모양 형						

05회 읽기 방법 익히기

1 글에서 얻은 깨달음으로 성찰하기

글을 읽으며 얻은 깨달음을 통해 자신을 성찰할 수 있습니다. 성찰이란 자신의 상황과 생각 등을 살피고 반성하는 것을 말합니다. 따라서 글을 읽고 성찰하는 일은 글에서 얻은 깨달음에 비추어 자신의 삶을 돌아보고 살피는 것을 말합니다. 이를 통해 우리는 글을 읽으면서 자신의 삶을 더욱 의미 있게 만들 수 있습니다.

★ **글에서 얻은 깨달음으로 자기를 성찰하려면,**

(1) 글을 읽으며 어떤 깨달음을 얻었는지 구체적으로 정리합니다.

(2) 글에서 얻은 깨달음에 비추어 자신의 말, 행동, 생각 등을 평가해 봅니다.

(3) 평가 결과 바람직한 부분은 칭찬을 하고, 부족한 부분은 어떻게 채울 수 있을지 생각해 봅니다.

[1~3] 다음 글을 읽고, 물음에 답하세요.

조선백자 중에서도 가장 널리 알려진 것이 바로 달 항아리이다. 달 항아리는 조선 후기에 유행했던 백자이다. 높이와 폭이 40cm를 넘어 다른 백자에 비해 큰 편이다. 커다랗고 둥글며 겉의 은은한 흰빛이 보름달과 같다 하여 이름에 '달'이라는 말이 붙었다.

달 항아리는 형태가 조금 독특하다. 몸통 한가운데가 살짝 어긋나 있거나 불룩하게 튀어나와 있다. 또 좌우로 약간 기울어져 있거나 왼쪽 끝 곡선과 오른쪽 끝 곡선의 휘어진 정도가 다르다. 보름달처럼 둥근 모양이라고 하기에는 균형이 맞지 않고 기우뚱한 모습이다.

달 항아리가 이런 모양으로 만들어진 이유는 큰 항아리를 만들기 위해 위와 아래 부분을 따로 만들어 이어 붙였기 때문이다. 이어진 부분을 다듬어 좀 더 매끈하게 만들 수도 있었지만, 조선 시대의 도공들은 이를 그냥 두었다. 완전한 모습이 아니더라도 나름의 매력이 있다고 생각했기 때문이다. 이렇게 조금 뒤틀리고 기우뚱한 달 항아리의 모습은 보는 이에게 넉넉함과 편안함을 느끼게 한다. 완전한 원형의 항아리가 주는 매력과는 다른 차원의 매력이다.

㉠달 항아리 같은 매력을 가진 사람이 있다. 조금 부족한 면이 있지만 이를 감추려 하기보다 인정하는 사람이다. 이는 게으름이나 무심함과는 다르다. 최선을 다했다면 결과가 완벽하지 않더라도 이를 인정하면서 있는 그대로의 자신을 사랑하는 사람이 바로 달 항아리 같은 매력이 있는 사람이다.

1 **이 글의 내용과 일치하지 않는 것은 무엇인가요? (　　　)**

① 달 항아리는 다른 백자에 비해 큰 편이다.
② 달 항아리는 위아래를 따로 만들어 이어 붙여 만든다.
③ 달 항아리는 빛깔과 모양이 달을 닮아서 붙은 이름이다.
④ 달 항아리는 조선백자 중에서도 가장 널리 알려진 것이다.
⑤ 달 항아리는 완벽하게 둥근 모양으로 되어 있어 신비로움을 자아낸다.

2 **㉠과 같은 사람은 어떤 사람인지 이 글의 내용을 참고하여 빈칸을 채우세요.**

㉠ 달 항아리 같은 매력을 가진 사람

➡ (　　　　　　　　) 면이 있지만 이를 (　　　　　　　　　　)하고, (　　　　　　　　　　　　　　)을/를 사랑하는 사람

3 **이 글을 읽고 얻은 깨달음으로 자기 성찰을 한 내용이 알맞으면 ○표, 알맞지 않으면 ×표 하세요.**

(1) 유민: 이 글을 읽고 완벽하지 않아도 자신을 인정하는 사람이 아름다울 수 있다는 걸 깨달았어. 그동안 나는 모든 일을 완벽하게 잘하려고 애를 썼고, 결과가 좋지 않으면 많이 속상해했어. 이제부터는 최선을 다했다면, 그런 나를 칭찬해 줄 거야. (　　)
(2) 지환: 이 글을 통해 불완전함이 꼭 나쁘지만은 않다는 점을 알게 되었어. 글쓰기 대회에서 상을 받지 못한 나를 친구가 위로해 주었을 때 나는 최선을 다했으니 괜찮다고 담담하게 말했던 경험이 떠오르네. 그래! 나는 잘하고 있었던 거야. 앞으로도 최선을 다하고 그런 나를 사랑해야지. (　　)
(3) 동희: 이 글은 부족한 면을 채우기 위해 노력할 필요가 없다고 말하고 있어. 내가 무엇이 부족한지 굳이 찾아내고 이를 채우기 위해 힘들게 애쓸 필요는 없을 것 같아. 있는 그대로의 나를 받아들여 내가 좋아하는 것만 골라 적당히 해야겠어. (　　)

2 글을 읽고 자기 생각을 비유적으로 표현하기

비유적 표현이란 어떤 일이나 사람, 사물 등을 다른 비슷한 대상에 빗대어 표현한 것을 말합니다. 이때 표현하고자 하는 대상을 '원관념', 빗댄 대상을 '보조 관념'이라고 합니다. 예를 들어 '활짝 핀 벚꽃은 팝콘 같다.'에서 원관념은 표현하고자 하는 대상인 '벚꽃'이고, 보조 관념은 빗댄 대상인 '팝콘'입니다. 이때 원관념과 보조 관념 사이에는 많은 사람이 그렇다고 인정할 만한 공통점이 있어야 합니다. 공통점이 없다면 비유적 표현이라고 부르기 어렵습니다. 글을 읽고 자기 생각을 비유적으로 표현하면 그 생각을 더욱 생생하게 표현하거나 이해하기 어려운 대상을 좀 더 쉽게 설명할 수 있습니다.

★ **글을 읽고 자기 생각을 비유적으로 표현하려면,**

(1) 글의 핵심 개념이나 주제 등을 정리합니다.

(2) 핵심 개념이나 주제 등을 빗대어 표현할 수 있는 대상을 찾습니다.

(3) 핵심 개념이나 주제를 비유적으로 표현합니다.

[1~3] 다음 글을 읽고, 물음에 답하세요.

인간은 사회적 동물입니다. 그래서 다른 사람의 말이나 행동에 영향을 받습니다. 내가 생각하는 나의 모습은 스스로 생각한 것만으로 구성되지 않습니다. 거기에는 나에 대한 다른 사람의 말과 행동이 포함되어 있습니다. 이러한 점에서 칭찬은 내가 생각하는 나의 모습을 만드는 데 중요한 영향을 미칩니다.

칭찬이란 좋은 점이나 착하고 훌륭한 일을 높이 평가하는 것, 또는 그러한 말을 뜻합니다. 그러나 나에 대해 좋게 말한다고 해서 모두 칭찬이 되는 것은 아닙니다. 칭찬은 그럴듯하고 분명한 이유가 있다는 점에서 아첨이나 빈정거림과는 다릅니다. 누군가 아무런 이유 없이 "너는 참 착해."라고 말한다면 그것은 무언가를 양보하라는 뜻일 수 있습니다. 또 성적이 좋지 못해 낙담한 친구에게 "공부를 참 잘하네."라고 말한다면 그것은 칭찬이 아니라 놀림이 될 것입니다. 칭찬에는 상대방의 특징이나 행동에 대해 좋게 평가하는 구체적인 이유와 솔직한 마음이 들어 있어야 합니다.

누군가에게 칭찬을 들으면 다른 사람에게 인정을 받았다는 사실에 기분이 좋아집니다. 그래서 칭찬은 자신의 좋은 점을 발전시키거나 착하고 훌륭한 일을 계속해 나가는 힘이 됩니다. 또 칭찬을 들으면 그동안 몰랐던 자신의 좋은 점을 알게 되거나 자신의 행동이 착하고 훌륭하다는 것을 알게 됩니다. 이처럼 칭찬은 나에 대한 다른 사람의 평가입니다. 그래서 자신도 몰랐던 나의 모습을 새롭게 발견하는 계기가 될 수 있는 것입니다.

그러나 칭찬 자체에 너무 얽매이면 진짜 자신의 모습을 잃어버리게 될 수도 있습니다. 단지 칭찬을 듣겠다는 목적만 남으면 다른 사람에게 좋은 모습만 보여 주기 위해 자신이 원하지 않는 일을 억지로 하게 됩니다. 이는 심리학의 '착한 아이 증후군'과 관련됩니다. 착한 아이 증후군은 착한 아이로 남기 위해 하기 싫은 일을 억지로 하다 보면 정작 나 자신을 잃게 됨을 뜻하는 것입니다.

1 **이 글 전체의 내용을 아우르는 제목으로 가장 알맞은 것은 무엇인가요? (　　　)**

① 칭찬의 뜻과 효과
② 칭찬의 종류와 특징
③ 칭찬을 잘하는 방법
④ 칭찬과 아첨의 구별법
⑤ 칭찬을 들으면 기분이 좋은 이유

2 **이 글을 통해 알 수 있는 '칭찬'에 대한 정보를 모두 찾아 √표 하세요.**

(1) 칭찬은 자신의 좋은 점을 발전시키는 힘이 된다. (　　　)
(2) 칭찬은 자신도 몰랐던 모습을 새롭게 발견하게 한다. (　　　)
(3) 칭찬을 하는 사람은 상대방에게 좋은 인상을 남길 수 있다. (　　　)
(4) 칭찬에 너무 얽매이면 진짜 나의 모습을 잃어버리게 될 수 있다. (　　　)

3 **다음 표의 빈칸을 채우며 '칭찬'에 관한 자기 생각을 비유적으로 표현해 보세요.**

표현하려는 대상	칭찬
빗댄 대상	
두 대상 사이의 공통점	• •
내가 만든 비유적 표현	

사진 출처

쪽	사진	출처
30쪽	어린이 노동자들	©Imago History Collection / Alamy Stock Photo
36, 38쪽	이형록, 「책가도」(19세기)	©국립중앙박물관
47쪽	「붉은 후지산」	©incamerastock / Alamy Stock Photo
64쪽	18세 미만 청소년이 모의 투표에 참여하는 모습(독일)	©picture alliance via Getty Images / 게티이미지코리아
70쪽	투표용지를 발행하는 파키스탄 선거 관리 위원회	©Muhammed Furqan / Alamy Stock Photo
110쪽	피에르 드 쿠베르탱	©IanDagnall Computing / Alamy Stock Photo
111쪽	2020 도쿄 올림픽 개막식 때 난민 대표 팀 입장 모습	©연합뉴스
116쪽	정선 아리랑제	©정선아리랑문화재단
118쪽	영화 「아리랑」의 주제가를 수록한 최초의 음반	©국립민속박물관
122, 124쪽	이중섭, 「길 떠나는 가족」(1954)	제28회 I Contact 온라인 경매 출품작 개인 소장(규격: 31×65cm / 재질: 오프셋 프린트 / 에디션: 284/500)
128쪽	마라톤 대회	©Avpics / Alamy Stock Photo
130쪽	1967년 보스턴 마라톤 대회 당시 캐서린 스위처 모습	©Boston Globe via Getty Images / 게티이미지코리아
140쪽	달 항아리	©국립중앙박물관

• 좋은 사진을 제공해 주신 분들께 감사드립니다.

"
ERI 독해가
문해력이다
독해 학습으로
문해력 키우기
"

★ 주차별 읽기 방법을 생각하며 읽으면 더 큰 학습 효과를 얻을 수 있습니다.

6단계 기본 - ❶ 주차 학습 중 -

표현의 적절성 판단하기

인물의 동기 추론하기

6단계 기본 - ❷ 주차 학습 중 -

인용의 효과 파악하기

내용의 타당성 평가하기

✂ 잘라서 책갈피로 활용해 보세요.

인용의 효과 파악하기

인용은 다른 사람의 말이나 글을 자신의 말이나 글에 끌어다 쓰는 것을 말합니다. 남의 말이나 글을 적절하게 인용하면 자신이 말하고자 하는 바를 분명하게 하거나 자기 생각을 효과적으로 뒷받침할 수 있습니다. 글을 읽으며 글쓴이가 누구의 말이나 글을, 왜 인용하였는지 파악하고 인용한 말이나 글이 믿을 만하고 적절한지 평가하면, 글을 좀 더 정확하게 비판적으로 이해할 수 있습니다.

★ 글에서 인용 부분을 찾으려면,

❶ 다른 사람의 말과 글을 그대로 인용할 때 사용하는 큰따옴표(" ")를 찾습니다.

❷ '~에 따르면(의하면)'이나 '~(라)고' 등의 표현을 찾습니다.

★ 인용의 효과

❶ 글쓴이는 인용을 하여 글쓴이가 하고 싶은 말을 더욱 명확하게 표현하거나 실감 나게 전달할 수 있습니다.

❷ 널리 알려지거나 신뢰할 수 있는 사람의 말과 글, 그리고 출처가 분명한 말과 글 등을 사용하여 글쓴이의 의견이나 주장을 뒷받침할 수 있습니다.

표현의 적절성 판단하기

글을 읽을 때는 글의 내용을 그대로 따라가며 이해하는 것만으로는 부족합니다. 글의 표현이 과연 적절한지를 판단하고 비판하는 활동이 필요합니다. 이를 위해 독자는 먼저 주제나 글쓴이의 의도와 어긋나는 표현이 없는지 판단해야 합니다. 중심 생각에서 벗어난 표현이 많을수록 글의 핵심 내용이 무엇인지 파악하기 어려워질 수 있습니다. 또 내용에 거짓되거나 과장된 표현은 없는지 판단할 필요가 있습니다. 글쓴이가 너무 강하게 주장하려다 보면 사실이 아니거나 사실을 지나치게 부풀린 표현을 사용할 수도 있기 때문입니다.

★ 글 속 표현의 적절성을 판단하려면,

❶ 글의 주제와 글쓴이의 의도가 무엇인지 살펴봅니다.

❷ 중심 생각에서 벗어난 표현은 없는지 판단해 봅니다.

❸ 사실에 비추어 거짓되거나 과장된 표현이 없는지 살펴봅니다.

내용의 타당성 평가하기

우리는 왜 글을 읽을까요? 여러 가지 이유가 있겠지만, 우리는 필요한 정보를 얻거나 다른 사람의 생각이나 의견을 이해하기 위해 글을 읽습니다. 그런데 우리가 읽는 글의 내용이 늘 정확하거나 옳은 것은 아닙니다. 그러므로 잘못된 정보를 맞는다고 믿거나 옳지 않은 생각을 무조건 받아들이지 않기 위해서는 내용이 타당한지를 따지며 글을 읽어야 합니다.

★ 내용의 타당성을 평가한다는 것은,

타당하다는 것은 일이 이치에 맞고 옳다는 뜻입니다. 그러므로 글을 읽으며 내용의 타당성을 평가한다는 것은 내용이 글의 주제와 관련이 되는지, 논리적이고 합리적인지, 믿을 만한 근거가 제시되었는지 등을 따져서 이치에 맞고 옳은지를 판단하는 것을 말합니다.

★ 내용의 타당성을 평가하려면,

- 내용이 글 주제와 관련되는가?
- 내용이 논리적으로 이치에 맞는가?
- 내용에 근거가 있고 그 근거가 믿을 만한가?

이러한 질문을 통해 글에서 다루는 내용이 타당한지 꼼꼼하게 따져 보며 글을 읽어야 합니다.

인물의 동기 추론하기

글에는 배경, 사건과 함께 인물이 등장합니다. 인물은 자신만의 가치관, 성격, 세계관을 지니고 있으며 자신이 처한 특정 시대의 사회적 · 역사적 상황에 따라 판단을 내리고 행동을 합니다. 따라서 배경과 함께 인물의 말과 행동에 주목하면서 그 동기를 추론하며 글을 읽으면 글의 내용을 더 깊이 이해할 수 있습니다.

★ 인물의 동기를 추론하려면,

❶ 전체 글 내용의 흐름을 파악합니다.

❷ 인물을 둘러싼 사회적 · 역사적 상황과 인물의 심리, 말과 행동, 다른 인물들과의 관계 등을 파악합니다.

❸ 파악한 내용을 바탕으로 인물의 행동을 이끈 동기를 추론합니다.

EBS 당신의 문해력

ERI 독해가

문해력이다

6단계 기본

초등 6학년 ~ 중학 1학년 권장

정답과 해설

한눈에 보는 정답

상세한 지문 · 문항 해설

ERI 독해가

문해력 이다

6단계 기본

초등 6학년 ~ 중학 1학년 권장

정답과 해설

한눈에 보는 정답

상세한 지문·문항 해설

한눈에 보는 정답

1주차	01회 (21쪽)	1 ④ 2 ④ 3 ① 4 ⑤ 5 ④ 6 ⑤ 어휘 익히기 1 1 규율 2 실뭉치 3 분투 4 꿈쩍 2 스스로
	02회 (27쪽)	1 ⑤ 2 ④ 3 ② 4 ① 5 ④ 6 예 공부는 등산이다. / A: 공부 / B: 등산 / A와 B의 닮은 점: 자신과의 싸움이다. 꾸준히 해야 한다. 하다 보면 언젠가는 원하는 곳에 도달한다. / 의미: 공부는 꾸준히 노력하며 자신을 극복해야 하는 활동이다. 어휘 익히기 1 1 근원 2 습관적 3 전이 4 탁월한 2 다르다
	03회 (33쪽)	1 산업 혁명 2 ⑤ 3 지석, 은진 4 ④ 5 ④ 6 ② 어휘 익히기 1 1 방세 2 빈민 3 임금 4 부양 2 노루
	04회 (39쪽)	1 ⑤ 2 ④ 3 ⑤ 4 ① 5 미리 6 (3) 어휘 익히기 1 1 유독 2 순박한 3 위주 4 급제 2 꿩
	05회 (42쪽)	1 1 ② 2 ㉣ 3 ③ 2 1 민호, 미리 2 ⑤ 3 ①
	STEAM 독해 (47쪽)	1 환태평양 조산대 2 (1) ㉡, ㉤ (2) ㉠, ㉢, ㉣ 3 (1) 사이클론 (2) 태풍 (3) 허리케인 4 (1) × (2) × (3) ○ (4) ○ 5 (1) 나침반 (2) 손전등 (3) 호루라기
2주차	01회 (55쪽)	1 ⑤ 2 ④ 3 (2), (3) 4 ⑤ 5 ③ 6 ㉮: 민주주의 ㉯: 권력 어휘 익히기 1 1 침해 2 나랏일 3 균형 4 주권 2 천심
	02회 (61쪽)	1 ② 2 예 3 ⑤ 4 이런 법을 만드는 국회의 일이 우리 국민 모두의 삶과 관련이 있을까요? 그렇습니다. 5 (2), (3) 6 집 어휘 익히기 1 1 반영 2 임명 3 단속 4 심사 2 법
	03회 (67쪽)	1 ③ 2 (1), (3) 3 실제 정치에 반영하려고 4 반박 5 ② 6 ⓐ: 만 16세 ⓑ: 정치 어휘 익히기 1 1 참여 2 정책 3 성숙 4 눈 2 말
	04회 (73쪽)	1 ⑤ 2 ④ 3 유효표 4 ② 5 참여 6 예 투표용지에 후보자의 얼굴이 담긴 사진을 넣는다. / 전자 투표용지로 바꾸어 소리로 정보를 제공한다. 어휘 익히기 1 1 후보 2 용지 3 정당 4 이주 2 제각각
	05회 (76쪽)	1 1 (1) "오늘 전주 날씨는 오전에는 맑다가 점점 구름이 끼면서 흐려지겠습니다." (2) 기후와 달리 매일매일 달라지는 날씨를 예를 들어 설명하기 위해서 아침에 뉴스에서 들은 오늘의 날씨 소식을 인용하였다. 2 인용 3 (1) ②, ④ (2) ②, ③ (3) 누구의 자료를 인용한 것인지 출처가 없습니다. 2 1 (1) ② (2) 음식물 쓰레기를 땅에 묻는 것이 수질 및 공기 오염에 미치는 영향에 대한 과학적이고 구체적인 정보를 제시하여 설명의 타당성을 높이도록 한다. 2 ㉠: 문제(단점) ㉡: 실패 3 ②

3주차

3주차	01회 (85쪽)	**1** ③ **2** ⑤ **3** ④ **4** ③ **5** ⓐ: 평면거울 ⓑ: 종이 **6** ⑤ 어휘 익히기 **1** **1** 표면 **2** 의존 **3** 인식 **4** 발광 **2** 빛
	02회 (91쪽)	**1** ⑤ **2** ② **3** ④ **4** ① **5** ④ 어휘 익히기 **1** **1** 일직선 **2** 면담 **3** 보고서 **4** 출간 **2** 기운다
	03회 (97쪽)	**1** ④ **2** ⑤ **3** ③ **4** ⑤ **5** 알맞지 않은 것의 기호: ⓒ / 그 이유: 수질 **6** 교통: 가까운 거리는 자전거를 타거나 걸어 다니기 / 산림: 식목일에 나무 심기 어휘 익히기 **1** **1** 인위적 **2** 매연 **3** 배출 **4** 연쇄적 **2** 사온
	04회 (103쪽)	**1** ⑤ **2** ① **3** ③ **4** ① **5** (1) 식량 문제 해결 (2) 건강한 먹거리 제공 (3) 새로운 품종 개발 **6** ② 어휘 익히기 **1** **1** 조작 **2** 부작용 **3** 획기적 **4** 우려 **2** 콩, 팥
	05회 (106쪽)	**1** **1** ① **2** ① **3** 글쓴이 **2** **1** 원인, 문제 원인 **2** ④ **3** ③
STEAM 독해 (111쪽)		**1** 해설 참조 **2** (1) 난민 (2) 시리아 (3) 아프가니스탄 **3** 해설 참조 **4** 예 스포츠용 히잡을 출시한 기업 사례, 히잡을 쓰고 역도 경기에서 메달을 딴 선수 사례 등 **5** (1) ○ (2) × (3) ○

4주차

4주차	01회 (119쪽)	**1** ③ **2** ④ **3** ⑤ **4** 개인적인 경험 **5** ③ **6** 2문단: 한반도 전 지역 / 3문단: 「본조 아리랑」 어휘 익히기 **1** **1** 주목 **2** 초월 **3** 친숙 **4** 전승 **2** 옛것
	02회 (125쪽)	**1** ⑤ **2** ⑤ **3** 원인 **4** ② **5** ① **6** 인물들의 행동, 창작 배경 어휘 익히기 **1** **1** 좀처럼 **2** 은은하게 **3** 흥겹게 **4** 꼼꼼하게 **2** 깨어 있을
	03회 (131쪽)	**1** ① **2** ⑤ **3** 바꾸어 쓸 수 없는 말: 탓에 / 바꾸어 쓸 수 없는 이유: 탓, 부정적 **4** ④ **5** 자유 **6** (1), (2) 어휘 익히기 **1** **1** 채택 **2** 완주 **3** 화제 **4** 공감대 **2** 크게
	04회 (137쪽)	**1** ④ **2** 은진, 지석 **3** ⑤ **4** 놀라울 만큼(매우) 길다(정교하다) **5** 2문단: 원주율의 뜻과 값 / 4문단: 원주율의 쓰임 **6** (1) ○ (2) ○ (3) × (4) ○ 어휘 익히기 **1** **1** 어림 **2** 발사 **3** 활용 **4** 기원 **2** 빨리
	05회 (141쪽)	**1** **1** ⑤ **2** 조금 부족한, 인정, 있는 그대로의 자신 **3** (1) ○ (2) ○ (3) × **2** **1** ① **2** (1), (2), (4) **3** 빗댄 대상: 예 상대방이 비추어 주는 거울 / 두 대상 사이의 공통점: 나의 모습을 알 수 있게 해 준다. 비추어지는 모습에 너무 신경 쓸 경우 진짜 나의 모습을 잃어버릴 수 있다. / 내가 만든 비유적 표현: 칭찬은 상대방이 비추어 주는 거울이다.

ERI 지수 605 인문 | 도덕

가 영수는 삼촌께 받은 누에고치 몇 개를 책상 위에 올려 두었다. '정말로 저 하얀 실뭉치 같은 것에서 살아 있는 나방이 나올까?' 영수는 궁금한 마음에 시간이 날 때마다 누에고치를 들여다보았다.
실을 한데 뭉치거나 감은 덩이.
➡ 영수는 삼촌께 누에고치 몇 개를 받음.

나 그렇게 며칠이 지난 후 영수는 한 누에고치 표면에 작은 구멍이 생긴 것을 발견했다. 그 안에서 나방 한 마리가 꿈틀대고 있었다. 영수는 작은 구멍을 통해 빠져나오려고 몸부림치는 나방이 너무나도 안쓰러웠다. 얼른 나방이 날 수 있도록 도와주고 싶었다. 그래서 ㉠가위로 구멍 주위를 조금씩 잘라 내어 나방이 나오는 길을 넓혀 주었다.
➡ 영수가 누에고치 한 개의 구멍을 넓혀 줌.

다 영수가 이렇게 나방 한 마리를 도와주고 있는 사이 다른 누에고치들에서 나방들이 나오기 시작했다. 나방들은 작은 구멍을 비집고 한 마리씩 힘겹게 밖으로 나왔다. 나방들은 스스로 애를 쓰면서 몸부림을 친 이후에 고치를 빠져나왔다. 그러고는 날개가 마르자 곧장 날기 시작했다.
➡ 영수의 도움을 받지 않은 나방들이 날기 시작함.

라 그런데 이상한 일이 생겼다. 영수가 구멍을 넓혀 준 고치에서 나온 나방은 그러지 못했다. 영수의 도움으로 쉽게 밖으로 나왔지만 움찔거리다가 그대로 잠잠해졌다. 당황한 영수가 손가락으로 나방을 톡톡 건드려 보았지만, 나방은 꿈쩍도 하지 않았다. 영수는 나방을 휴지로 감싸 뒷마당으로 나가 나무 밑에 묻어 주었다. 창문을 통해 날아간 다른 나방들을 보니 죽은 나방에게 미안해졌다.
몸을 둔하고 느리게 움직이는 모양.
➡ 영수의 도움으로 누에고치에서 나온 나방이 죽음.

마 저녁을 먹으며 영수는 삼촌께 오늘 있었던 일을 말씀드렸다. 삼촌은 "나방들은 스스로 구멍을 빠져나오기 위해 애를 쓴단다. 그 분투를 통해 힘이 길러지지. 하지만 네가 넓혀 준 구멍으로 쉽게 나온 나방은 스스로 그 힘을 기를 기회를 잃어버린 거야."라고 말씀하셨다.
있는 힘을 다하여 싸우거나 노력함.
➡ 영수는 자신의 도움을 받은 나방이 죽은 이유를 삼촌께 들음.

바 자기 방으로 돌아온 영수는 나방들이 모두 떠나고 남겨진 빈 고치들을 바라보았다. 자신이 나방을 위한다며 한 행동이 도리어 나방을 죽게 했다고 생각하니 마음이 아팠다. 아울러 힘든 일이 생길 때 남의 도움을 받으려고만 하지 말아야겠다고 생각했다. 부모님이나 선생님께 무조건 의지해서 도움만 받게 된다면 스스로 살아가는 데 필요한 힘을 기를 수 없을 것이다. 문득 책에서 읽었던 내용이 떠올랐다. 자율은 인간 삶의 행복을 위해 중요한 요소이지만 노력 없이 주어지지는 않는다고 한다. 스스로 결정하고 끝까지 책임지기 위한 노력이 필요하다는 것이다. 인간은 보통 적당한 통제와 다른 사람이 만들어 놓은 규율 속에서 더 편안함을 느낀다고 한다. 하지만 이러한 타율적 삶이 인간을 진정한 행복과 성장으로 이끌지는 못한다. 영수는 힘든 일이 생길 때마다 오늘 있었던 일을 떠올려야겠다고 생각했다. 스스로 힘겹게 누에고치를 뚫고 나오는 나방처럼 어려운 일을 스스로의 힘으로 극복하고 책임질 때 비로소 멋지게 하늘을 날 수 있을 것이다.
질서를 잡으려고 정해 놓은 규칙이나 법.
➡ 영수는 자율의 중요성을 깨달음.

내용 파악하기

1. **이 글의 내용과 일치하지 않는 것은 무엇인가요? (④)**

① 영수는 가위로 누에고치 한 개의 구멍을 넓혀 주었다.
② 영수는 나방이 누에고치에서 얼른 나올 수 있기를 바랐다.
③ 영수가 구멍을 넓혀 준 누에고치에서는 나방이 쉽게 나왔다.
④ 영수는 잠잠해진 나방을 보고 곧바로 자신의 잘못을 스스로 깨달았다.
⑤ 영수는 누에고치에서 나방이 나오는 것에 대해 호기심을 가지고 있었다.

해설 영수는 자신이 구멍을 넓혀 준 고치에서 나온 나방이 움찔거리다가 그대로 잠잠해진 것에 죽었다는 것을 알게 되어 미안해졌을 뿐입니다. 영수는 삼촌의 설명을 듣고 나서야 자신이 무엇을 잘못했는지를 알게 됩니다.

인물의 정서적 변화 파악하기

2. **가, 나, 라에 나타난 영수의 마음으로 알맞은 것은 무엇인가요? (④)**

	가	나	라
①	안도감	미안함	죄책감
②	죄책감	기대감	측은함
③	초조함	측은함	안도감
④	기대감	안쓰러움	미안함
⑤	미안함	안도감	안쓰러움

해설 영수는 가에서는 빨리 나방이 나오기를 기대하는 마음을, 나에서는 작은 구멍을 통해 빠져나오려는 나방의 몸부림을 가엽게 여기는 마음을, 라에서는 죽은 나방에 대한 미안한 마음을 가지고 있습니다.

글쓴이의 의도 추론하기

3. **글쓴이가 이 글에 마의 내용을 넣은 까닭은 무엇일까요? (①)**

① 영수가 미처 깨닫지 못한 사실을 알려 주기 위하여
② 영수를 아끼는 삼촌의 마음을 적극적으로 드러내기 위하여
③ 삼촌의 지식을 통해 생태계 파괴의 심각성을 강조하기 위하여
④ 조카와 삼촌 사이에 이루어지는 소통의 중요성을 부각하기 위하여
⑤ 영수의 무지함을 보여 주어 과학 공부의 중요성을 강조하기 위하여

해설 영수는 자신이 고치에서 나오도록 도와준 나방이 죽은 이유를 몰랐다가, 마에 등장하는 삼촌의 말을 통해 그 이유를 깨닫게 됩니다. 이렇게 글쓴이는 삼촌을 통해 영수가 미처 알지 못했던 사실과 인생의 지혜를 알려 주고 있습니다.

특정 관점에서 평가하기

4. ㉠과 같은 영수의 행동을 〈보기〉의 관점에서 평가한 내용으로 알맞은 것은 무엇인가요? (⑤)

보기

모든 존재의 행복은 스스로 결정할 수 있는 기회가 주어질 때 가능하다. 내가 어떤 존재가 되고 싶은지, 중요한 것이 무엇인지 스스로 결정할 수 있을 때 독립적인 존재가 된다. 다른 사람에 의하여 자기 인생이 결정되거나 자기 삶을 스스로 개척할 수 없을 때 모든 존재는 크게 상처받는다.

① 영수는 '나방'이 날아오를 수 있는 주변 환경을 만들어 주지 않았어.
② 영수는 '나방'이 효과적으로 날갯짓을 할 수 있도록 도와주지 않았어.
③ 영수는 '나방'의 특성에 대해 사전에 충분히 알아보지 않고 서둘렀어.
④ 영수는 '나방'의 건강 상태와 상처 여부를 사전에 충분히 살피지 않았어.
⑤ 영수는 '나방'이 자신의 힘으로 누에고치에서 빠져나올 수 있도록 두지 않았어.

해설 〈보기〉는 스스로 결정하는 것이 행복에 중요하다는 관점을 가지고 있습니다. 영수는 '나방'이 안쓰러워 도와주고 싶은 마음에 ㉠과 같은 행동을 하였습니다. 그러나 이는 결국 '나방'이 자신의 힘으로 시련을 이겨 냄으로써 날아갈 힘을 기를 기회를 빼앗은 격이 되고 말았습니다.

글의 내용 적용하기

5. 이 글에서 영수가 깨달은 가치와 가장 비슷한 사례를 보여 주는 것은 무엇인가요? (④)

① 세종 대왕은 자신의 의견과 비록 다르더라도 신하들의 말에 끝까지 귀 기울였다.
② 할머니는 평생 시장에서 어렵게 번 돈을 가난한 학생들을 위한 장학금으로 기부했다.
③ 그리스 신화의 데메테르 여신은 납치된 딸을 찾기 위해 9일 밤낮을 먹지도 않고 다녔다.
④ 아프리카의 젊은이들은 시련을 스스로 이겨 내는 통과 의례를 거쳐야 어른으로 인정받았다.
⑤ 이순신 장군은 지위의 높고 낮음을 떠나 주변 사람들에게 사람 대 사람으로 예의를 갖추었다.

해설 영수가 깨달은 가치는 '자율'입니다. ④의 사례는 이러한 자율의 가치를 보여 주는 사례에 해당합니다.

정서적 변화 인식하기

6. 이 글의 내용과 관련지어 자신의 정서적 변화를 잘 드러낸 친구는 누구인가요? (⑤)

① 서준: 누에고치에서 나방이 어떻게 나오는지 잘 나타나 있군.
② 지철: 주변에서 일어난 작은 일에서도 삶의 지혜를 발견할 수 있군.
③ 보경: 책상 위에서 누에고치를 기른다는 내용은 현실과 맞지 않는 내용이야.
④ 유미: 어려운 일을 극복하기 위해서는 다른 사람들의 도움이 필요함을 알게 되었어.
⑤ 다민: 나방들이 고치에서 힘겹게 나올 때는 안타까웠는데 스스로 날아가는 모습에 대견한 마음이 들었어.

해설 독자 역시 책의 내용을 이해하며 정서적 변화를 겪습니다. ⑤의 다민이는 안타까워하는 마음에서 대견해하는 마음으로 바뀐 자신의 정서적 변화를 잘 이야기하였습니다.

어휘 익히기

1 단어 뜻 알기

빈칸에 들어갈 알맞은 단어를 〈보기〉에서 찾아 쓰세요.

보기: 실뭉치 꿈쩍 분투 규율

1. 영수는 학교의 (규율)을/를 잘 따르는 모범적인 학생이다.
뜻 질서를 잡으려고 정해 놓은 규칙이나 법.

2. 고양이가 (실뭉치)을/를 가지고 노는 모습이 평화로워 보인다.
뜻 실을 한데 뭉치거나 감은 덩이.

3. 눈물겨운 (분투)에도 불구하고 그들은 경기에서 지고 말았다.
뜻 있는 힘을 다하여 싸우거나 노력함.

4. 술래가 '무궁화꽃이 피었습니다.'를 말하고 돌아보았을 때 몸을 조금이라도 (꿈쩍) 하면 술래가 된다.
뜻 몸을 둔하고 느리게 움직이는 모양.

2 관용 표현 알기

다음 빈칸에 들어갈 알맞은 말을 쓰세요.

"하늘은 [스][스][로] 돕는 자를 돕는다"

이 속담은 하늘도 스스로 노력하는 사람을 도와 성공하게 만든다는 뜻입니다. 어떤 일을 이루기 위해서는 자신의 노력이 가장 중요함을 강조하는 말입니다. 스스로 힘겹게 누에고치를 뚫고 나오는 나방처럼 어려운 일을 혼자 힘으로 극복한다면 나방처럼 멋지게 하늘을 날 수 있을 것입니다.

3 한자어 익히기

다음 한자어를 소리 내어 읽고 빈칸에 따라 써 보세요.

依	支
의지할 의	지탱할 지

의지(依支): 다른 것에 마음을 기대어 도움을 받음.
• 나는 별빛에 의지하여 언덕을 내려왔다.
• 그는 종교에 의지해 문제를 해결하려 했다.
• 그 아이는 아빠에게 무조건 의지하려고 했다.

依	支						
의지할 의	지탱할 지						

ERI 지수 617 인문 | 국어

'책은 마음의 등불이다.'라는 말이 있다. 책은 마음을 밝혀 지혜롭게 하고, 인생의 길을 안내해 준다는 뜻이다. '책'을 '등불'에 빗대어 표현하니 기억에 오래 남는 말이 되었다. 이처럼 원래의 뜻을 숨기고 대신에 서로 닮은 특징을 지닌 다른 사물을 써서 표현하는 방법을 은유라고 한다. 은유는 인류가 오랫동안 사용한 탁월한(남보다 두드러지게 뛰어난.) 표현법이었고, 지혜를 전달하는 중요한 방법이었다. 아리스토텔레스는 은유를 창조성의 근원(어떤 일을 일어나게 하는 바탕이나 까닭.)이라고 하였다. 가장 위대한 시인은 훌륭한 은유를 만드는 사람이었다. ➡ 은유의 개념

그렇다면 은유가 만들어지는 원리는 무엇일까? 은유의 묘미는 서로 다른 두 대상에서 닮은 점을 찾아 연결한다는 것이다. 은유의 예로 '봄은 팝콘이다.'라는 표현을 들어 보자. '봄'과 '팝콘'은 그다지 관련이 많아 보이지 않는다. 하지만 누군가는 '봄'과 '팝콘' 사이에 닮은 점을 발견할 수 있다. '온도가 높아지면 하얀 무언가가 터져 나온다.', '달콤하다.', '누군가와 함께하고 싶고 나누고 싶다.' 등등. 그래서 '봄은 팝콘이다.'라는 은유가 형성된다. 어떤가? 어느 날 갑자기 환한 꽃이 핀 봄의 거리. 그곳에서 누군가와 함께하면서 달콤한 시간을 보내고 싶은 봄날의 이미지가 떠오르지 않는가? 아리스토텔레스는 은유가 만들어지면, 한 사물은 다른 사물로 전이된다(다른 데로 옮아감.)고 하였다. '봄은 팝콘이다.'에서 '봄'은 '팝콘'이라는 다른 사물로 전이되면서 새로운 의미를 만들고 있다. ➡ 은유가 만들어지는 원리

그런데 흔히 생각하는 것과 달리 은유는 시인들만이 쓰는 표현법이 아니다. 우리의 일상생활 곳곳에서 은유를 만날 수 있다. 그 대표적인 예가 별명이다. 어떤 학생이 자신의 '엄마'에게 '밥솥'이라는 별명을 붙여 주었다고 하자. 이 학생은 엄마와 닮은 대상으로 밥솥을 선택하여 엄마에 대한 자기 생각과 느낌을 표현하고 있다. 자신에게 엄마는 밥솥처럼 따뜻하고, 힘이 되어 주며, 가까이 있는 존재라는 것이다. '내 동생은 녹음기.'라는 표현에서는 '내 동생'이 '녹음기'처럼 같은 말을 반복하면서 떼를 쓰는 특성이 있음을 짐작할 수 있다. 은유는 광고에서도 다양하게 쓰인다. 스마트폰 중독을 '과다 복용'이라는 은유로 표현한 공익 광고가 있다. '과다 복용'에는 약물을 지나치게 많이 복용하면 건강을 해칠 수 있다는 의미가 담겨 있다. 약물 중독과 마찬가지로 스마트폰 중독 역시 정신적, 심리적 위험을 가져온다는 의미가 금방 들어온다. ➡ 일상생활 속 은유의 예 – 별명, 공익 광고

그렇다면 은유의 (㉠)은/는 무엇일까? 먼저, 은유는 익숙한 사물을 새로운 시각으로 이해할 수 있게 한다. 평소에는 전혀 다른 사물들인데, 두 사물들 사이에 닮음이 있음을 발견해 보라. 이 새로움은 우리에게 '아하!' 하는 경탄과 즐거움을 일깨운다. 엄마가 밥솥이라니? 은유를 통해 우리는 습관적인(여러 번 되풀이하면서 몸에 밴 행동)이 된.) 생각에서 벗어나 신선한 눈으로 세상을 다시 볼 수 있다. 또 은유는 말하고자 하는 내용을 생생하게 전달해 준다. 누군가 "비행기 태우지 마세요."라고 말하면, 과분한 칭찬에 쑥스러워하는 그 사람의 마음을 생생하게 느끼게 되는 것이다. ➡ 은유의 기능

내용 파악하기

1. 이 글의 내용과 일치하는 것은 무엇인가요? (⑤)

① 은유는 의미를 직접적으로 분명하게 전달한다.
② 은유는 두 사물의 차이점을 발견하여 만들어진다.
③ 은유는 현대에 와서 주로 사용하는 표현 방법이다.
④ 은유는 시에서만 쓰이는 무척 특별한 표현 방법이다.
⑤ 은유는 대상을 새로운 관점에서 신선하게 이해하도록 한다.

해설 이 글은 은유에 대해 설명하고 있습니다. 은유는 시뿐 아니라 일상생활에서도 다양하게 나타나고, 직접적 표현이기보다는 간접적 표현이며, 두 사물의 차이점보다는 유사점에 주목합니다. 또 은유는 인류가 오랫동안 사용한 표현법이라고 하였습니다.

내용 전개 방식의 효과 이해하기

2. 이 글의 내용 전개 방식과 그 효과에 대한 설명으로 알맞은 것은 무엇인가요? (④)

① 개인적인 경험을 제시하여 내용에 공감하도록 한다.
② 대상의 구체적인 원인을 제시하여 설득력을 높여 준다.
③ 구체적 수치를 근거로 들어 주장의 신뢰성을 높여 준다.
④ 예를 들어 설명하여 내용을 쉽게 이해할 수 있도록 한다.
⑤ 시간적 순서로 설명하여 대상을 구체적이고 실감 나게 보여 준다.

해설 이 글은 은유의 개념과 원리를 예를 들어 자세하게 설명하고 있는 설명문입니다. 예시는 추상적인 개념을 구체화하여 쉽고 재미있게 이해할 수 있도록 합니다.

관점 비교하기

3. 글쓴이가 〈보기〉를 읽고 보일 수 있는 반응으로 알맞은 것은 무엇인가요? (②)

보기

문학 비평가: 누구나 은유를 만들 수 있는 건 아닙니다. 남다른 상상력을 가진 시인들만이 가능해요. 새로운 관점이 있어야 하거든요. 남들은 다르다고 생각하는 두 사물에서 오히려 '닮음'이 있다는 것을 볼 수 있어야 하죠.

① 아닙니다. 은유를 만들려면 창의적 상상력이 필요합니다.
② 아닙니다. 은유는 일상생활에서 누구나 만들 수 있습니다.
③ 아닙니다. 은유는 사물을 새롭게 볼 수 있도록 해 줍니다.
④ 그렇습니다. 각 사물마다 한 가지의 은유만 가능합니다.
⑤ 그렇습니다. 재능 있는 시인들만이 은유를 사용할 수 있습니다.

해설 〈보기〉의 문학 비평가는 은유는 재능 있는 시인들만의 특별한 능력이라고 보고 있습니다. 반면에 이 글의 글쓴이는 3문단에서 은유는 시인들만이 쓰는 표현법이 아니며 우리의 일상생활 곳곳에서 은유를 만날 수 있다고 하였습니다. 즉 은유적 사고를 할 수 있는 사람이라면 누구나 은유를 즐길 수 있다는 관점을 지니고 있으므로 〈보기〉에 대한 반응으로 알맞은 것은 ②입니다.

핵심어 파악하기

4. ㉠에 들어갈 단어로 알맞은 것은 무엇인가요? (①)

① 기능 ② 종류 ③ 역사 ④ 요소 ⑤ 구조

해설 4문단에서는 은유가 익숙한 사물을 새로운 시각으로 이해할 수 있게 하고, 말하고자 하는 내용을 생생하게 전달해 준다고 하였는데, 이는 은유의 기능에 대한 설명입니다.

여러 글을 읽고 감상 확장하기

5. 이 글과 관련하여 〈보기〉의 두 글을 찾아 읽고 감상을 넓히는 활동을 하였습니다. 감상 내용으로 알맞지 않은 것은 무엇인가요? (④)

보기

(가) '돈만 있으면 도깨비도 부린다.'라는 속담이 있다. '돈이 있다는 것'과 '도깨비를 부리는 힘'을 닮은 것으로 표현하여 돈의 힘이 세다는 점을 잘 나타냈다. 중국에는 '돈만 있으면 귀신도 부린다.'라는 속담이 있다. 역시 돈의 힘을 은유로 표현한 속담으로, '도깨비' 대신 '귀신'이라고 한 점이 우리와 다르다. 이렇듯 은유에는 나라마다의 문화적 차이도 담겨 있다.

(나) '물도 끊어 쓰세요!'라는 공익 광고가 있다. 이 광고에는 수도꼭지에서 수돗물 대신에 두루마리 화장지가 나오는 모습이 표현되어 있다. 이어지는 문구에서는 "동생의 세안 – 물 네 칸, 아버지의 세차 – 물 여섯 칸, 누나의 샤워 – 물 여덟 칸", "우리 가족의 일상을 책임지는 소중한 물, 끊어 쓰지 않으면 언젠가는 끊어집니다!"라고 적혀 있다. 물은 두루마리 화장지처럼 끊어 쓸 수 없지만, 둘 다 아낄 수 있다는 것에서 닮은 점이 있음을 발견하면 흐르는 물도 아끼며 절약할 수 있다는 내용이 쉽게 다가온다.

① (가)를 보니, 두 사물의 닮은 점을 찾아 연결하면 은유적 표현을 만들 수 있겠어.
② (가)를 보니, 같은 내용의 은유라도 문화권에 따라 구체적인 표현은 달라질 수 있네.
③ (나)를 보니, 은유는 익숙한 사물을 낯선 관점에서 새롭게 이해할 수 있도록 하네.
④ (나)를 보니, 은유가 대상의 장점을 그릇되게 전달할 수도 있으니 조심해서 사용해야겠어.
⑤ (나)를 보니, 은유의 표현 방식을 익히면 누구나 신선한 느낌의 광고문을 만들 수 있겠어.

해설 은유가 대상의 장점을 그릇되게 전달할 수 있다는 ④의 내용은 (나)와 관련이 전혀 없으므로 ④는 감상 내용으로 적절하지 않습니다. ③ (나)는 '물'을 우리에게 친숙한 '화장지'에 빗대어 표현함으로써, 흘러가 버리는 존재가 아니라 끊어 쓰면서 아낄 수 있는 존재로 새롭게 표현하였습니다.

글의 내용 적용하기

6. 〈보기〉를 참고하여 은유적 표현을 만들고, 표를 완성해 보세요.

보기

우리 엄마는 밥솥이다.

A		B		A와 B의 닮은 점	의미
우리 엄마	=	밥솥	➡	따뜻하다. / 힘이 되어 준다. / 가까이 있다.	엄마는 따뜻하고, 옆에서 힘이 되어 주는 존재이다.

예시 답 공부는 등산이다.

A		B		A와 B의 닮은 점	의미
공부	=	등산	➡	자신과의 싸움이다. / 꾸준히 해야 한다. / 하다 보면 언젠가는 원하는 곳에 도달한다.	공부는 꾸준히 노력하며 자신을 극복해야 하는 활동이다.

해설 이 문항은 은유적 표현을 직접 만들어 보는 활동입니다. 〈보기〉를 통해 은유의 특징과 원리를 다시 한번 확인하고 은유적 표현을 만들어 봅니다.

어휘 익히기

1 단어 뜻 알기

빈칸에 들어갈 알맞은 단어를 〈보기〉에서 찾아 쓰세요.

보기: 탁월한 근원 전이 습관적

1. 욕심은 모든 싸움의 (근원)(이)다.
뜻 어떤 일을 일어나게 하는 바탕이나 까닭.

2. 나는 벽난로 앞에서 (습관적)(으)로 두 손바닥을 마주 비볐다.
뜻 습관(여러 번 되풀이하면서 몸에 밴 행동)이 된.

3. 이 장면에서 이 영화는 현실 세계에서 상상의 세계로 (전이)된다.
뜻 다른 데로 옮아감.

4. 그는 이야기를 재미있게 전달하는 데 (탁월한) 능력을 가지고 있다.
뜻 남보다 두드러지게 뛰어난.

2 관용 표현 알기

다음 빈칸에 들어갈 알맞은 말을 쓰세요.

"같은 말이라도 아 다르고 어 [다][르][다]"

이 속담은 비슷한 말이라도 어떻게 하느냐에 따라 듣기 좋은 말이 되기도 하고 듣기 싫은 말이 되기도 하므로 말을 가려 해야 한다는 말입니다. 즉 같은 내용이라도 표현하는 방식에 따라 듣는 이가 다르게 받아들일 수 있으니, 평소 자신이 하는 말을 한 번쯤 살펴보는 것이 좋겠습니다.

내 친구 보미는 보름달!
내 얼굴이 그렇게 커 보이나?

3 한자어 익히기

다음 한자어를 소리 내어 읽고 빈칸에 따라 써 보세요.

詩	人
시 시	사람 인

시인(詩人): 시를 전문으로 쓰는 사람.
- 시인은 언어의 마술사이다.
- 어머니는 우리나라의 옛날 시인들을 좋아하신다.
- 윤동주는 우리나라를 대표하는 시인 중 한 명이다.

詩	人						
시 시	사람 인						

ERI 지수 601 인문 ㅣ 역사

가 아일랜드에 살던 제임스의 가족은 일자리를 찾기 위해 영국으로 왔다. 당시 영국에는 많은 공장이 세워졌고 각종 공사가 많았기 때문에 일자리가 많았다. 제임스는 이곳에서 ㉮더 나은 삶을 꿈꾸었다. 하지만 안타깝게도 ㉯결과는 그렇지 못했다. 아버지는 철도 공사 중 사고로 목숨을 잃었다. 어머니 혼자서는 남은 가족을 부양하기가 어려웠다. 그래서 제임스는 런던의 빈민 수용소에 가게 되었다. 빈민 수용소에는 먹을거리가 늘 부족했고 아이들은 힘든 일을 해야만 했다.

(생활 능력이 없는 사람의 생활을 돌봄. / 가난한 사람.)

➡ 빈민 수용소에 가게 된 제임스

나 어느 날 맨체스터에 있는 방적* 공장 사장이 빈민 수용소에 왔다. 공장에서 일을 시킬 아이들을 데려가기 위해서였다. 아홉 살이었던 제임스도 사장을 따라 공장에 가게 되었다. 맨체스터에는 백 개 정도 되는 방적 공장이 빽빽하게 들어서 있어서 굴뚝에서 나오는 회색 연기가 도시 전체를 덮고 있었다. 산업 혁명 이전에는 가내 수공업으로 소량의 물품을 생산했지만, 이후에는 기계를 통한 대량 생산이 가능해졌다. 그러자 많은 돈을 벌기 위해 너도나도 공장을 세우고 기계를 돌렸던 것이다.

➡ 방적 공장으로 가게 된 제임스

다 공장 생활은 빈민 수용소에서의 생활보다 더 힘들었다. 제임스는 새벽 5시에 일어나 공장에 갔다. 1833년에 영국 정부는 방적 공장에서 아홉 살 이하 어린이에게 일을 시키는 것을 금지했다. 또한 아홉 살에서 열세 살 어린이는 하루에 최대 9시간까지만 일하도록 정했다. 하지만 공장 주인은 정부가 정한 법을 지키지 않고 제임스와 다른 어린이들에게 하루에 13시간 30분 동안 일을 시키고 있었다.

➡ 법을 어기고 어린이들에게 과도한 일을 시킨 공장 주인

라 제임스는 공장에서 목화솜을 기계 안에 집어넣는 일을 했다. 목화솜 먼지를 많이 마셔서 계속 기침이 났다. 또 공장 안은 매우 뜨겁고 습했기 때문에 숨을 쉬기도 어려웠다. 며칠 전에 제임스의 친구 존은 기계에 달린 날카로운 금속 핀*에 손가락이 찔려 피가 많이 났지만, 치료조차 받지 못했다. 가끔 방적기 밑에서 일하다 바퀴에 깔리는 사고가 나기도 했다. 이렇게 일하고 받는 임금은 일주일에 3실링*뿐이었다. 그나마 2실링을 방세로 내고 남은 1실링으로 먹을 것을 사야 했다. 1실링으로 큰 빵 한 덩이와 우유 한 병을 사고 나면 남는 게 거의 없었다. 너무 힘든 나날이었다.

(일한 값으로 받는 돈. / 남의 집 방을 얻어 쓸 때 방을 쓰는 값으로 내는 돈.)

➡ 제임스가 일했던 공장의 열악한 환경과 적은 임금

마 그렇게 2년을 일한 1844년 어느 날, 공장에 ㉠조사관이 찾아왔다. ㉡정부는 조사관을 통해 어린이들의 ㉢힘든 상황을 알게 됐고, 새로운 법을 만들었다. 그 법은 여덟 살에서 열세 살의 어린이는 반드시 학교에 가야 하고, 지금보다 ㉣많이 일해야 한다는 내용을 담고 있었다. 제임스는 드디어 하루의 반만 일하고, 나머지 반은 ㉤학교에서 보낼 수 있게 되었다. 열심히 공부한다면 언젠가는 더 나은 삶을 살 수 있을 거라는 희망이 생겼다.

➡ 새로운 법이 만들어져 학교에 가게 된 제임스

* **방적**: 솜, 고치, 털 등에서 실을 뽑는 일.
* **핀**: 쇠붙이 같은 것으로 가늘고 뾰족하게 만들어 꽂을 수 있는 물건을 두루 이르는 말.
* **실링**: 영국의 옛날 화폐 단위.

핵심어 파악하기

1. 이 글에서 제임스가 살았던 시대적 배경을 알 수 있는 말을 찾아 쓰세요.

[산][업] [혁][명] 시대

해설 이 글은 영국 산업 혁명 당시 어린이 노동자들의 삶에 관한 글입니다. 이러한 시대적 배경을 드러내는 말은 나에서 찾을 수 있습니다.

세부 내용 파악하기

2. 이 글을 읽고 알 수 없는 것은 무엇인가요? (⑤)

① 제임스가 살았던 나라
② 제임스가 공장에서 한 일
③ 제임스가 노동자가 된 나이
④ 제임스가 하루에 노동한 시간
⑤ 제임스가 공장에서 만든 물건의 이름

해설 이 글은 제임스가 영국으로 와서 공장 노동자가 되어 생활하는 모습을 다루고 있습니다. 세부 내용을 살펴보면 제임스는 아일랜드 출신으로 영국으로 온 뒤 아홉 살 때 공장 노동자가 되었습니다. 제임스는 공장에서 하루에 13시간 30분 동안 기계 안에 목화솜을 집어넣는 일을 했습니다. 그러나 공장에서 만든 물건의 이름은 알 수 없습니다.

세부 내용 파악하기

3. 이 글을 읽고, 당시에 공장에서 일했던 어린이들의 삶에 대해 바르게 말한 친구를 모두 찾아 √표 하세요.

공장의 환경은 어린이들의 건강에 좋지 않았어.
어린이 노동자들은 나이에 비해 많은 임금을 받았어.
공장에서 하루에 10시간 이상 일을 했어.
공장 내에서 학교 공부도 할 수 있었어.
지석
미리
은진
민호

(√) ( ) (√) ( )

해설 이 글에 따르면 산업 혁명기에 공장에서 일했던 어린이들은 일주일에 3실링이라는 적은 임금을 받아 방세와 식비를 해결했습니다. 공장은 먼지가 많고 뜨겁고 습한 환경이었으며, 사고가 나기도 했으나 다쳐도 제대로 된 치료를 받지 못했습니다. 또한 법으로 정한 시간인 9시간보다 훨씬 긴 13시간 30분 동안 노동을 했습니다.

맥락을 활용하여 추론하기

4. ㉮와 ㉯가 각각 뜻하는 내용으로 알맞은 것은 무엇인가요? (④)

	㉮	㉯
①	영국에서 오래 사는 것	학교에 다니게 된 것
②	아일랜드로 돌아가는 것	빈민 수용소에 들어간 것
③	공장에서 노동자가 되는 것	법을 잘 지키는 공장 주인이 된 것
④	가족이 좀 더 잘살게 되는 것	가족과 헤어져서 공장 노동자가 된 것
⑤	어린이를 위한 법을 만드는 것	영국에서 쫓겨나서 공장 노동자가 된 것

해설 상황 맥락에 비추어 단어와 구절의 의미를 해석하는 문제입니다. 제임스 가족은 돈을 벌어 잘살기 위해 아일랜드를 떠나 영국으로 왔습니다. 따라서 제임스의 입장에서는 수입이 많아져 가족이 좀 더 잘살게 되는 것이 '더 나은 삶'이라고 할 수 있습니다. 하지만 아버지는 사고로 돌아가시고 제임스는 결국 빈민 수용소에 머물다 공장에 가서 노동자가 되었습니다.

표현의 적절성 판단하기

5. 글 내용의 흐름을 고려할 때, ㉠~㉤ 중 알맞게 쓰이지 <u>않은</u> 것은 무엇인가요? (④)

① ㉠
② ㉡
③ ㉢
④ ㉣
⑤ ㉤

해설 ㉲를 보면, 1844년 이전에는 어린이 노동자들이 긴 노동 시간으로 인해 학교에 갈 수 없었습니다. 하지만 새로운 법이 만들어졌고, 그 결과 '하루의 반만 일하고, 나머지 반은 학교에서 보낼 수 있게 되었다.'라는 내용으로 미루어 보아, ㉣은 '적게'라고 표현해야 한다는 것을 알 수 있습니다.

내용 추론하기

6. 이 글을 읽고 짐작할 수 있는 산업 혁명 이후의 현상으로 알맞은 것은 무엇인가요? (②)

① 가내 수공업이 눈에 띄게 늘어났을 것이다.
② 공장에서 나온 연기로 대기 오염이 심해졌을 것이다.
③ 전보다 법을 어기는 사람들이 훨씬 많아졌을 것이다.
④ 여덟 살에서 열세 살 어린이의 수가 크게 감소했을 것이다.
⑤ 어린이 노동자들의 임금 수준이 이전보다 크게 높아졌을 것이다.

해설 ㉯의 '방적 공장이 빽빽하게 들어서 있어서 굴뚝에서 나오는 회색 연기가 도시 전체를 덮고 있었다.'라는 내용으로 미루어 보아, 산업 혁명 이후 공장의 증가로 대기 오염이 심해졌을 것임을 짐작할 수 있습니다.

어휘 익히기

1 단어 뜻 알기

빈칸에 들어갈 알맞은 단어를 〈보기〉에서 찾아 쓰세요.

보기: 부양 빈민 임금 방세

1. 그는 월급을 탄 뒤 지난달에 밀린 (방세)부터 갚았다.
   뜻 남의 집 방을 얻어 쓸 때 방을 쓰는 값으로 내는 돈.
2. 홍길동은 부자들의 집을 털어 (빈민)에게 나누어 주었다.
   뜻 가난한 사람.
3. 최저 (임금)조차 받지 못하는 근로자들의 불만이 커지고 있다.
   뜻 일한 값으로 받는 돈.
4. 부모님이 일찍 돌아가셔서 장남인 그가 동생 세 명을 (부양)했다.
   뜻 생활 능력이 없는 사람의 생활을 돌봄.

2 관용 표현 알기

다음 빈칸에 들어갈 알맞은 말을 쓰세요.

"노 루 피하니 범이 온다"

이 속담은 노루를 피하고 나니 더 무서운 호랑이가 온다는 말로, 일이 점점 더 어렵고 힘들게 된다는 뜻입니다. 산업 혁명 당시 공장 생활이 빈민 수용소에서의 생활보다 더 힘들었다는 이 글의 어린이 노동자 '제임스'의 상황을 빗대어 말할 수 있습니다.

3 한자어 익히기

다음 한자어를 소리 내어 읽고 빈칸에 따라 써 보세요.

生	産
날 생	낳을 산

생산(生産): 인간이 생활하는 데 필요한 각종 물건을 만들어 냄.
- 이 지역은 세계적인 석유 생산 지역이다.
- 이 공장은 무인 생산 방식으로 운영된다.
- 새로운 기술의 보급으로 농업 생산이 크게 늘어났다.

生	産						
날 생	낳을 산						

ERI 지수 682 인문 | 역사

민화는 서민적인 특징이 가장 잘 드러나는 그림이다. 민화가 유행하기 시작한 것은 조선 시대 후기이다. 민화를 통해 서민들은 형식에 얽매이지 않고 자신들의 자유로운 상상력과 느낌을 표현하였다. 민화는 누가 언제 그렸는지 알 수가 없다. 비록 ㉠서툴고 어설퍼 보이지만 민화에는 서민들의 소망이 담겨 있다. 예를 들어 민화에는 호랑이, 까치, 잉어 등이 자주 등장한다. 이들은 나쁜 귀신을 물리치고 행복하고 건강하게 오래 살고 싶다는 서민들의 마음을 표현한 것이다. 또 민화에는 우리 민족의 순박한 정서가 담겨 있다. 한국적인 감정도 생생하게 살아 있다. 그런 점에서 우리나라 서민 문화유산을 꼽는다면 민화가 최고이다.

(순박한: 거짓이나 꾸밈이 없이 순수하며 인정이 두터운.)

➡ 조선 시대 민화의 특징

민화 중에 독특하게 책, 그리고 책과 관련된 사물을 위주로 그린 그림이 있다. '책거리'와 '책가도'가 그것이다. 책거리는 책과 책장, 붓 등의 문방구들을 그린 그림이다. 여기서 ㉡'거리'는 구경거리에서의 '거리'와 비슷한 의미로 쓰인 것으로 해석하는 경우가 많다. 이에 따르면, 책거리는 책이나 책과 관련된 다양한 대상들을 가리킨다. 또 책거리 중에서도 책가도로 불린 그림이 있는데, 이것은 책을 쌓아 두는 선반인 책가를 함께 그린 그림이다. 궁중 화원이었던 이형록이 그린 「책가도」 병풍을 살펴보자. 이 그림에는 책장과 함께 중국식 도자기, 문방구, 꽃병, 안경 등의 귀중품이 함께 그려져 있다. 또 그림의 가장 자리에는 금선을 두르고 바탕색은 고풍스럽다. 여기에 화려한 색감의 물건들이 어우러지니 그 분위기가 매우 고급스럽다.

(위주: 으뜸으로 삼음.)

▲ 이형록, 「책가도」(19세기)

➡ 민화의 종류 중 하나인 책거리와 책가도

책거리에는 당시 사람들의 어떤 소망이 담겨 있을까? 유교 사회였던 조선 시대에는 학식이 높은 사람을 우러러봤다. 책을 통해 학문을 익히고 과거에 급제하는 것을 높은 가치로 생각하였다. 하지만 귀한 물건이었던 책을 집에 많이 두긴 쉽지 않았다. 대신 책이 그려진 병풍을 세워 두고 마음의 위안으로 삼았다. 그러니까 책거리에는 과거 급제와 학문에 대한 사람들의 소망이 담겨 있다고 볼 수 있다.

(급제: 조선 시대에 관리를 뽑을 때 실시하던 시험에 합격하던 일.)

➡ 책거리에 담긴 당시 사람들의 소망

유독 책거리 민화를 사랑한 임금이 있었다. 바로 조선 제22대 왕 정조(1752~1800)이다. 정조는 지독한 책벌레였다. 어느 날 정조는 창덕궁 어좌 뒤에 있던 일월오봉도(日月五峯圖)를 치우고 책거리 병풍을 세우라고 명했다고 한다. 그리고 "옛말에 서재에 들어가 책을 만지기만 해도 기쁜 마음이 솟는다고 했다. 나는 이 말의 의미를 책거리 그림을 보고 알게 되었다."라고 말했다고 한다. 정조가 책거리를 아끼자 시중에서도 책거리가 크게 유행하였다. 양반들은 앞다퉈 책거리 병풍을 집에 들였다. 그러자 책거리는 민화의 단골 소재가 되었다. 이처럼 정조가 책거리를 유별나게 좋아한 이유는 무엇일까? 바로 학문을 통해 강력한 나라를 만들고자 했기 때문이다. 이렇게 하여 조선 후기 책거리 민화는 왕과 양반뿐 아니라 백성에게까지 광범위한 계층에서 사랑받게 되었다.

(유독: 많은 것들 가운데 홀로 두드러지게.)

➡ 정조의 영향으로 크게 유행한 책거리 민화

내용 파악하기

1. 이 글을 통해 알 수 있는 내용이 아닌 것은 무엇인가요? (⑤)

① 민화는 조선 시대 후기에 널리 유행하였다.
② 민화는 사람들의 소망이 담긴 대중적인 그림이다.
③ 민화에 자주 나타난 소재는 호랑이, 까치, 잉어 등이다.
④ 민화는 그림을 그린 사람과 시기가 뚜렷하지 않은 경우가 많다.
⑤ 민화는 서툴고 형식이 없다는 이유로 양반들에게 무시를 당하였다.

해설 이 글은 조선 후기 서민 문화인 민화의 특징을 설명하고 있습니다. 서민들의 대중적인 그림인 민화가 서툴고 형식이 없다는 이유로 양반들에게 무시를 당했다는 내용은 글에서 찾을 수 없습니다.

세부 내용 파악하기

2. '책거리'에 대한 이해로 알맞은 것은 무엇인가요? (④)

① 궁중 화원들은 책거리를 그리지 않았다.
② 책을 파는 서점들이 모인 거리를 그린 그림이다.
③ 책을 쌓아 두는 선반인 책가를 위주로 그린 그림이다.
④ 학문을 중시한 당시 유교 사회의 문화를 반영하고 있다.
⑤ 정조와 달리 양반들은 그다지 좋아하지 않았던 민화이다.

해설 책거리를 통해 학문을 중시한 당시 유교 사회의 모습을 알 수 있습니다. ①, ② 책거리는 책과 책장, 붓 등의 문방구들을 그린 그림을 말하며, 궁중 화원인 이형록도 책거리의 일종인 책가도를 그렸습니다. ③ 책거리 중에서 책가도는 책가를 위주로 그린 그림이 아니라 책가를 함께 그린 그림을 말합니다. ⑤ 책거리는 정조의 영향으로 널리 퍼져 양반과 백성에게까지 사랑받게 되었습니다.

맥락적 의미 추론하기

3. ㉠의 맥락적 의미로 가장 알맞은 것은 무엇인가요? (⑤)

① 규범과 형식에 맞게 그린 그림이지만
② 유명 화가의 그림을 모방한 그림이지만
③ 실력이 부족한 화가들이 그린 그림이지만
④ 서민들이 자신들의 고통을 솔직하게 드러낸 그림이지만
⑤ 세련된 기법이 부족하고 완성도가 떨어지는 그림이지만

해설 ㉠의 맥락적 의미를 알기 위해서는 그 앞의 내용과 관련지어 생각해 보아야 합니다. 민화는 누가 언제 그렸는지 알 수 없고, 서민들이 형식에 얽매이지 않고 자유롭게 상상하여 표현한 그림이라는 것을 알 수 있습니다. 따라서 서툴고 어설퍼 보인다는 것의 의미는 세련된 기법이 부족하고 완성도가 떨어지는 그림이라는 것을 알 수 있습니다.

어휘의 의미 파악하기

4. ㉡의 의미와 같지 않은 것은 무엇인가요? (①)

① 집에서 학교까지는 20분 거리이다.
② 겨울은 농한기라서 일할 거리가 적다.
③ 이번 주제는 충분히 논의할 거리가 된다.
④ 이 놀이공원에는 신기한 놀거리가 많았다.
⑤ 환경 오염으로 안전한 먹거리에 대한 관심이 높아지고 있다.

해설 ㉡ '거리'는 구경거리의 '거리'와 비슷한 의미라고 하였습니다. 따라서 이때의 '거리'는 '내용이 될 만한 재료.'를 뜻합니다. ①은 '일정한 시간 동안에 이동할 만한 공간적 간격.'을 의미합니다.

인물의 동기 추론하기

5. 조선 시대 사람들이 '책거리'를 집에 둔 까닭을 바르게 말하지 못한 친구에게 √표 하세요.

은진	민호	미리
정조는 학문을 중시하는 문화를 만들어 나라의 기초를 튼튼하게 하려 했군.	양반들은 학문을 닦고 과제에 급제하고 싶은 소망이 있었던 것이로군.	서민들은 책거리가 있으면 귀신을 쫓아내고 행복하게 오래 살 수 있을 거라고 생각한 것 같아.
( )	( )	(√)

해설 1문단에 따르면 귀신을 물리치고 행복하고 건강하게 오래 살고 싶은 마음을 담은 그림은 호랑이와 까치, 잉어 등이 등장하는 민화입니다. 따라서 미리의 말은 적절하지 않습니다. 4문단에 따르면 정조가 책거리를 유별나게 좋아한 이유는 학문을 통해 강력한 나라를 만들고자 했기 때문입니다. 또한 3문단에 따르면 책거리에는 과거에 급제하거나 학문을 익히고 싶었던 사람들의 소망도 담겨 있음을 알 수 있습니다.

글의 내용을 다른 상황 또는 주제로 확장하기

6. 이 글의 내용을 바탕으로 심화 · 탐구 학습을 위해 준비한 주제로 알맞지 않은 것에 √표 하세요.

(1) 책거리 민화가 같은 유교 문화권이었던 중국, 일본에도 있었는지 탐구한다. ( )
(2) 책거리에서 고급스러운 분위기를 내기 위해 어떤 물감을 사용했는지 조사한다. ( )
(3) 고려 시대 책거리 민화와 조선 시대 책거리 민화의 공통점과 차이점을 탐구한다. (√)

해설 이 글에 따르면 책거리 민화는 조선 시대 후기, 유교 문화적 배경 속에서 등장했음을 알 수 있습니다.

어휘 익히기

1 단어 뜻 알기

빈칸에 들어갈 알맞은 단어를 〈보기〉에서 찾아 쓰세요.

보기: 순박한 위주 급제 유독

1. 오늘따라 바람이 (유독) 심하게 분다.
뜻 많은 것들 가운데 홀로 두드러지게.

2. 우리 마을은 (순박한) 인심이 가득한 곳이다.
뜻 거짓이나 꾸밈이 없이 순수하며 인정이 두터운.

3. 그는 뭐든지 자기 (위주)(으)로 생각하고 행동한다.
뜻 으뜸으로 삼음.

4. 조선 시대 과거 시험에서 (급제)하는 사람은 소수에 불과했다.
뜻 조선 시대에 관리를 뽑을 때 실시하던 시험에 합격하던 일.

2 관용 표현 알기

다음 빈칸에 들어갈 알맞은 말을 쓰세요.

"[꿩] 대신 닭"

이 속담은 꿩이 필요한데 없어서 닭으로 대신한다는 말로, 꼭 적당한 것이 없을 때 그와 비슷한 것으로 대신하는 경우를 비유적으로 이르는 말입니다. 옛날에는 책이 너무나 귀한 물건이었기 때문에 책을 많이 가지고 있기가 쉽지 않았습니다. 그래서 옛날 사람들은 책 대신 책이 그려진 병풍을 세워 두고 마음의 위안으로 삼았다고 합니다.

3 한자어 익히기

다음 한자어를 소리 내어 읽고 빈칸에 따라 써 보세요.

學	問
배울 학	물을 문

학문(學問): 어떤 분야를 체계적으로 배워서 익힘. 또는 그런 지식.
• 그는 일생토록 학문에만 몰두하였다.
• 그 주장은 아직 학문적으로 검증되지 않았다.
• 세종 대왕은 학문과 과학에 조예가 깊은 성군이셨다.

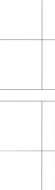

學	問						
배울 학	물을 문						

05회 읽기 방법 익히기

1 표현의 적절성 판단하기

글을 읽을 때는 글의 내용을 그대로 따라가며 이해하는 것만으로는 부족합니다. 글의 표현이 과연 적절한지를 판단하고 비판하는 활동이 필요합니다. 이를 위해 독자는 먼저 주제나 글쓴이의 의도와 어긋나는 표현이 없는지 판단해야 합니다. 중심 생각에서 벗어난 표현이 많을수록 글의 핵심 내용이 무엇인지 파악하기 어려워질 수 있습니다. 또 내용에 거짓되거나 과장된 표현은 없는지 판단할 필요가 있습니다. 글쓴이가 너무 강하게 주장하려다 보면 사실이 아니거나 사실을 지나치게 부풀린 표현을 사용할 수도 있기 때문입니다.

★ **글 속 표현의 적절성을 판단하려면,**
(1) 글의 주제와 글쓴이의 의도가 무엇인지 살펴봅니다.
(2) 중심 생각에서 벗어난 표현은 없는지 판단해 봅니다.
(3) 사실에 비추어 거짓되거나 과장된 표현이 없는지 살펴봅니다.

1 다음 글에서 주제와 밀접한 관련이 없는 문장은 무엇인가요? (②)

외국어를 우리말로, 우리말을 외국어로 옮겨 전달하는 사람을 통역사라고 한다. 통역사는 서로 다른 언어를 쓰는 사람들이 소통할 수 있도록 도와주는 일을 한다. ㉠서로 다른 언어를 쓰는 사람들이 잘 소통하도록 말을 전달하는 일은 매우 어려운 일이다. 다른 나라의 말을 이해하고 표현하는 능력과 우리말을 조리 있게 표현하는 능력이 있어야 한다. ㉡따라서 일상생활에서도 자기 나라 말보다는 다른 나라 말을 많이 쓰도록 노력해야 한다.

과거에도 지금처럼 통역사가 있었을까? 사역원은 고려 시대부터 조선 시대까지 외국어의 번역 및 통역에 관한 일을 맡아보던 관아이다. 이곳에서는 중국어, 몽골어, 만주어, 일본어를 가르치기도 했다. ㉢사역원 학생들은 열심히 공부해서 역과*에 합격한 후 역관이 되었다. 역관은 통역을 하는 관리로 지금의 통역사와 비슷했지만 외교관의 역할까지도 겸했다. ㉣서로 다른 언어를 사용하는 사람들의 소통을 돕는다는 점에서 지금의 통역사와 크게 다르지 않았다.

* **역과**: 조선 시대 통역관을 뽑기 위한 과거.

① ㉠
② ㉡
③ ㉢
④ ㉣
⑤ 없음.

해설 1문단에서는 통역사의 개념과 통역사가 되기 위한 조건을 서술하고 있습니다. 그런데 ㉡은 앞 문장의 내용과도 어울리지 않으며, 통역사가 되기 위한 조건으로도 볼 수 없어 적절한 표현이라고 보기 어렵습니다.

2 다음 글의 중심 내용에 비추어 볼 때, ㉠~㉣ 중 알맞지 않은 문장을 골라 그 기호를 쓰세요.

은유는 작가들만이 쓰는 표현법이 아니다. 우리의 일상생활 곳곳에서 은유를 만날 수 있다. 그 대표적인 예가 별명이다. ㉠'우리 엄마는 밥솥.'이라는 표현에서는 '우리 엄마'는 '밥솥'처럼 따뜻하고, 힘이 되어 주며, 가까이 있는 존재라는 의미가 전달된다. ㉡'내 동생은 녹음기.'라는 표현에서는 '내 동생'이 '녹음기'처럼 같은 말을 반복하면서 떼를 쓰는 특성이 있음을 짐작할 수 있다. 별명뿐 아니라 격언에서도 일상의 은유를 찾아볼 수 있다. ㉢'침묵은 금이다.'라는 격언은 침묵의 귀중함을 '금'의 가치에 빗대어 표현한 예이다. ㉣또한 미국의 시인 휘트먼이 쓴 시 「나 자신의 노래」에는 '풀잎은 하느님의 손수건'이라는 유명한 은유가 있는데, 여기에는 자연에 대한 시인의 경외심이 잘 드러난다.

(㉣)

해설 이 글의 중심 내용은 '은유는 작가들만이 쓰는 표현법이 아니다.'라고 할 수 있습니다. 그런 점에서 미국의 시인 휘트먼이 만든 은유를 제시한 ㉣은 일상생활 속 곳곳에서 만날 수 있는 은유의 예라기보다는, 은유를 예술 언어로 사용하는 경우라고 할 수 있습니다.

3 다음 글의 맥락을 고려할 때, ㉠~㉤ 중 표현이 알맞지 않은 것은 무엇인가요? (③)

사해는 지구에서 가장 낮은 호수이다. 지구가 따뜻했을 때 해수면이 ㉠높아진 지중해의 물이 흘러 들어 이 호수가 형성되었다. 하지만 언제부턴가 바닷물이 더 이상 흘러 들어오지 않게 되었다. 그리고 건조한 날씨 때문에 호수의 물이 증발하면서 사해의 염도는 점점 ㉡높아졌다. 유입되는 바닷물은 없고 증발하는 물은 ㉢적다 보니 이곳은 바닷물보다 7배나 염분이 ㉣높다. 사해에서는 물고기가 살지 못한다. 칼슘과 마그네슘 함유량도 ㉤높아 생물이 살기 어려운 환경이기 때문이다. 그래서 사람들은 이 호수를 '죽은 바다', 곧 사해라고 부른다.

① ㉠
② ㉡
③ ㉢
④ ㉣
⑤ ㉤

해설 이 글은 사해가 형성된 과정을 설명하고 있습니다. 호수의 물이 증발함에 따라 염도가 높아진다고 하였으므로, 사해에서 증발하는 물은 많다고 하는 것이 적절합니다.

2 인물의 동기 추론하기

글에는 배경, 사건과 함께 인물이 등장합니다. 인물은 자신만의 가치관, 성격, 세계관을 지니고 있으며 자신이 처한 특정 시대의 사회적 · 역사적 상황에 따라 판단을 내리고 행동을 합니다. 따라서 배경과 함께 인물의 말과 행동에 주목하면서 그 동기를 추론하며 글을 읽으면 글의 내용을 더 깊이 이해할 수 있습니다.

★ **인물의 동기를 추론하려면,**

(1) 전체 글 내용의 흐름을 파악합니다.

(2) 인물을 둘러싼 사회적 · 역사적 상황과 인물의 심리, 말과 행동, 다른 인물들과의 관계 등을 파악합니다.

(3) 파악한 내용을 바탕으로 인물의 행동을 이끈 동기를 추론합니다.

1 ㉮~㉰에 나타난 행위의 동기에 대하여 알맞게 추론한 친구를 모두 찾아 √표 하세요.

제임스는 방적 공장에서 일하게 되었다. 공장 생활은 빈민 수용소에서의 생활보다 더 힘들었다. 제임스는 새벽 5시에 일어나 공장에 갔다. 1833년에 ㉮ 영국 정부는 방적 공장에서 아홉 살 이하 어린이에게 일을 시키는 것을 금지했다. 또한 아홉 살에서 열세 살 어린이는 하루에 최대 9시간까지만 일하도록 정했다. 하지만 ㉯ 공장 주인은 정부가 정한 법을 지키지 않고 제임스와 다른 어린이들에게 하루에 13시간 30분 동안 일을 시키고 있었다.

제임스는 공장에서 목화솜을 기계 안에 집어넣는 일을 했다. 목화솜 먼지를 많이 마셔서 계속 기침이 났다. 또 공장 안은 매우 뜨겁고 습했기 때문에 숨을 쉬기도 어려웠다. ㉰ 며칠 전에 제임스의 친구 존은 기계에 달린 날카로운 금속 핀에 손가락이 찔려 피가 많이 났지만, 치료조차 받지 못했다.

㉮에서 영국 정부는 어린이를 보호하려고 하였군.

㉯에서 공장 주인은 어린이 노동자를 통해 이익을 많이 얻으려고 하였군.

㉰에서 존은 치료받기보다는 일을 더 하여 돈을 많이 벌고자 하였군.

민호 (√)

미리 (√)

지석 ( )

해설 영국 정부는 법을 정해 어린이 노동자들을 보호하려고 하였습니다. 그러나 공장 주인은 더 큰 이익을 얻기 위해 법을 지키지 않고 어린이들에게 많은 시간 동안 일을 시켰습니다. 한편 제임스의 친구 존이 다쳤는데도 치료를 받지 못한 것은 공장 주인이 일을 더 시키기 위해 치료를 해 주지 않았기 때문으로 볼 수 있습니다.

2 '황희'가 ㉠과 같이 행동한 동기로 알맞은 것은 무엇인가요? (⑤)

세종 임금을 도왔던 대표적인 신하로 황희가 있다. 그는 원래 세종의 임금 즉위를 반대하여 귀양까지 갔었던 인물이다. 하지만 세종은 왕위에 오른 지 3년 뒤에 그에게 좌참찬 벼슬을 주었다. 사사로운 감정을 떠나 군자로서의 면모를 보여 준 일이었다. 황희 정승 역시 세종의 명을 받들어 벼슬에 오른 이후, 세종이 어려움에 처할 때마다 항상 그를 도왔다. 세종이 훈민정음을 창제하자 유학자들이 강하게 반발할 때, 또 세종이 불교를 믿자 집현전 학자들이 반대할 때에도 그는 ㉠늘 세종을 돕고, 이해하며, 감싸 주었다. 둘은 공적으로는 임금과 신하 관계였지만, 사적으로는 둘도 없는 좋은 친구 관계였기 때문이다.

① 군자로서의 면모를 보여 주기 위하여
② 파벌 간의 대립과 갈등을 막기 위하여
③ 자신의 정치적 신념을 실천하기 위하여
④ 경제적 이득을 실현하고 싶었기 때문에
⑤ 세종과 믿고 의지하는 친구 관계였기 때문에

해설 이 글에서 황희 정승은 세종 대왕과 임금과 신하 관계를 넘어서, '둘도 없는 좋은 친구 관계'였다고 하고 있습니다. 이 정보를 바탕으로 황희 정승이 세종 대왕을 절대적으로 지지했던 동기를 추론해 볼 수 있습니다.

3 '간디'가 ㉠과 같이 행동한 동기로 가장 알맞은 것은 무엇인가요? (①)

간디는 영국 유학 후 변호사 자격을 취득했다. 이후 남아프리카로 건너가서 그곳에 거주하는 많은 인도인과 관련된 법률적인 업무를 맡기 시작했다. 그러면서 인도인들이 겪는 차별적인 대우와 부당한 인종 차별을 자신도 겪게 되었다. 간디는 변호사였지만 유색인이라는 이유로 기차 일등칸에서 쫓겨나고, 이유 없이 경찰과 백인들에게 폭행을 당하기도 했다. 이후 그는 ㉠ 언론사를 차려 신문을 내고, 또 그러한 상황을 전 세계에 알리고 지원을 이끌어 냈다. 당시 수많은 소작농과 가난한 이들이 있었지만, 그들은 지주들로부터 과도한 노동 착취와 인권 유린을 당하면서도 저항을 못 하고 당하고만 있었다. 간디는 그들과 같은 약자 편에 서서 적극적으로 그들을 변호하며 싸워 나갔다. 그리고 결국 원하는 바를 얻게 되었다.

① 인종 차별의 부당함을 널리 알리기 위하여
② 변호사로서 자신의 경력을 잘 살리기 위하여
③ 경찰과 백인들의 폭행 사실을 고발하기 위하여
④ 노동 착취 문제를 해결할 돈을 모으기 위하여
⑤ 농민과 노동자들에게 전 세계의 소식을 알리기 위하여

해설 이 글은 간디가 인권 운동가로 변모하는 과정을 다루고 있습니다. 이 문제는 간디가 언론사를 차리게 된 동기를 추론하는 문제입니다. 간디는 자신이 직접 인종 차별을 겪고 난 후 신문을 통해 인종 차별의 현실을 전 세계에 알리고 지원을 이끌어 내기 위해서 언론사를 차린 것입니다.

STEAM 독해

명화 속 자연재해

이 글의 중심 화제는 자연재해입니다.
명화 속에 표현된 자연재해의 특성과 관련된 과학, 사회, 미술을 공부해요.
자연재해의 종류와 원인을 파악하고 다양한 측면에서 관련 주제를 이해해 보세요.

일본 여권의 여러 속지 그림 중 하나는 일본의 대표 화가, 가쓰시카 호쿠사이(1760~1849)가 그린 「가나가와 해변의 높은 파도 아래」라는 일본 풍속화입니다. 일본 도쿄 인근의 가나가와 지역을 배경으로 그린 이 그림을 보면 엄청나게 높은 파도가 무섭게 달려들고 있습니다. 그림 속의 배 세 척이 파도의 위력에 속수무책으로 이리저리 요동치고 있습니다. 그림을 좀 더 자세히 보면 멀리 산이 보이는데, 바로 일본에서 가장 높은 산인 후지산입니다. 하지만 그림 속에서는 강력한 파도의 위력 때문인지 아주 작게 느껴질 뿐입니다.

➡ 가쓰시카 호쿠사이의 그림에 나타난 파도의 위력

▲「가나가와 해변의 높은 파도 아래」

일본은 그림에 묘사된 파도처럼 큰 파도를 자주 경험할 수 있는 나라입니다. 먼저 지형적인 요인으로 인해 자연재해가 발생했을 때 이런 파도가 나타날 수 있습니다. 지진과 화산 활동이 활발한 일본 주변 바다에서 큰 규모의 지진이 발생하면 지진 해일(쓰나미)*이 일어나기도 합니다. 그러면 높은 파도가 해안가 지역을 덮쳐 해안 저지대를 침수시키고 인명, 재산 피해를 일으킵니다. 2011년에 발생한 동일본 대지진의 지진 해일이 대표적인 사례입니다.

➡ 높은 파도의 원인 ① – 지형적 요인에 의한 자연재해

두 번째, 기후적인 요인으로 인해 자연재해가 발생했을 때도 높은 파도가 발생합니다. 일본도 우리나라처럼 주로 6~9월에 태풍이 지나갑니다. 태풍이 이동하면서 발생하는 엄청난 세기의 바람에 의해서 주변 바다에서는 이런 높은 파도가 발생합니다.

➡ 높은 파도의 원인 ② – 기후적 요인에 의한 자연재해

가쓰시카 호쿠사이의 이 그림은 『후가쿠 36경』이라는 연작 중 하나인데, 이 연작에는 이 그림 외에도 계절이나 날씨에 따라, 또는 시간에 따라 변하는 후지산의 다양한 모습을 묘사한 그림들이 많이 있습니다. 이렇듯 화가들의 작품을 보면 자신이 거주하고 있는 지역의 자연적인 특성이나 이와 관련된 특별한 경험이 주제로 표현되는 경우가 많습니다. 일본은 잦은 지진과 화산이 발생하여 '불의 고리(ring of fire)'라고도 불리는 환태평양 조산대에 위치하고 있습니다. 이곳에서 평생을 살았던 가쓰시카 호쿠사이에게 화산이나 높은 파도가 이는 바다 풍경은 익숙하면서도 강렬한 인상을 남기는 장면들이었을 것입니다.

➡ 지역의 자연적인 특성에 영향을 받은 가쓰시카 호쿠사이

▲「붉은 후지산」

▲ 실제 후지산의 모습

일반적으로 자연재해는 인간과 인간 활동에 피해를 주는 자연 현상으로 부정적 측면이 강합니다. 하지만 몇몇 예술가들에게는 작품을 제작하는 과정에 특별한 영감을 줘서 명작을 남기게 되는 계기가 되기도 합니다.

➡ 때로는 예술가들에게 영감으로 작용하기도 하는 자연재해

* **지진 해일(쓰나미)**: 해저에서 지진, 화산 폭발 등이 발생하면서 일어나는 대규모 파도가 해안을 덮치는 현상.

1 **다음 글에서 설명하는 (A)가 무엇인지 이 글에서 찾아 쓰세요.**

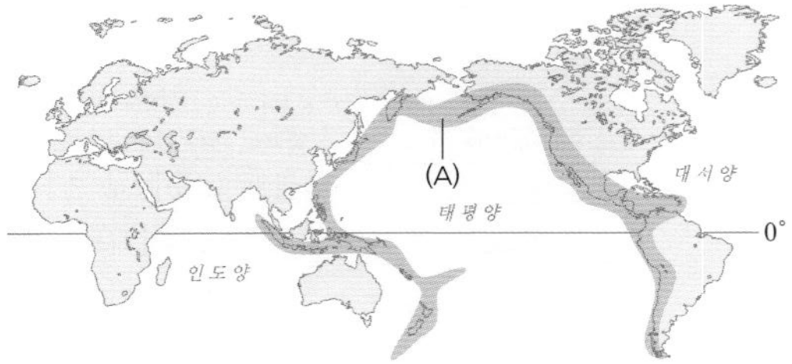

지도에 표시된 (A)는 '불의 고리'라고도 불리는 곳으로, 서쪽의 일본 · 대만 · 동남아, 북쪽의 러시아와 미국의 알래스카, 동쪽의 아메리카 대륙 서부와 남아메리카 해안 지역 그리고 뉴질랜드를 비롯한 태평양 섬나라를 포함한다. 이 지역은 태평양판과 만나는 주변 지각판의 경계면을 따라 지각 변동이 활발하기 때문에 화산 활동과 지진이 빈번하다. 세계 화산의 약 75%가 이 지역에 몰려 있으며, 지진의 80~90%도 이곳에서 발생하는 것으로 알려졌다.

(환태평양 조산대)

해설 지구상에서 지진과 화산 활동이 가장 빈번하게 발생하는 곳은 '불의 고리'라고 불리는 환태평양 조산대입니다.

2 이 글의 내용을 바탕으로 자연재해를 다음과 같이 나눌 때, 〈보기〉의 자연재해는 어디에 해당하는지 구분하여 보세요.

자연재해 → 지형적 요인에 의한 재해 / 기후적 요인에 의한 재해

보기

㉠ 가뭄　㉡ 지진　㉢ 폭설　㉣ 홍수　㉤ 화산 활동

(1) 지형적 요인에 의한 재해: (㉡, ㉤)

(2) 기후적 요인에 의한 재해: (㉠, ㉢, ㉣)

해설 지형적 요인에 의한 자연재해로는 화산 활동, 지진, 지진 해일 등이 있으며, 기후적 요인에 의한 자연재해로는 홍수, 가뭄, 폭설, 한파 등이 있습니다.

해설 열대 저기압은 지역에 따라 불리는 이름이 다릅니다. (1)은 인도양 벵골만과 아라비아해, 오스트레일리아 일대에 영향을 미치는 사이클론, (2)는 동부 아시아 지역에 영향을 미치는 태풍, (3)은 주로 북아메리카 지역에 영향을 미치는 허리케인입니다.

3 다음 글을 읽고, (1)~(3)에서 발생하는 열대 저기압의 명칭을 각각 쓰세요.

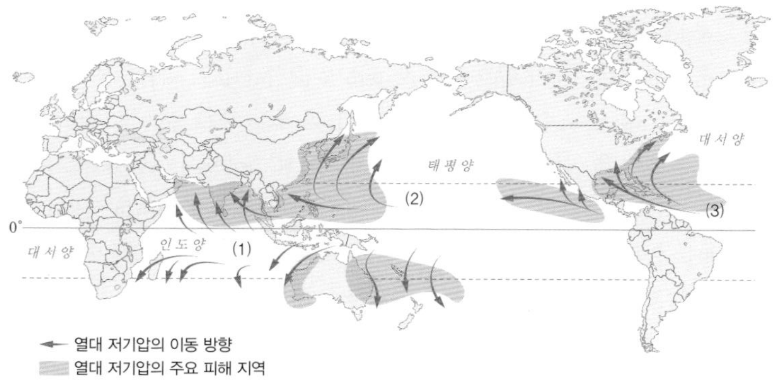

열대 저기압은 발생 지역에 따라 불리는 이름이 다르다. 북태평양 서남부에서 발생하여 동부 아시아로 이동하는 열대 저기압을 태풍, 대서양 서부의 카리브해, 멕시코만과 북태평양 동부에서 발생하는 열대 저기압을 허리케인, 인도양 벵골만과 아라비아해에서 발생하는 열대 저기압을 사이클론이라고 한다.

(1) 사이클론　(2) 태풍　(3) 허리케인

4 다음 글을 읽고 태풍에 대한 설명으로 알맞으면 ○표, 알맞지 않으면 ×표 하세요.

태풍은 열대 저기압의 한 종류이다. 열대 저기압은 바닷물 표면의 온도가 27도 이상으로 높아 공기 중에 수증기가 많은 적도 부근의 바다에서 형성된다. 태풍은 강한 저기압이기 때문에 바깥쪽에서 중심을 향해 강한 바람이 불어 들어와 빠른 속도로 돌면서 상승한다. 대개 발생 초기에는 '서북서진'하다가 점차 북상하여 편서풍을 타고 '북동진'하며 고위도로 이동한다. 보통 열대 저기압은 강한 바람과 많은 비를 동반하기 때문에 큰 피해를 가져온다. 또한 지구 온난화로 인해 태평양의 바닷물 온도가 높아져 중위도에서도 태풍이 자주 발생하며, 그 세력도 점차 강해지는 추세이다.

(1) 바닷물의 온도가 낮은 극지방에서 발생한다. (×)

(2) 태풍 중심에서 바람이 상승하기 때문에 '열대성 고기압'이라 부른다. (×)

(3) 바닷물 표면의 온도가 27도 이상인 적도 부근의 바다에서 형성된다. (○)

(4) 지구 온난화로 태평양의 바닷물 온도가 높아져 중위도에서도 자주 발생한다. (○)

해설 태풍은 열대 저기압의 한 종류로, 열대 저기압은 바닷물의 온도가 27도 이상으로 높은 적도 부근의 바다에서 형성됩니다.

5 〈보기〉를 읽고, (1)~(3)에 들어갈 물품을 각각 찾아 쓰세요.

보기

재난을 정확히 예측하기는 어렵지만 대비할 수는 있다. 가장 손쉬운 방법으로 꼭 필요한 비상용품을 담은 '생존 가방'을 미리 싸 두는 것이다. 이때 중요한 것은 물과 음식이다. 그리고 나침반, 손전등, 호루라기, 라디오, 마스크, 보온 모자, 우비 등도 꼭 챙겨야 할 생존 필수품이다. 이 밖에 속옷, 양말, 수건, 담요, 핫 팩, 접이식 다용도 칼, 비상 약품, 양초, 숟가락, 휴지, 야광봉 등도 생존 가방의 필수품이다. 이렇게 준비한 생존 가방은 비상시에 바로 챙겨 나갈 수 있도록 현관 옆 신발장이나 수납장 안에 보관하는 게 좋다.

➡ 생존 필수품 중에서 동서남북 방향을 찾을 수 있게 하는 (1) (나침반)와/과 어두운 곳에서 빛을 밝혀 주는 (2) (손전등)은/는 길을 찾아 나아갈 수 있게 도와준다. 또 (3) (호루라기)을/를 힘껏 불면 멀리까지 구조 신호를 보낼 수 있다. 그리고 보온 모자와 우비는 체온을 유지하는 데 큰 도움을 준다.

해설 〈보기〉에서 제시한 생존 가방의 필수품 중 나침반과 손전등은 캄캄한 밤에 길을 찾아 나아갈 수 있도록 도와줍니다. 또한 호루라기는 구조 신호를 보낼 때 유용합니다.

ERI 지수 620 사회 | 정치

㉠"국민의, 국민에 의한, 국민을 위한 정치."라는 말을 들어 본 적이 있나요? 이 말은 미국의 제16대 대통령을 지낸 에이브러햄 링컨이 게티즈버그라는 도시에서 연설할 때, 민주주의의 참모습을 보여 준 것으로 유명합니다. ㉡이 말에서 '국민의 정치'는 국가의 모든 권력은 국민에게서 나온다는 것을 의미해요. '국민에 의한 정치'는 국민의 참여로 이루어진다는 것을 뜻합니다. '국민을 위한 정치'는 정치가 국민을 위한 것이어야 한다는 의미를 담고 있어요. 이렇듯 민주주의는 국민이 나라의 주인으로서 나라를 다스리는 정치 제도입니다.

➡ 민주주의의 개념

이러한 민주주의를 실현하기 위해서는 다음 네 가지 기본적인 원리가 지켜져야 합니다. 첫째, 국가의 주권이 국민에게 있어야 합니다. 이때 주권이란 국가의 중요한 일을 결정하는 힘을 말합니다. 중요한 일을 결정하기 위한 투표, 대통령이나 국회 의원 등을 뽑는 선거에 참여하는 것은 주권을 가진 국민이 하는 일입니다.

국가의 중요한 일을 결정하는 힘이나 권력.

➡ 민주주의의 기본 원리 ① – 주권이 국민에게 있어야 함.

둘째, 국민이 스스로 나라를 다스려야 합니다. 국민이 나라는 다스리는 방법에는 크게 두 가지가 있습니다. '직접 민주 정치'와 '간접 민주 정치'가 그것입니다. 직접 민주 정치는 말 그대로 국민이 국가의 일을 직접 결정하는 것입니다. 간접 민주 정치는 국민이 국회 의원과 같은 국민의 대표를 뽑아 ㉢나랏일을 대신 맡기는 것입니다. 오늘날 대부분의 나라에서는 '간접 민주 정치'를 하고 있습니다. 땅이 넓고 인구가 많아 모든 국민이 직접 나랏일을 결정하는 데 참여하기가 어렵기 때문입니다.

나라나 나라의 정치에 관한 일.

➡ 민주주의의 기본 원리 ② – 국민이 스스로 나라를 다스려야 함.

셋째, 헌법에 따라 나라를 다스려야 합니다. 헌법은 국민의 자유와 권리를 보장하는 가장 중요한 법입니다. 헌법에 따라 나라를 다스려야 하는 이유는 어떤 개인이나 집단이 큰 힘을 가져서 마음대로 국민의 권리를 침해하는 독재 정치를 하는 것을 막기 위해서입니다.

침범하여 해를 끼침.

➡ 민주주의의 기본 원리 ③ – 헌법에 따라 나라를 다스려야 함.

넷째, 권력을 한 기관에 집중시키지 않고 여러 기관에 골고루 나누어야 합니다. 국가 기관끼리 힘을 나누어 균형을 이루게 함으로써 어느 한 기관이 나라를 마음대로 다스리지 못하도록 하여 국민의 자유와 권리를 보호하는 것이지요. 민주주의 국가는 대부분 법을 만드는 입법부, 법을 실제로 행하는 행정부, 법을 해석하고 판단하는 사법부를 따로 두어 힘을 나누어 갖도록 합니다.

어느 한쪽으로 기울어지거나 치우치지 아니하고 고른 상태.

➡ 민주주의의 기본 원리 ④ – 권력을 균형 있게 나누어야 함.

이렇게 민주주의의 기본 원리 네 가지를 살펴보았습니다. 이제 민주주의를 실현하는 데 왜 네 가지의 기본 원리가 지켜져야 하는지 알겠죠? 우리 국민 모두가 주인으로서 권리를 가지고 나라를 다스리는 일에 적극적으로 참여해야 우리나라가 민주주의 국가로 바로 설 수 있습니다.

➡ 민주주의의 원리가 지켜져야 민주주의가 실현됨.

내용 파악하기

1. 이 글의 내용으로 알맞지 않은 것은 무엇인가요? (⑤)

① 헌법은 국민의 자유와 권리를 보장한다.
② 민주주의 국가에서 주권은 국민에게 있다.
③ 민주주의는 국민이 주인이 되어 나라를 다스리는 정치 제도이다.
④ 국가 권력을 입법부, 사법부, 행정부로 나눈 것은 국민의 자유와 권리를 보장하기 위함이다.
⑤ 국회 의원과 같은 대표에게 정치를 맡기는 것은 국민이 스스로 나라를 다스리는 원리에 어긋난다.

해설 국민이 국회 의원과 같은 국민의 대표를 뽑아 나랏일을 맡기는 것을 간접 민주 정치라고 합니다. 간접 민주 정치도 국민이 나라를 다스리는 방법 중 하나이므로 국회 의원과 같은 대표에게 정치를 맡기는 것은 국민이 스스로 나라를 다스려야 한다는 원리에 어긋나지 않습니다.

어휘 관계 파악하기

2. 어휘의 의미 관계가 〈보기〉와 같은 것은 무엇인가요? (④)

보기
직접 – 간접

① 권력 – 힘
② 뜻 – 의미
③ 보장 – 보호
④ 민주 – 독재
⑤ 나라 – 국가

해설 '직접'과 '간접'은 반의 관계입니다. '독재'는 특정한 개인이나 단체 등이 모든 권력을 차지하여 모든 일을 마음대로 하는 것을 말하므로 '민주'와 상반되는 뜻을 가집니다. 따라서 '민주'와 '독재'는 반의 관계입니다. 나머지는 모두 뜻이 서로 비슷한 말끼리 짝을 이루고 있으므로 유의 관계입니다.

인용의 효과 파악하기

3. 이 글에서 ㉠이 하는 주된 기능으로 알맞은 것을 모두 골라 √표 하세요.

(1) 링컨에 대한 글쓴이의 마음을 표현해 준다. ( )
(2) 민주주의의 특성을 좀 더 분명하게 설명해 준다. (√)
(3) 신뢰할 만한 인물이 한 말을 가져옴으로써 민주주의에 대한 설명에 믿음을 준다. (√)

해설 ㉠은 민주주의의 토대를 쌓은 링컨의 유명한 연설 중 일부로 민주주의의 핵심을 간명하게 드러낸 말입니다. 이 말은 민주주의가 무엇인지 이해하는 데 도움을 주고, 링컨이라는 인물의 권위로 글의 내용에 더욱 믿음을 가질 수 있도록 해 줍니다.

4. 글의 설명 방법 파악하기

㉡과 같은 설명 방법이 사용된 것은 무엇인가요? (⑤)

① 국민이 스스로 나라를 다스려야 합니다.
② 국민이 나라는 다스리는 방법에는 크게 두 가지가 있습니다.
③ 이 말은 민주주의의 의미를 잘 나타낸 말로 평가받고 있습니다.
④ 국가의 모든 일은 국민의 동의와 지지를 바탕으로 이루어져야 합니다.
⑤ 민주주의란 나라의 주인인 국민이 권력을 가지고 다스리는 정치 제도를 말합니다.

해설 ㉡은 "국민의, 국민에 의한, 국민을 위한 정치."라는 말에서 '국민의 정치'의 의미를 '정의'의 방법으로 설명하고 있습니다. '정의'는 어떤 말이나 사물의 뜻을 분명하게 풀어서 규정하는 설명 방법입니다. ⑤에서는 정의의 설명 방법을 사용해 '민주주의'의 의미를 알기 쉽게 규정하고 있습니다.

5. 정확하게 발음하기

㉢ '나랏일'을 정확하게 발음한 것은 무엇인가요? (③)

① [나라일] ② [나란일] ③ [나란닐]
④ [나랃일] ⑤ [나랃닐]

해설 '나랏일'은 '나라'와 '일'이 결합해서 이루어진 말로 [나란닐]로 읽습니다.

6. 글의 구조 파악하기

이 글을 다음과 같이 요약할 때, ㉮와 ㉯에 알맞은 단어를 〈보기〉에서 찾아 쓰세요.

보기: 권력 권리 자유 참여 민주주의

(㉮)을/를 실현하기 위한 원리

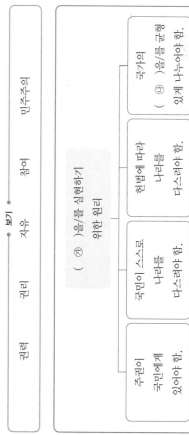

주권이 국민에게 있어야 함.	국민이 스스로 나라를 다스려야 함.	헌법에 따라 나라를 다스려야 함.	국가의 (㉯)을/를 균형 있게 나누어야 함.

➡ ㉮: (민주주의) ㉯: (권력)

해설 이 글은 2문단의 첫 문장에서 민주주의를 실현하기 위한 네 가지 원리를 설명할 것임을 밝힌 다음, 2~5문단에서 그 원리를 각각 자세하게 설명하고 있습니다. 2문단의 두 번째 문장과 3~5문단의 각 첫 문장의 내용을 참고하여 빈칸을 채우면 됩니다.

어휘 익히기

1 단어 뜻 알기

빈칸에 들어갈 알맞은 단어를 〈보기〉에서 찾아 쓰세요.

보기: 주권 나랏일 침해 균형

1. 다른 사람의 인권을 (침해)해서는 안 된다.
   뜻 침범하여 해를 끼침.
2. 국민 모두가 (나랏일)에 관심을 가져야 한다.
   뜻 나라나 나라의 정치에 관한 일.
3. 국가 기관 사이에 힘의 (균형)을/를 유지하는 것이 중요하다.
   뜻 어느 한쪽으로 기울어지거나 치우치지 아니하고 고른 상태.
4. 조상들은 빼앗긴 나라의 (주권)을/를 되찾기 위해 목숨을 걸고 싸웠다.
   뜻 국가의 중요한 일을 결정하는 힘이나 권력.

2 관용 표현 알기

다음 빈칸에 들어갈 알맞은 말을 쓰세요.

"민심은 천 심"

이 속담은 백성들의 마음은 하늘의 뜻과 같아서 저버릴 수 없음을 이르는 말입니다. 즉 국민의 뜻이 하늘의 뜻처럼 중요하니 정치를 하는 사람들이 그것을 잘 헤아려야 함을 강조하는 말입니다.

3 한자어 익히기

다음 한자어를 소리 내어 읽고 빈칸에 따라 써 보세요.

民	主
백성 민	주인 주

민주(民主): 주권이 국민에게 있음.
• 국민이 주인인 민주 국가를 만들자.
• 우리가 누리는 민주주의는 저절로 만들어지지 않는다.
• 소수의 의견에도 귀 기울이는 민주적인 태도가 필요하다.

民	主						
백성 민	주인 주						

ERI 지수 635 사회 | 법

국회 의원들이 국회 의사당 안에 모여 토론하는 장면을 텔레비전에서 본 적이 있지요? 민주주의 국가인 우리나라는 국민의 투표로 국회 의원을 뽑습니다. 국민의 대표로 선출된 국회 의원들은 여러 가지 일을 합니다. 먼저 정부가 국민을 위해 일을 잘하는지 감시합니다. 또 계획을 잘 세워 세금을 적절하게 사용하는지 심사하기도 하고, 대통령이 임명하려는 사람이 그 자리에 적합한지 조사하고 살피는 일도 합니다. 무엇보다 국회 의원들이 하는 가장 중요한 일은 입법, 즉 법을 만드는 일입니다. 그래서 국회를 '입법부'라고도 하지요. 국회는 국민의 ㉠목소리를 듣고 뜻을 살펴 필요한 법을 만들거나, 있던 법을 없애거나 고치기도 합니다. 그런데 ㉡이렇게 법을 만드는 국회의 일이 우리 같은 학생에게는 거리가 먼 이야기일까요? 그렇지 않답니다.

(심사: 자세하게 조사하여 결정함. 임명: 일정한 지위와 임무를 남에게 맡김.)

➡ 국회에서 하는 일

2020년부터 적용되기 시작한 '민식이법'을 들어 보았나요? 2019년에 학교 근처에서 아홉 살 어린이가 교통사고로 사망하였습니다. 이에 다시는 이런 마음 아픈 일이 일어나지 않도록 학교 근처에서 자동차 속도를 제한하는 법이 생겼습니다. 이 법은 사고를 당한 어린이의 이름을 따서 '민식이법'이라고 부릅니다. '민식이법'은 어린이 보호 구역에서 자동차가 천천히 달리도록 속도를 정하고 있어요. 어린이 보호 구역은 유치원과 초등학교 주변 300m 이내의 구역을 말합니다. 이곳에서 운전자는 시속 30km 이하로 천천히 운전하고, 횡단보도에서는 일단 차를 멈추어야 합니다.

➡ 민식이법의 내용

사실 우리나라는 1995년부터 도로 교통법으로 어린이 보호 구역을 정하고, 운전자들이 어린이를 보호하면서 운전하도록 노력을 기울여 왔습니다. 그런데도 어린이 보호 구역 안에서 계속 어린이 교통사고가 일어났고, 2019년에는 사망 사고까지 일어난 것입니다. 그러자 ㉢민식 어린이의 부모님을 비롯해 많은 사람이 어린이 보호 구역과 관련된 법을 더 강화해야 한다고 주장하였습니다. 이에 국회 의원들은 국민의 뜻을 모아 법률안을 만들어 국회에 제출하였습니다. 그리고 여러 단계의 심사와 의결을 거쳐 이 법이 통과가 되었습니다. 이 법은 어린이 보호 구역에 과속 단속 카메라를 반드시 설치하라는 내용을 포함하고 있습니다. 또한 일반 도로에서보다 어린이 보호 구역 안에서 교통사고를 낸 운전자에게 더 무거운 벌을 주도록 처벌을 강화하였습니다.

(단속: 규칙이나 법, 명령 등을 지키도록 통제함.)

➡ 민식이법이 만들어진 과정 및 배경

이와 같이 국회는 국민의 의견을 반영하여 법을 더 낫게 고치거나 새롭게 만드는 일을 합니다. ㉣법은 집처럼 국민이 안전하고 평화롭게 살아가는 데 꼭 필요합니다. **이런 법을 만드는 국회의 일은 우리 국민 모두의 삶과 관련됩니다.** 따라서 국회가 만드는 법이 나에게 어떤 영향을 미치는지, 국회 의원들이 국민을 위한 좋은 법을 만드는지 관심을 가지고 지켜봐야 합니다. 나아가 국민이 행복하고 안전하게 사는 데 도움을 주는 법을 만들도록 요구하는 것도 필요합니다.

(반영: 다른 것에 영향을 받아 어떤 현상을 나타냄.)

➡ 법을 바꾸거나 새롭게 만드는 곳 – 국회

내용 파악하기

1. '국회'가 하는 일로 알맞지 않은 것은 무엇인가요? (②)

① 정부가 국민을 위해 일을 잘하는지 감시한다.
② 법에 따라 국민을 위해 나라 살림을 맡아 한다.
③ 국민이 낸 세금이 적절하게 사용되는지 심사한다.
④ 대통령이 임명하려는 사람이 그 자리에 적합한지 조사한다.
⑤ 국민의 뜻을 살펴서 필요한 법을 만들고, 잘못된 법은 고치거나 없앤다.

해설 1문단에서 국회는 법을 만들거나, 있던 법을 없애거나 고치는 일을 한다고 하였습니다. 국회가 만든 법에 따라 나라 살림을 맡아 하는 곳은 행정부입니다.

예시의 기능 이해하기

2. 다음은 이 글에서 '민식이법'을 이야기한 이유를 정리한 것입니다. 빈칸에 알맞은 말을 쓰세요.

이 글에서 '민식이법'을 이야기한 이유는 국회에서 법을 만드는 일이 국민의 삶과 관련이 있다는 것을 (예)을/를 들어 설명함으로써 읽는 이의 관심을 높이고 이해를 돕는 데 있다.

해설 이 글을 읽는 어린이들은 국회에서 법을 만드는 일이 자신과 관련이 없다고 생각할 수 있습니다. 글쓴이는 이러한 점을 고려하여 어린이와 직접적으로 관련되는 '민식이법'을 예로 들어 이야기함으로써 읽는 이의 관심을 높이고, 이해를 돕고자 하였습니다.

어휘의 의미 파악하기

3. ㉠과 같은 뜻으로 '목소리'가 사용된 문장은 무엇인가요? (⑤)

① 영지가 고운 목소리로 노래를 불렀다.
② 어디선가 귀에 익은 목소리가 들려온다.
③ 그는 떨리는 목소리로 간신히 이야기를 꺼냈다.
④ 나는 친구들의 목소리를 잘 흉내 내는 재주가 있다.
⑤ 산을 깎아서 도로를 만들자는 의견에 비판의 목소리가 높다.

해설 '목소리'는 '목구멍에서 나는 소리.'를 뜻하지만, ㉠이나 ⑤에서와 같이 '의견이나 주장'을 비유적으로 표현할 때에도 사용됩니다.

표현 방법 파악하기

4. 이 글의 다음 문장을 ㉡과 같은 표현 방법을 사용하여 바꾸어 쓰세요.

이런 법을 만드는 국회의 일은 우리 국민 모두의 삶과 관련됩니다.

➡ 이런 법을 만드는 국회의 일이 우리 국민 모두의 삶과 관련이 있을까요? 그렇습니다.

해설 ㉡에는 글쓴이가 스스로 질문하고 그에 대해 스스로 답하는 '자문자답'의 표현 방법이 사용되었습니다. 주어진 문장도 ㉡처럼 스스로 묻고 답하는 문장으로 바꾸면 됩니다.

세부 내용 파악하기

5. ㉢을 반영하여 만들어진 '민식이법'에 해당하는 내용을 모두 골라 √표 하세요.

(1) 어린이 보호 구역에서의 차량 통행을 금지한다. (   )
(2) 어린이 보호 구역에 과속 단속 카메라를 설치한다. (√)
(3) 어린이 보호 구역 안에서 교통사고를 낸 운전자 처벌을 강화한다. (√)

해설 '민식이법'은 어린이 보호 구역 내 과속 단속 카메라 설치 의무화와 어린이 보호 구역에서 교통사고를 낸 운전자의 처벌을 강화하는 내용으로 이루어져 있습니다. 어린이 보호 구역에서 차량의 통행을 금지하는 것은 '민식이법'과 관련이 없습니다.

비유적 표현의 의미 파악하기

6. ㉣에 사용된 비유적 표현을 다음과 같이 분석할 때, 빈칸에 알맞은 말을 쓰세요.

표현하려는 대상	빗댄 대상
법	집

비슷한 점: 안전하고 평화롭게 보호함.

해설 '법'과 '집'은 구성원들을 외부로부터 안전하게 보호해 주는 역할을 한다는 점에서 비슷합니다. ㉣은 이러한 유사점을 바탕으로 '법'이 '국민을 안전하고 평화롭게 보호하는 역할'을 한다는 점을 보다 구체적으로 표현하기 위하여 '법'을 '집'에 비유하였습니다.

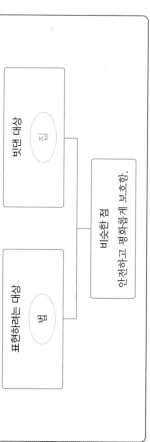

어휘 익히기

1 단어 뜻 알기

빈칸에 들어갈 알맞은 단어를 〈보기〉에서 찾아 쓰세요.

보기: 심사 임명 단속 반영

1. 좋은 문학 작품은 현실을 (반영)한다.
   뜻 다른 것에 영향을 받아 어떤 현상을 나타냄.
2. 대통령이 곧 장관을 (임명)할 것이다.
   뜻 일정한 지위와 임무를 남에게 맡김.
3. 경찰관이 자동차의 속도위반을 (단속)하는 중이다.
   뜻 규칙이나 법, 명령 등을 지키도록 통제함.
4. 올해 정부가 사용할 예산에 대한 (심사)이/가 이루어졌다.
   뜻 자세하게 조사하여 결정함.

2 관용 표현 알기

다음 내용과 관련되도록 빈칸에 공통으로 들어갈 말을 쓰세요.

민주주의 국가에서는 모든 사람이 평등해. 돈이 많거나 힘이 있다고 법을 함부로 어기거나 잘못을 범해서는 안 되지. 법은 모든 사람에게 공평하게 적용되니까.

"법 위에 사람 없고, 법 아래 사람 없다"

민주주의 국가에서는 법으로 국민의 권리를 보장하고 질서를 지키며 살아가도록 합니다. 이 말은 이러한 법 앞에서 모든 사람은 차별받지 않고 평등해야 한다는 것을 뜻합니다.

3 한자어 익히기

다음 한자어를 소리 내어 읽고 빈칸에 따라 써 보세요.

立	法
설 입	법 법

입법(立法): 법을 만듦.
- 국회는 입법 기관이다.
- 법이 중요한 만큼 입법 과정을 투명하게 공개하자.
- 모든 입법 행위는 헌법을 존중하는 바탕 위에서 이루어져야 한다.

立	法
설 입	법 법

ERI 지수 654 사회 | 정치

가 민주주의 국가에서 모든 국민은 정치에 참여할 수 있는 참정권을 가집니다. 참정권에는 국민이 자신들을 대표할 사람을 뽑는 선거권, 자기 자신이 직접 선거에 나가서 당선될 수 있는 권리인 피선거권, 공무원이 되어서 나랏일을 할 수 있는 권리가 있습니다. 저는 이 중에서 선거권에 대해 이야기하고자 합니다. 우리나라는 만 18세가 되어야 선거권을 가지고 투표에 참여할 수 있습니다. 과거에는 만 19세가 되어야 선거권을 갖고 투표에 참여할 수 있었습니다. 그러나 미국, 프랑스, 일본 등 많은 나라가 만 18세부터 투표를 하도록 하고 있고, 만 18세 정도면 투표를 할 수 있을 정도로 충분히 성숙하다고 본다는 점에서 우리나라도 선거권을 갖는 나이를 만 18세로 낮추었습니다.

(참여: 어떤 일에 끼어들어 관계함. / 성숙: 몸과 마음이 자라서 어른스럽게 됨.)

➡ 우리나라에서 선거권을 갖는 나이는 만 18세임.

나 그러나 저는 만 18세도 늦다고 생각합니다. 투표에 참여하는 나이를 만 16세로 더 낮추어야 합니다. 만 16세가 너무 이르다고요? 그렇지 않습니다. 실제로 오스트리아, 브라질, 아르헨티나, 에콰도르, 쿠바, 니카라과 등의 나라에서는 만 16세 청소년부터 투표를 할 수 있습니다.

➡ 만 16세부터 투표를 하는 나라들

다 만 16세보다 한참 어린 한 살 아기 때부터 투표할 수 있는 나라도 있습니다. 독일에서는 독일에 사는 18세 미만의 어린이와 청소년은 누구나 어른과 똑같은 투표용지를 받아서 ㉠모의 투표를 할 수 있습니다. 어린이와 청소년 스스로 학교, 동네 공원, 도서관 등에 투표소를 설치하고 투표함을 만들어 투표를 합니다. 모의 투표이긴 하지만 각 정당과 정치인들은 어린이와 청소년들의 투표 결과를 중요하게 여기고 실제 정치에 반영하려고 노력합니다.

➡ 18세 미만의 투표 사례 – 독일

라 어른들은 청소년이나 어린이들은 아직 경험도 부족하고, 현명하게 판단하는 힘이 없기 때문에 투표를 하기에 이르다고 생각합니다. 그러나 중학생 정도의 나이가 되면 사회를 보는 눈도 생기고 옳고 그름을 판단할 수 있습니다. 어른들의 눈에는 어려 보여도 만 16세 정도가 되면 생각하는 힘이 충분히 길러집니다. 앞에서 이야기한 것처럼 오스트리아, 브라질 등의 나라에서 만 16세 청소년들에게 투표할 권리를 주는 것도 이 시기 청소년들이 판단할 수 있는 힘이 있다는 것을 인정하기 때문이 아닐까요?

(눈: 사물을 보고 판단하는 힘.)

➡ 만 16세 이상이면 판단하는 힘이 생김.

마 만 16세부터 청소년에게 선거권이 주어진다면 정치인들이 청소년들의 목소리에 더욱 귀를 기울여 청소년에게 필요한 정책을 고민하고 마련하게 될 것입니다. 또한 청소년들은 자신의 삶과 직접적으로 관련된 정책이 무엇인지, 후보자들이 내세운 정책 및 주장에 대하여 관심을 가지고 어릴 때부터 정치에 참여하는 기회를 가질 수 있다는 장점이 있습니다. 만 16세부터 투표할 수 있는 권리를 주어야 할 것입니다.

(정책: 정치적 목적을 실현하기 위한 방법.)

➡ 만 16세 이상에게 선거권을 주면 좋은 점

내용 파악하기

1. '참정권'과 관련된 설명으로 바르지 않은 것은 무엇인가요? (③)

① 참정권은 정치에 참여할 수 있는 권리이다.
② 선거에 참여하는 데에는 나이에 제한이 있다.
③ 피선거권은 국민이 자신들을 대표할 사람을 뽑는 권리이다.
④ 과거 우리나라의 선거권은 만 19세 이상 국민에게 주어졌다.
⑤ 공무원이 되어 나랏일을 할 수 있는 권리도 참정권에 포함된다.

해설 참정권에 대해서는 가에 주로 설명이 되어 있습니다. 가를 읽으며 참정권의 정의, 종류, 나이 제한 등에 대해 정확하게 파악해야 합니다. 국민이 자신들을 대표할 사람을 뽑는 권리는 선거권이고, 본인이 직접 선거에 나가서 당선될 수 있는 권리는 피선거권입니다.

표현 방법 파악하기

2. 나에 사용된 표현 방법으로 알맞은 것을 모두 골라 √표 하세요.

(1) 글쓴이가 스스로 질문하고 스스로 답하고 있다. (√)
(2) 글쓴이의 생각을 직접적으로 드러내지 않고 돌려 말하고 있다. ( )
(3) 글쓴이의 생각을 뒷받침하기 위하여 다른 나라의 사례를 열거하고 있다. (√)

해설 (1) '만 16세가 너무 이르다고요?'라는 질문을 글쓴이 스스로 던지고, 이에 대해 스스로 답하는 방법(자문자답의 표현법)을 활용하여 글쓴이는 읽는 이의 관심을 끌고 자신이 하고 싶은 말을 강조하고 있습니다. (3) 나에서 글쓴이는 '선거권 연령을 만 16세로 낮추자.'라는 주장을 명확히 드러내고, 이를 뒷받침하기 위하여 다른 나라의 사례를 열거하고 있습니다.

내용의 타당성 평가하기

3. 다음은 다를 읽고 세 친구가 나눈 대화입니다. 빈칸에 알맞은 말을 이 글에서 찾아 쓰세요.

진수: 한 살 때부터 투표할 수 있다는 독일의 모의 투표 사례가 글쓴이의 주장을 뒷받침하는 근거로 타당할까?
영미: 타당하다고 생각해. 왜냐하면 독일의 각 정당과 정치인들이 어린이와 청소년들의 투표 결과를 중요하게 여기고 (실제 정치에 반영하려고) 노력하기 때문이야.
민정: 그렇지만 투표와 모의 투표가 엄연히 다르다는 점에서 '한 살 아기 때부터 투표'를 한다는 내용은 읽는 이의 오해를 불러일으킬 수 있어. 그러니 정확하게 설명하는 것이 좋겠어.

해설 독일에서 18세 미만의 어린이와 청소년이 하는 투표는 실제 투표가 아닌 모의 투표이지만, '영미'의 말처럼 정당과 정치인들이 투표 결과를 중요하게 받아들이고 정치에 반영하려고 노력한다는 점에서 실제 투표의 성격을 가지므로 글쓴이의 주장을 뒷받침한다고 볼 수 있습니다. 그러나 '민정'의 말처럼 엄밀한 의미에서 투표와 모의 투표는 다르므로 한 살 아기 때부터 투표할 수 있다는 말은 읽는 이의 오해를 유발할 수 있습니다. 따라서 '한 살 아기 때부터 모의 투표를 할 수 있는 나라'와 같이 정확하게 내용을 진술해야 글의 타당성이 높아집니다.

설득 방법 파악하기

4. **다음은 글쓴이가 라의 내용을 쓴 이유를 생각하여 정리한 것입니다. 빈칸에 알맞은 말을 〈보기〉에서 찾아 쓰세요.**

보기: 결정 동의 반박 인정 참고

이 글을 읽는 사람들 중에는 만 16세 청소년이 옳고 그름을 판단하지 못하기 때문에 선거에 참여하기에 어리다고 생각하는 사람들이 있을 수 있다. 글쓴이가 라의 내용을 쓴 이유는 이러한 사람들의 생각에 미리 (반박)을/를 하기 위해서이다.

해설 라는 글쓴이가 읽는 이의 생각을 미리 헤아리고 이에 대처하기 위해 작성한 내용입니다. 읽는 이가 만 16세 청소년들의 판단력을 신뢰하지 않을 수 있음을 고려하여 이에 미리 반박하는 내용을 제시한 것입니다. 이때 '반박'은 '어떤 의견이나 주장에 반대하여 말함.'을 뜻합니다.

어휘의 의미 파악하기

5. **㉠과 같은 뜻으로 '모의'가 사용된 문장은 무엇인가요? (②)**

① 왕을 배반하는 모의를 꾀하다 탄로가 났다.
② 지난주 모의로 실험한 결과가 오늘 나온다.
③ 잘못된 일을 모의하다가는 믿음을 잃게 된다.
④ 밤중에 몇 사람의 모의로 일을 결정할 수는 없다.
⑤ 조사 결과 그 일은 두 사람이 모의한 것으로 드러났다.

해설 ㉠은 '실제의 것을 흉내 내어 그대로 해 봄.'의 뜻을 가집니다. 이런 뜻으로 '모의'가 사용된 문장은 ②입니다. 나머지는 모두 '어떤 일을 꾀하고 의논함.'의 뜻으로 '모의'가 사용된 문장들입니다.

내용 요약하기

6. **이 글의 내용을 다음과 같이 정리할 때, ⓐ와 ⓑ에 들어갈 알맞은 말을 쓰세요.**

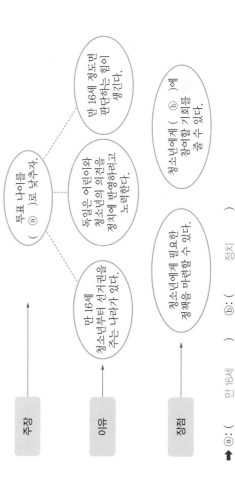

주장	투표 나이를 (ⓐ)로 낮추자.		
이유	만 16세 청소년부터 선거권을 주는 나라가 있다.	독일은 어린이와 청소년의 의견을 정치에 반영하려고 노력한다.	만 16세 정도면 판단하는 힘이 생긴다.
장점	청소년에게 필요한 정책을 마련할 수 있다.	청소년에게 (ⓑ)에 참여할 기회를 줄 수 있다.	

➡ ⓐ: (만 16세) ⓑ: (정치)

해설 이 글은 '투표 나이를 만 16세로 낮추자.'라는 주장을 하는 데 목적이 있습니다. 글쓴이는 자신의 주장을 뒷받침하기 위하여 세 가지 근거를 들고 있고, 자신의 주장이 갖는 장점을 언급하였습니다.

1 단어 뜻 알기

빈칸에 들어갈 알맞은 단어를 〈보기〉에서 찾아 쓰세요.

보기: 참여 성숙 눈 정책

1. 사람들의 (참여)이/가 너무 적었다.
   뜻 어떤 일에 끼어들어 관계함.
2. 국민을 위한 (정책)을/를 세워야 합니다.
   뜻 정치적 목적을 실현하기 위한 방법.
3. 몸만이 아니라 정신의 (성숙)도 필요하다.
   뜻 몸과 마음이 자라서 어른스럽게 됨.
4. 그는 좋은 물건을 알아보는 (눈)이/가 정확하다.
   뜻 사물을 보고 판단하는 힘.

2 관용 표현 알기

다음 빈칸에 들어갈 알맞은 말을 쓰세요.

"세 살 먹은 아이 말도 귀담아들으랬다"

이 속담은 어린아이가 하는 말이라도 일리가 있을 수 있으므로 소홀히 여기지 말고 귀담아들어야 한다는 뜻으로, 남이 하는 말을 신중하게 잘 들어야 함을 비유적으로 이르는 말입니다. 이 속담에 따르면 단지 나이가 어리다는 이유만으로 청소년의 선거권을 제한해서는 안 되겠지요?

3 한자어 익히기

다음 한자어를 소리 내어 읽고 빈칸에 따라 써 보세요.

參	政
참여할 참	정치 정

참정(參政): 정치에 참여함.
- 참정권을 갖는 나이에 제한이 있다.
- 국민의 참정권을 제한해서는 안 된다.
- 권리가 확대되면서 시민들의 참정이 가능하게 되었다.

參	政						
참여할 참	정치 정						

ERI 지수 619 사회 | 정치

가 여러분, 국민의 대표를 뽑는 선거에 사용되는 투표용지를 본 적이 있나요? 아직 투표를 해 보지 않아서 투표용지를 직접 본 적은 없지만, 선거 안내문이나 방송을 통해 투표용지를 본 친구들도 있을 것입니다. 우리나라 투표용지는 무늬가 없는 종이에 후보자의 번호와 이름이 쓰여 있습니다. 투표를 하는 사람들은 자신이 투표하고 싶은 후보자의 이름 옆에 도장을 찍습니다. 그럼 다른 나라의 투표용지는 어떨까요? 우리나라와 같은 투표용지를 사용할까요? ➡ 우리나라의 투표용지

(용지: 어떤 일에 쓰는 종이. / 후보자: 선거에서, 어떤 직위나 신분을 얻으려고 일정한 자격을 갖추어 나섬. 또는 그런 사람.)

나 인도와 파키스탄은 글자를 읽지 못하는 국민이 많기 때문에 투표용지에 그림을 그려 넣습니다. 투표용지에는 각 정당을 표시하는 그림이 그려져 있습니다. 인도에서는 투표용지에 빵, 프라이팬, 포도와 같이 일상생활에서 사람들이 사용하는 물건을 그림으로 그려서 투표하고자 하는 정당을 쉽게 기억할 수 있도록 돕습니다. 파키스탄에서는 연꽃, 코코넛, 손바닥 등의 각 정당을 나타내는 그림 위에 잉크를 묻힌 손가락 지문을 찍을 수 있게 투표용지를 제작합니다. 이집트는 글자를 모르는 국민을 위하여 후보자의 이름과 함께 후보자의 사진을 투표용지에 넣습니다. 그림이나 사진을 투표용지에 넣으면 글자를 읽지 못하는 국민이 투표하는 데 도움을 주지만, 투표용지를 인쇄하는 데 시간과 비용이 많이 드는 문제가 발생합니다. ➡ 인도, 파키스탄, 이집트의 투표용지

(정당: 정치적인 주장이나 입장이 같은 사람들이 권력을 잡고 정치적 이상을 실현하기 위하여 조직한 단체.)

다 여러 나라에서 이주해 온 사람들이 많이 모여 사는 나라, 미국의 투표용지는 어떻게 생겼을까요? 미국은 투표용지에 영어와 함께 스페인어 또는 한국어, 중국어를 나란히 써서 영어를 잘하지 못하는 사람들을 배려하고 있습니다. 또한 미국의 투표용지에는 정책에 대한 설명이 상세하게 적혀 있습니다. 정책에 대한 설명을 투표용지에 써넣으면 사람들이 정책을 이해하고 투표하는 데 도움을 줍니다. 하지만 글자가 빽빽하게 쓰여서 국민들이 투표용지를 잘 읽지 못하거나 읽는 데 시간이 많이 걸린다는 문제점도 있습니다. ➡ 미국의 투표용지

(이주: 본래 살던 지역을 떠나 다른 지역으로 이동하여 정착함.)

라 이웃 나라 일본의 투표용지는 어떻게 생겼을까요? 일본에서는 유권자가 자신이 지지하는 후보나 정당의 이름을 직접 쓰도록 투표용지를 만듭니다. 후보자나 정당의 이름을 직접 써서 투표하기 때문에 글자를 틀리게 쓰거나 빠뜨리는 등 후보자나 정당의 이름을 잘못 쓰는 일이 발생하기도 합니다. 하지만 가능한 한 ㉠무효표를 만들지 않기 위해 일본의 선거법에서는 "투표자의 의사가 분명히 전달되는 내용이면 유효로 인정한다."라고 규정하고 있습니다. 예를 들어, 후보자 이름 '홍길동'을 '홍긴동'과 같이 써도 어떤 후보자의 이름을 썼는지 알 수 있다면 유효표로 인정됩니다. 일본과 같이 후보자나 정당의 이름을 직접 쓰는 방식은 글을 모르는 국민이 투표하기에는 어렵다는 문제가 있습니다. 그러나 ㉡부정 선거를 막고, 투표용지 준비가 쉽다는 장점이 있습니다. ➡ 일본의 투표용지

마 이처럼 투표용지는 나라마다 다르게 생겼습니다. 나라마다 투표용지가 다른 것은 선거에 대한 국민의 참여를 높이고 무효표를 줄이려는 각 나라의 노력의 결과라고 볼 수 있습니다. ➡ 투표용지에 담긴 의미

글의 성격 파악하기

1. 이 글에 대한 설명으로 가장 알맞은 것은 무엇인가요? (⑤)

① 우리나라 투표용지의 장점을 알리는 글이다.
② 우리나라 투표용지의 개선 방안을 제안한 글이다.
③ 다른 나라 투표용지의 문제점을 구체적으로 지적한 글이다.
④ 국민들에게 투표에 적극적으로 참여할 것을 권유하는 글이다.
⑤ 세계 여러 나라의 예를 들어 투표용지가 나라마다 다르다는 것을 설명한 글이다.

해설 이 글은 세계 각국이 국민의 투표 참여를 높이기 위하여 나라 상황에 맞게 투표용지를 만든다는 것을 다양한 예를 들어 설명하고 있습니다.

세부 내용 파악하기

2. 각 나라별 투표용지에 대한 설명을 다음과 같이 정리할 때, ⓐ와 ⓑ에 들어갈 말을 알맞게 짝지은 것은 무엇인가요? (④)

나라	투표용지의 특징	장점
인도, 파키스탄	정당을 나타내는 (ⓐ)을/를 그려 넣음.	글자를 모르는 국민의 참여를 도움.
이집트	후보자의 이름과 사진을 함께 넣음.	글자를 모르는 국민의 참여를 도움.
미국	정책을 제시하고, 영어와 함께 여러 나라의 언어를 나란히 써넣음.	정책 이해를 돕고, (ⓑ)을/를 잘 하지 못하는 사람을 배려함.
일본	후보자나 정당의 이름을 직접 적게 함.	부정 선거를 막고, 투표용지 준비가 쉬움.

	ⓐ	ⓑ
①	정책	영어
②	정책	언어
③	정책	글자
④	그림	영어
⑤	그림	글자

해설 이 표에는 각 나라별로 투표용지에 어떤 특징이 있고, 각기 어떤 장점이 있는지 정리되어 있습니다. ⓐ에 들어갈 말은 나에서, ⓑ에 들어갈 말은 다에서 찾을 수 있습니다. ⑤ 미국에서는 여러 나라에서 이주해 온 사람들이 영어를 잘 모를 수 있어서 영어 이외의 언어도 투표용지에 사용합니다. 그렇지만 이들이 글자를 모른다고 말하는 것은 정확하지 않습니다.

어휘 관계 파악하기

3. ㉠과 반대되는 뜻으로 쓰인 단어를 라에서 찾아 쓰세요.

(유효표)

해설 ㉠은 '무효'와 '표'가 합쳐져서 하나의 단어가 된 말로, '효력을 잃은 표.'를 뜻합니다. 이와 상반되게 효력을 가진 표라는 의미로 이 글에서 쓰인 말은 '유효표'입니다.

어휘의 의미 파악하기

4. ㉡과 같은 뜻으로 '부정'이 사용된 문장은 무엇인가요? (②)

① 범인이 자신의 범행을 부정하고 있다.
② 돈을 부정한 방법으로 모아서는 안 됩니다.
③ 그는 긍정도 부정도 하지 않고 미소만 지었다.
④ 나는 억울해서 계속 그 일을 부정할 수밖에 없었다.
⑤ 그녀가 내 의견을 부정하지 않는 것을 보니 아마도 나와 같은 생각인가 보다.

해설 ㉡은 '올바르지 않거나 옳지 못함.'의 뜻을 가집니다. 이런 뜻으로 '부정'이 사용된 문장은 ②입니다. 나머지는 모두 '어떤 것을 받아들이지 않음.'의 뜻으로 '부정'이 쓰인 문장입니다.

중심 내용 파악하기

5. 이 글의 내용을 바탕으로 다음의 질문에 답할 때, 빈칸에 알맞은 말을 쓰세요.

질문: 투표용지가 왜 나라마다 다른 건가요?

⬇

답변: 각 나라가 처한 상황을 고려하여 국민의 투표 (참여)을/를 높이고 무효표를 줄이기 위해서입니다.

해설 이 글은 각 나라가 저마다 처한 상황을 고려하여 국민의 투표 참여를 높이고 무효표를 줄이기 위해 투표용지를 만들고 있으며, 그 결과 나라마다 투표용지가 다름을 설명하고 있습니다.

사회 문제를 해결하는 방안 찾기

6. 나라면 다음 문제를 어떻게 해결할 것인지 그 방안을 간단하게 쓰세요.

문제: 한글을 읽지 못하는 사람들을 위하여 우리나라 투표용지를 어떻게 만들 것인가?

➡ 나의 해결 방안: 예시 답 투표용지에 후보자의 얼굴이 담긴 사진을 넣는다. / 전자 투표용지로 바꾸어 소리로 정보를 제공한다.

해설 외국의 사례 등을 참고하고 상상력을 발휘하여 문제를 해결할 좋은 방안을 찾아봅니다. 이때 문제의 해결 방안은 합리적이고 실현 가능한 것이어야 합니다.

어휘 익히기

1 단어 뜻 알기

빈칸에 들어갈 알맞은 단어를 〈보기〉에서 찾아 쓰세요.

• 보기 •
용지 후보 정당 이주

1. 그녀가 우리 지역 국회 의원 (후보)(으)로 나섰다.
뜻 선거에서, 어떤 직위나 신분을 얻으려고 일정한 자격을 갖추어 나섬. 또는 그런 사람.

2. 나는 회사에 가서 가수 지망 신청서 (용지)을/를 받았다.
뜻 어떤 일에 쓰는 종이.

3. 그는 자신과 뜻이 같은 사람들이 모인 (정당)에 가입하였다.
뜻 정치적인 주장이나 입장이 같은 사람들이 권력을 잡고 정치적 이상을 실현하기 위하여 조직한 단체.

4. 여러 민족이 (이주)하여 모여 살게 되면서 문화 교류가 활발하게 이루어졌다.
뜻 본래 살던 지역을 떠나 다른 지역으로 이동하여 정착함.

2 관용 표현 알기

다음 빈칸에 들어갈 알맞은 말을 쓰세요.

"눈 먹던 토끼 얼음 먹던 토끼가 제 각 각"

눈을 먹고 살던 토끼와 얼음을 먹고 살던 토끼가 다르다는 뜻으로, 사람은 자기가 겪어 온 환경에 따라서 그 능력이 다르고 생각이 다름을 비유적으로 이르는 말입니다. 사람이 자라온 환경에 따라서 생각이나 능력이 다른 것처럼, 나라마다 처한 상황이 다르므로 사회 문제를 해결하는 정책이나 방안도 제각각입니다.

3 한자어 익히기

다음 한자어를 소리 내어 읽고 빈칸에 따라 써 보세요.

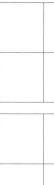

投	票
던질 투	표 표

투표(投票): 선거를 하거나 어떤 일을 결정할 때 자신의 의사를 표시하여 일정한 곳에 내는 일.
• 대표자를 뽑기 위해 투표를 실시하였다.
• 이 법을 없앨지는 시민들의 투표 결과에 따르기로 하였다.

投	票						
던질 투	표 표						

05회 읽기 방법 익히기

1 인용의 효과 파악하기

인용은 다른 사람의 말이나 글을 자신의 말이나 글에 끌어다 쓰는 것을 말합니다. 남의 말이나 글을 적절하게 인용하면 자신이 말하고자 하는 바를 분명하게 하거나 자기 생각을 효과적으로 뒷받침할 수 있습니다. 글을 읽으며 글쓴이가 누구의 말이나 글을, 왜 인용하였는지 파악하고 인용한 말이나 글이 믿을 만하고 적절한지 평가하면, 글을 좀 더 정확하게 비판적으로 이해할 수 있습니다.

★ **글에서 인용 부분을 찾으려면,**

(1) 다른 사람의 말과 글을 그대로 인용할 때 사용하는 큰따옴표(" ")를 찾습니다.

(2) '~에 따르면(의하면)'이나 '~(라)고' 등의 표현을 찾습니다.

★ **인용의 효과**

(1) 글쓴이는 인용을 하여 글쓴이가 하고 싶은 말을 더욱 명확하게 표현하거나 실감 나게 전달할 수 있습니다.

(2) 널리 알려지거나 신뢰할 수 있는 사람의 말과 글, 그리고 출처가 분명한 말과 글 등을 사용하여 글쓴이의 의견이나 주장을 뒷받침할 수 있습니다.

1 다음 글을 읽고, 물음에 답하세요.

"오늘 전주 날씨는 오전에는 맑다가 점점 구름이 끼면서 흐려지겠습니다."
아침에 뉴스에서 들은 오늘의 날씨 소식이다. 오전에 맑다가 구름이 끼면서 흐려지는 것처럼 날씨는 하루나 며칠 사이에 바뀌는 짧은 기간의 대기 상태를 말한다. 이와 달리 기후는 어느 지역에서 오랜 기간 반복되는 대기 상태를 말한다. 봄, 여름, 가을, 겨울 사계절이 있고, 계절별로 온도 차이가 큰 우리나라의 기후는 해마다 비슷하게 나타난다.

(1) 이 글에서 인용한 부분을 찾아 밑줄을 치세요.

해설 큰따옴표를 사용한 부분에서 직접 인용한 내용을 찾을 수 있습니다.

(2) 이 글에서 (1)에서 답한 부분을 인용한 이유를 간단하게 쓰세요.

기후와 달리 매일매일 달라지는 날씨를 예를 들어 설명하기 위해서 아침에 뉴스에서 들은 오늘의 날씨 소식을 인용하였다.

해설 뉴스 일기 예보에서 한 말을 직접 인용함으로써 날씨가 매일매일 달라진다는 것을 분명하고 실감 나게 설명할 수 있습니다.

2 다음 글을 읽고, 빈칸에 알맞은 말을 쓰세요.

(가) 언제나 말조심을 해야 합니다. 친구와 단둘이서만 주고받은 말이라도 다른 친구들의 귀에 들어가 어느새 학교 전체에 퍼져 나갈 수 있으니까요. 늘 말조심합시다.

(나) 언제나 말조심을 해야 합니다. 친구와 단둘이서만 주고받은 말이라도 다른 친구들의 귀에 들어가 어느새 학교 전체에 쉽게 퍼져 나갈 수 있으니까요. '발 없는 말이 천 리 간다.'라는 말도 있듯이 늘 말조심합시다.

➡ (나)는 속담을 (인용)하여 말이 쉽게 퍼져 나간다는 것을 실감 나게 표현함으로써 (가)보다 말조심을 하자는 주장을 더 설득력 있게 전달하고 있다.

해설 (나)는 (가)와 동일한 내용이지만, 글의 마지막 문장에 관련된 속담을 인용하여 주장을 더 설득력 있게 표현하고 있습니다.

3 다음 글을 읽고, 물음에 답하세요.

(가) ① 최근 들어 인구가 빠른 속도로 크게 줄고 있다. ② 통계청에 따르면 지난 4월 우리나라에서 태어난 사람은 2만 3,420명이라고 한다. ③ 이는 인구를 조사하기 시작한 이래 가장 적은 수이다. ④ 반면 같은 기간에 사망한 사람은 2만 4,628명으로, 태어난 사람보다 1,208명이 많다고 한다. ⑤ 지난 4월 우리나라 인구가 그만큼 줄었다는 뜻이다. ⑥ 인구의 자연 감소는 사망자가 많아서 생긴 일로 볼 수도 있으나, 태어난 사람의 수가 크게 준 것이 더 큰 영향을 미친다.

(나) 우리나라 인구가 계속 줄고 있다. 태어난 사람보다 사망한 사람이 더 많은 자연 감소가 이어지고 있는 것이다. 이처럼 출생자 수가 계속 줄 경우 2750년 우리나라의 인구는 '0'이 되면서 대한민국이라는 나라가 없어질 수 있다고 한다.

(1) (가)의 ①~⑥ 중 인용을 한 문장을 모두 고르세요. (② , ④)

해설 인용과 인용한 내용에 대한 해설을 구분해야 합니다. (가)에서처럼 간접 인용을 할 때에는 출처를 알리는 '~에 따르면' 또는 '~(라)고' 등의 표현을 사용하므로, 이들 표현이 있는 부분을 찾으면 인용 내용을 확인할 수 있습니다.

(2) (가)에서 인용을 한 이유로 알맞은 것을 모두 골라 ∨표 하세요.

① 통계청을 홍보하기 위하여 ( )

② 객관적인 수치를 제시하여 글에 신뢰감을 더 주려고 (∨)

③ 통계청이라는 믿을 만한 기관의 자료를 활용함으로써 주장의 신뢰성을 높이기 위해 (∨)

해설 (가)는 통계청 조사 결과를 인용하여 인구 감소 정도를 객관적인 수치로 제시함으로써 글의 신뢰도를 높이고, 인구 감소가 심각하다는 주장을 설득력 있게 뒷받침하고 있습니다.

(3) (나)의 인용문이 지닌 문제점을 한 가지 쓰세요.

누구의 자료를 인용한 것인지 출처가 없습니다.

해설 인용은 남의 말이나 글을 끌어다 쓰는 것이므로 반드시 출처를 밝혀야 하는데, (나)의 인용문에는 출처가 없습니다.

2 내용의 타당성 평가하기

우리는 왜 글을 읽을까요? 여러 가지 이유가 있겠지만, 우리는 필요한 정보를 얻거나 다른 사람의 생각이나 의견을 이해하기 위해 글을 읽습니다. 그런데 우리가 읽는 글의 내용이 늘 정확하거나 옳은 것은 아닙니다. 그러므로 잘못된 정보를 맞는다고 믿거나 옳지 않은 생각을 무조건 받아들이지 않기 위해서는 내용이 타당한지를 따지며 글을 읽어야 합니다.

★ 내용의 타당성을 평가한다는 것은,

타당하다는 것은 일이 이치에 맞고 옳다는 뜻입니다. 그러므로 글을 읽으며 내용의 타당성을 평가한다는 것은 내용이 글의 주제와 관련이 되는지, 논리적이고 합리적인지, 믿을 만한 근거가 제시되었는지 등을 따져서 이치에 맞고 옳은지를 판단하는 것을 말합니다.

★ 내용의 타당성을 평가하려면,

- 내용이 글 주제와 관련되는가?
- 내용이 논리적으로 이치에 맞는가?
- 내용에 근거가 있고 그 근거가 믿을 만한가?

이러한 질문을 통해 글에서 다루는 내용이 타당한지 꼼꼼하게 따져 보며 글을 읽어야 합니다.

1 다음 글을 읽고, 물음에 답하세요.

① 학교에서 친구들이 급식으로 받은 음식을 계속 남긴다. ② 고기를 남기는 것은 이해할 수 없지만, 당근처럼 먹기 싫은 것은 남겨도 좋다. ③ 친구들처럼 음식을 많이 남겨 쓰레기로 버리게 되면 여러 가지 문제가 생긴다. ④ 무엇보다 음식물 쓰레기는 환경을 오염시킨다. ⑤ 음식물 쓰레기를 땅에 묻으면 바다와 공기를 오염시켜 우리가 숨을 쉴 수 없게 된다. ⑥ 환경을 오염시키지 않기 위해서라도 음식을 남겨서 버리지 않도록 해야 한다.

(1) ①~⑥ 중 글의 주제와 관련이 적어 삭제하면 좋을 문장을 찾아 그 번호를 쓰세요.

(②)

해설 이 글은 음식물 쓰레기를 버릴 때 생기는 문제를 다루고 있습니다. ②는 이러한 글의 주제와 직접적인 관련을 찾을 수 없습니다.

(2) 이 글의 타당성을 높이기 위하여 ⑤를 어떻게 고치면 좋을지 의견을 쓰세요.

음식물 쓰레기를 땅에 묻는 것이 수질 및 공기 오염에 미치는 영향에 대한 과학적이고 구체적인 정보를 제시하여 설명의 타당성을 높이도록 한다.

해설 ⑤의 내용만으로는 음식물 쓰레기를 땅에 묻는 것과 바다 및 공기 오염 사이의 관계를 찾기 어렵습니다. 바다 오염과 숨 쉬는 문제 사이의 관계 역시 읽는 이가 논리적으로 납득하기 어렵습니다. 따라서 음식물 쓰레기를 땅에 묻는 것이 수질 및 공기 오염에 미치는 영향에 대한 과학적이고 구체적인 정보를 충분히 제공해야 글의 타당성이 높아집니다.

2 다음 글을 읽고 친구들이 나눈 대화입니다. ㉠, ㉡에 들어갈 알맞은 말을 쓰세요.

요즈음 지역마다 특색 있는 축제를 여는 것이 유행이다. 유행에 뒤처지지 않게 우리 고장도 개성 있고 특이한 축제를 만들어 유명해지면 좋겠다. 유명해지면 관광객들이 많이 와서 지역 경제가 좋아지고 일자리도 늘어서 우리 고장에 이익이 되기 때문이다. 토마토가 맛있는 우리 고장에서는 토마토 축제를 여는 것이 좋다고 생각한다. 세계적으로 이름난 스페인의 토마토 축제에 해마다 수많은 사람이 와서 즐긴다고 하니 이를 참고하여 축제를 만들면 절대 실패하지 않을 것이다.

진영: 유행에 뒤처지지 않게 축제를 열어야 한다고 하는데, 유행은 변하기 때문에 유행을 따라가는 것은 문제가 있어.
현기: 맞아. 그리고 지역 축제가 유명해지면 장점도 있지만 관광객이 늘면 쓰레기 증가나 교통 체증 등 예상하지 못한 (㉠)도 생길 거야.
샛별: 우리와 상황이 다를 텐데 스페인 축제를 참고하면 절대 (㉡)하지 않는다는 말을 믿기도 어려워.

➡ ㉠: (문제(단점)) ㉡: (실패)

해설 글이 타당성을 갖기 위해서는 충분한 근거와 정보를 바탕으로 주제와 관련되고 믿을 수 있는 내용을 논리적으로 제시하는 것이 필요합니다. 이러한 점에서 볼 때 이 글은 주장을 하는 데 있어 근거가 부족하고 논리성이 떨어지는 문제가 있습니다. 친구들의 대화 내용을 바탕으로 글의 어떤 부분이 이러한 문제를 가지고 있는지 파악하여 ㉠, ㉡에 알맞은 말을 채웁니다.

3 다음 글 내용의 타당성을 높이기 위한 조언으로 알맞지 <u>않은</u> 것은 무엇인가요? (②)

요즈음 로봇이 사람들의 일자리를 빼앗아 돈을 벌지 못하는 사람이 많다. 기업들은 왜 일 잘하는 사람을 놔두고 로봇을 써서 사람들의 일자리를 빼앗는지 모르겠다. 10년 후면 나도 일을 해서 돈을 벌어야 하는데 로봇 때문에 굶어 죽을 수도 있겠다. 앞으로 로봇을 만들지 못하게 하는 법을 만들어 사람들의 일자리를 지켜 내야 한다.

① 기업이 사람 대신 로봇을 쓰는 이유를 조사해서 알려 주면 글을 객관적으로 만들 수 있어.
② 로봇의 종류와 로봇을 만드는 방법을 자세하게 설명해 주면 글을 더 재미있게 읽을 수 있어.
③ 로봇을 만들지 못하게 하는 법을 만드는 것이 필요하고 가능할지 꼼꼼하게 검토하고 의견을 제시해야 해.
④ 10년 후 로봇이 사람이 하는 일을 어느 정도로 대신하게 될지 예측한 자료가 있으면 글쓴이의 주장에 공감할 수 있을 거야.
⑤ 로봇 때문에 사람들의 일자리가 얼마나 줄어들었는지 보여 주는 통계 자료를 제시하면 이 글에서 제기한 문제에 동의하기가 쉬울 것 같아.

해설 이 글은 로봇이 인간의 일자리를 대체하지 못하도록 로봇 제작 금지법을 만들자는 주장을 하고 있습니다. 그러나 내용의 타당성 측면에서 볼 때 로봇이 사람의 일자리를 얼마나 대체하는지에 관한 객관적인 자료를 충분히 제시하지 않아 읽는 이의 이해와 공감을 얻기 어렵고, 제안한 내용이 논리적이지 않고 실현 가능성이 낮은 문제가 있습니다. ②의 조언은 이런 문제를 수정·보완할 수 있는 방법으로 보기 어렵습니다.

ERI 지수 605 과학 | 물리

빛이 전혀 없는 깜깜한 방에 들어갔을 때 무언가를 볼 수 있었나요? 또는 야외로 나가 눈을 감았을 때 무언가를 볼 수 있었나요? 볼 수 없었을 것입니다. 여러분이 무언가를 볼 수 있는 것은 빛을 내는 것과 그것을 볼 수 있는 여러분의 눈이 있기 때문입니다. 즉 '본다'는 것은 빛이 눈으로 들어와 물체가 인식된다는 것을 말합니다. ➡ 빛과 눈의 역할

(인식: 사물을 분별하고 판단하여 아는 일.)

그렇다면 우리가 볼 수 있는 물체는 모두 스스로 빛을 내는 것일까요? 그렇지는 않습니다. ㉠태양, 성냥불, 형광등과 같이 스스로 발광하는 물체도 있지만, ㉡책, 연필, 꽃, 나무와 같이 스스로 빛을 내지 못하고 태양 등에서 뿜어져 나오는 빛을 흡수하거나 반사하는 물체도 있습니다. 물체에 흡수된 빛은 볼 수 없으며, 물체에서 반사된 빛만 우리 눈에 보입니다. 그래서 우리가 물체를 볼 수 있다는 것은 그 물체가 빛을 반사하고 있음을 의미합니다. ➡ 물체를 볼 수 있는 원리 – 빛의 반사

(발광: 빛을 냄.)

햇빛이 비치는 정원에 빨갛게 피어 있는 장미꽃을 본다고 해 봅시다. 이때 장미꽃이 빨갛게 보이는 것은 장미꽃이 본래 빨간색을 지니고 있기 때문이 아니라, 장미꽃에서 반사되어 나온 빛이 빨간색이기 때문입니다. 그럼 ㉢햇빛은 빨간색으로만 되어 있을까요? 아닙니다. 햇빛은 무지개에서 볼 수 있듯 빨강, 초록, 파랑 등 여러 가지 색깔을 지니고 있습니다. 햇빛에 포함된 여러 색깔의 빛 중에서 다른 색깔의 빛은 모두 (㉣)되고, 빨간색 빛만 꽃의 표면에서 (㉤)되어 우리의 눈으로 들어오기 때문에 장미꽃이 빨갛게 보이는 것이지요. ➡ 장미꽃이 빨갛게 보이는 이유

(표면: 사물의 가장 바깥쪽. 또는 가장 윗부분.)

한편, 같은 물체라도 빛에 따라 물체의 색깔이 다르게 보일 수도 있습니다. 가령, 노란 조명 아래에서 책을 읽을 때와 빨간 조명 아래에서 책을 읽을 때 종이의 색깔이 다르게 보일 수 있습니다. 책에서 반사되는 빛의 색깔이 다르기 때문에 우리 눈에 보이는 종이의 색깔도 달라지는 것입니다. 이처럼 하나의 물체가 빛에 따라 달리 보이는 것은, 우리의 눈이 빛에 의존하여 물체를 본다는 것을 말합니다. 스스로 빛을 내지 않는 물체를 보기 위해서는 반드시 빛의 도움을 받아야 하는 것이지요. ➡ 같은 물체라도 빛에 따라 물체의 색깔이 다르게 보임.

(의존: 다른 것에 의지하여 존재함.)

㉮ 그럼 물체들이 빛을 반사하는 모습은 모두 같을까요? 그렇지 않습니다. 예를 들어 평면거울은 우리의 모습을 그대로 비추어 주지만 종이는 그렇지 않습니다. 그 이유는 물체 표면의 특성에 따라 빛을 반사하는 모습이 달라지기 때문입니다. 평면거울의 표면은 매우 고르기 때문에 모든 빛이 나란히 들어갔다가 나란히 튕겨 나옵니다. 그 빛이 우리의 모습을 비추어 주는 것이지요. 그러나 종이의 표면은 매우 거칠기 때문에 모든 빛이 나란히 들어가기는 하지만 튕겨 나오는 빛의 방향이 제각각입니다. 이렇게 빛이 울퉁불퉁한 표면에 부딪쳐 반사되어 여러 방향으로 흩어지는 현상을 '산란'이라고 하는데, 산란이 일어나면 우리의 모습을 비추어 보기 어렵습니다. ➡ 평면거울과 종이가 빛을 반사하는 모습의 특성

내용 파악하기

1. 이 글을 읽고 해결할 수 있는 질문이 아닌 것은 무엇인가요? (③)

① 우리가 물체를 볼 수 있는 원리는 무엇일까?
② 스스로 빛을 내는 물체에는 어떤 것들이 있을까?
③ 어떤 물체가 스스로 빛을 내지 못하는 이유는 무엇일까?
④ 물체의 색깔이 때에 따라 다르게 보이는 이유는 무엇일까?
⑤ 종이로 우리의 모습을 비추어 볼 수 없는 것은 어떤 이유에서일까?

해설 글에서 스스로 빛을 내는 물체와 그렇지 않은 물체를 구분하여 설명하고 있으나, 물체가 스스로 빛을 내거나 내지 못하는 이유는 글에 제시되어 있지 않습니다. ①은 1, 2문단에, ②는 2문단에, ④는 4문단에, ⑤는 5문단에 제시된 내용을 바탕으로 해결할 수 있는 질문입니다.

세부 내용 파악하기

2. ㉠과 ㉡의 차이점에 대한 설명으로 알맞은 것은 무엇인가요? (⑤)

① ㉠은 모양이 있지만, ㉡은 모양이 없다.
② ㉠은 빛을 흡수하지만, ㉡은 빛을 흡수하지 않는다.
③ ㉠은 빛을 반사하지만, ㉡은 빛을 반사하지 않는다.
④ ㉠은 색깔을 지니지만, ㉡은 색깔을 지니지 않는다.
⑤ ㉠은 스스로 빛을 내지만, ㉡은 스스로 빛을 내지 않는다.

해설 ㉠과 ㉡이 포함된 문장을 끝까지 읽어 보면 둘의 차이점을 찾을 수 있습니다. ㉠과 ㉡의 차이점은 광원(스스로 빛을 내는 물체)이냐 아니냐에 있습니다. ㉠은 스스로 빛을 내지만, ㉡은 스스로 빛을 내지 못합니다.

맥락을 활용하여 추론하기

3. ㉢의 답을 '예'라고 가정할 때 벌어질 수 있는 일을 추측한 것으로 알맞은 것은 무엇인가요? (④)

① 우리의 눈에 아무것도 보이지 않게 될 것이다.
② 모든 물체가 스스로 빨간색 빛을 내보내게 될 것이다.
③ 햇빛을 흡수하는 물체는 모두 빨간색으로 보일 것이다.
④ 햇빛을 반사하는 물체는 모두 빨간색으로 보일 것이다.
⑤ 빨간색 장미꽃을 제외한 다른 색깔의 꽃만 보일 것이다.

해설 3문단에 따르면, 어떤 물체가 빨갛게 보이는 것은 나머지 색깔의 빛은 모두 흡수하고, 빨간색 빛만 반사하기 때문입니다. 따라서 햇빛이 빨간색 빛으로만 되어 있다면, 햇빛을 반사하는 물체는 모두 빨간색으로 보이게 될 것입니다.

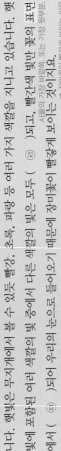

문맥을 통해 추론하기

4. ㉣과 ㉤에 들어갈 말을 바르게 짝지은 것은 무엇인가요? (③)

	㉣	㉤
①	반사	흡수
②	제거	반사
③	흡수	반사
④	제거	발광
⑤	흡수	발광

해설 2문단의 '물체에 흡수된 빛은 볼 수 없으며, 물체에서 반사된 빛만 우리 눈에 보입니다.'를 통해, 장미꽃이 빨갛게 보이는 것은 빨간색 빛만 반사되고, 나머지 빛은 흡수되기 때문임을 알 수 있습니다.

글의 내용 적용하기

5. 다음은 ㉮에서 설명하고 있는 내용을 그림으로 나타낸 것입니다. ⓐ와 ⓑ에 해당하는 물체를 ㉮에서 찾아 쓰세요.

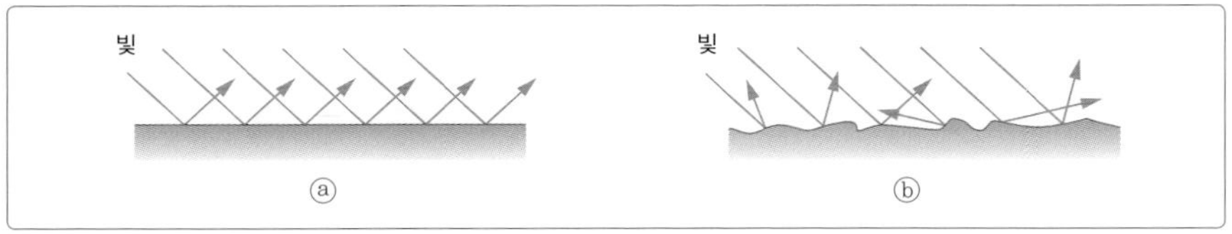

➡ ⓐ: (평면거울) ⓑ: (종이)

해설 ⓐ는 빛이 나란히 들어갔다가 나란히 튕겨 나오는 물체이고, ⓑ는 나란히 들어간 빛이 여러 방향으로 제각각 튕겨 나오는 물체입니다. ㉮를 보면 ⓐ에 해당하는 것은 '평면거울'이고, ⓑ에 해당하는 것은 '종이'라는 것을 알 수 있습니다.

단서를 활용하여 글의 내용 예측하기

6. 학생이 이 글을 읽는 과정에서 글에 나타난 단서를 활용하여 글의 내용을 예측해 본 것으로 알맞지 않은 것은 무엇인가요? (⑤)

① '빛을 통해 보이는 세상'이라는 제목을 보니, 이 글의 중심 내용은 '빛'과 관련된 내용일 것 같아.
② 1문단의 질문들을 보니, 무언가를 보려면 '빛'과 '눈'이 있어야 한다는 내용이 뒤에 이어질 것 같아.
③ 2문단의 질문을 보니, 물체들 중에는 스스로 빛을 내지 않는 것들도 있다는 걸 짐작할 수 있겠어.
④ 3문단의 그림을 보니, 3문단에는 장미꽃의 색깔이 빨갛게 보이는 이유가 설명되어 있을 것 같아.
⑤ 4문단의 '한편'이라는 말을 보니, 4문단에서는 앞의 내용을 요약해서 정리해 주고 있을 것 같아.

해설 4문단에는 앞의 내용을 요약하여 정리하는 내용이 나와 있지 않습니다. '한편'은 '어떤 일에 대하여, 앞에서 말한 측면과 다른 측면을 말할 때 쓰는 말.'로, '빛'과 '색깔'의 관계에 대해 3문단과는 다른 측면의 내용이 4문단에서 다루어지고 있음을 나타냅니다.

어휘 익히기

1 단어 뜻 알기

빈칸에 들어갈 알맞은 단어를 〈보기〉에서 찾아 쓰세요.

보기: 인식 발광 표면 의존

1. 달의 (표면)은 움푹 들어간 곳이 많다.
뜻 사물의 가장 바깥쪽. 또는 가장 윗부분.

2. 친구에게 지나치게 (의존)하는 것은 좋지 않다.
뜻 다른 것에 의지하여 존재함.

3. 잘못을 저지르면 벌을 받는다는 것을 (인식)하게 되었다.
뜻 사물을 분별하고 판단하여 아는 일.

4. 내 친구는 반딧불이 (발광)하는 모습을 보고 매우 좋아하였다.
뜻 빛을 냄.

2 관용 표현 알기

다음 빈칸에 들어갈 알맞은 말을 쓰세요.

"빛 좋은 개살구"

'개살구'란 개살구나무에서 나는 열매를 의미합니다. 개살구는 일반 살구보다 시고 떫어서 잼이나 즙으로 만들어야 겨우 먹을 수 있을 정도로 맛이 없지만, 대신에 열매의 모양이 매우 예쁩니다. 이 속담은 모양과 빛이 곱지만 정작 먹어 보면 별 볼 일이 없는 개살구처럼, 겉만 그럴듯하고 실속이 없는 경우를 비유할 때 쓰는 말입니다.

3 한자어 익히기

다음 한자어를 소리 내어 읽고 빈칸에 따라 써 보세요.

反	射
되돌아갈 반	비출 사

반사(反射): 일정한 방향으로 나아가던 파동이 다른 물체의 표면에 부딪쳐서 나아가던 방향을 반대로 바꾸는 현상.
• 빌딩에 반사된 햇빛이 번쩍인다.
• 거울에 빛이 반사되어 눈을 뜰 수가 없다.

反	射						
되돌아갈 반	비출 사						

ERI 지수 695 과학 | 지구 과학

여러분, 안녕하세요. 저희는 일식과 월식에 대해 조사한 내용을 발표하려고 합니다. 모둠에서 작성한 보고서를 바탕으로, 저희 모둠이 조사한 방법과 조사 결과에 대해 말씀드리겠습니다. 먼저 저희가 수집한 사진 중에서 ㉠첫 번째 사진을 보여 드리겠습니다. 이 사진이 찍힌 시각이 한낮임에도 불구하고, 정작 하늘에 있어야 할 해는 어딘가로 사라지고 검게 가려진 해의 주변만 밝게 빛납니다. 이제 두 번째 사진을 보시겠습니다. 첫 번째 사진과 달리 이 사진은 밤에 찍은 것인데도, 하늘에 떠 있는 달이 평소와 달리 붉은색을 ⓐ띄고 있는 모습을 볼 수 있습니다.

(보고서: 무엇에 관한 내용이나 결과를 보고하는 글이나 문서.)

➡ 화제 제시 – 일식과 월식

저희는 앞서 보여 드린 두 사진에 나타난 현상들에 궁금증을 가졌고, 이에 대해 알아보기 위해 책이나 문서를 찾아 조사하는 문헌 조사와 해당 분야와 관련된 사람을 인터뷰하는 면담 조사를 실시하였습니다. 문헌 조사 대상은 ○○ 출판사에서 출간한 과학 잡지 21호, 초등학교 과학 교과서, '킹왕짱과학님' 블로그에 ⓑ개시된 글과 관련 사진입니다. 면담 조사는 과학을 전공하신 우리 학교 선생님과 진행하였습니다. 그중 과학 잡지, 초등학교 과학 교과서, 선생님과의 면담 자료는 ㉡믿을 만하다고 판단되어 보고서 작성에 활용하였지만, 블로그의 자료는 제외하였습니다.

(면담: 서로 만나서 이야기함. / 출간: 서적이나 회화 따위를 인쇄하여 세상에 내놓음.)

➡ 일식과 월식 현상을 조사한 방법

조사 결과, 첫 번째 사진에 나타난 현상은 해와 달과 지구의 움직임에 의해 생기는 '일식'이라는 것을 알게 되었습니다. 일식이란 달이 해를 가릴 때 생기는 현상입니다. 지구에서 해를 바라보는 일직선 사이에 달이 위치하게 되면, 즉 세 천체가 '해–달–지구'의 순서로 일직선상에 놓이게 되면 달에 가려서 해가 보이지 않게 되는 것입니다. 이때 천체의 움직임이나 관측자의 위치에 따라 해가 가려지는 정도가 달라지게 되는데, 해 전체가 가려지는 것을 개기 일식, 해의 일부만 가려지는 것을 부분 일식이라고 합니다.

(일직선: 한 방향으로 쭉 곧은 줄. 또는 그런 형태.)

➡ 조사 결과 ① – 일식 현상

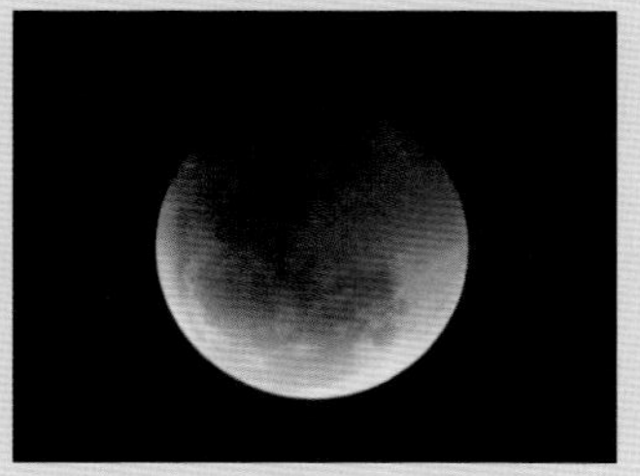

다음으로, 두 번째 사진과 같이 밤하늘에 붉은 달이 보이는 현상 역시 해와 달과 지구의 움직임에 의해 생기는 것인데요, 일식과 다른 점은 바로 지구의 그림자에 의해 달이 가려지는 현상이라는 것입니다. '월식'이라 ⓒ불리우는 이 현상은 세 천체가 '해–지구–달'의 순서로 일직선상에 놓일 때 일어납니다. 이때 지구의 그림자가 달을 전부 가리게 되면 달이 전혀 보이지 않게 될 ⓓ꺼라고 생각할 수 있지만, 그렇지는 않습니다. 지구의 대기 때문에 꺾인 햇빛이 달에 반사되기 때문에 우리 눈에는 어두운 붉은색으로 보이게 됩니다. 일식이 개기 일식과 부분 일식으로 나뉜 것처럼, 월식 또한 지구의 그림자가 달을 가리는 정도에 따라 개기 월식과 부분 월식으로 구분됩니다.

➡ 조사 결과 ② – 월식 현상

'일식(日食)'은 달이 '해[日]를 먹는다[食]'는 의미이고, '월식(月食)'은 지구 그림자가 '달[月]을 먹는다[食]'는 의미입니다. 이는 지구가 해 둘레를 돌고, 달이 지구 둘레를 돌기 때문에 나타나는 신비한 우주 현상입니다. 지금까지 저희가 말씀드린 내용을 떠올리며, 오늘 밤 달을 한번 ⓔ처다보는 건 어떨까요? 이상으로 발표를 마치겠습니다.

➡ '일식'과 '월식'의 한자어 풀이

글의 특징 파악하기

1. 이 글에 대한 이해로 알맞지 않은 것은 무엇인가요? (⑤)

① 첫머리에서 발표 주제를 밝히고 있다.
② 발표 내용과 관련된 사진을 시각 자료로 활용하고 있다.
③ 모둠에서 실시한 조사 방법을 구체적으로 소개하고 있다.
④ 조사를 통해 알게 된 자연 현상의 개념과 원리를 설명하고 있다.
⑤ 청중에게 앞으로의 조사에 동참할 것을 제안하며 마무리하고 있다.

해설 마지막 문단에 '오늘 밤 달을 한번 쳐다보는 건 어떨까요?'라는 내용이 있으나, 이는 조사에 동참할 것을 제안하는 내용은 아닙니다.

표기의 적절성 판단하기

2. ⓐ~ⓔ의 표기를 고친 것으로 바르지 않은 것은 무엇인가요? (②)

① ⓐ: 띄고 → 띠고
② ⓑ: 개시된 → 계시된
③ ⓒ: 불리우는 → 불리는
④ ⓓ: 꺼라고 → 거라고
⑤ ⓔ: 처다보는 → 쳐다보는

해설 블로그에 글과 사진을 올려 사람들이 볼 수 있게 하는 것은 '계시'가 아니라 '게시'라고 해야 맞습니다. '계시되다'는 '사람의 지혜로서는 알 수 없는 진리를 신이 가르쳐 알게 되다.'라는 뜻을 가진 말입니다.

시각 자료로 적용하기

3. 이 글의 내용을 바탕으로 ㉠에 나타난 '해'의 모습을 추측해 보았을 때, 알맞은 것은 무엇인가요? (④)

①
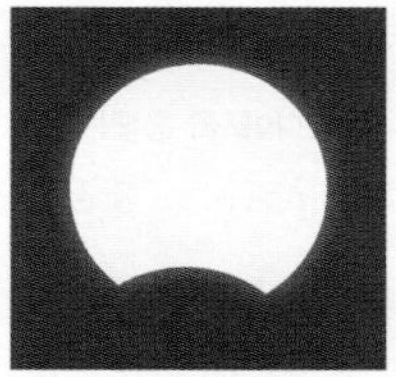
②

③

④

⑤

해설 ㉠의 바로 뒤에 나오는 '하늘에 있어야 할 해는 어딘가로 사라지고 검게 가려진 해의 주변만 밝게 빛납니다.'라는 설명과 일치하는 것은 ④입니다.

출처의 신뢰성 평가하기

4. ㉡의 의미로 알맞지 않은 것은 무엇인가요? (①)

① 자료의 분량이 적절하다.
② 과학적으로 검증된 자료이다.
③ 글과 사진의 출처가 분명하다.
④ 해당 분야의 전문가가 작성하였다.
⑤ 믿을 만한 출판사에서 발행되었다.

해설 '믿을 만하다'는 것은 자료의 신뢰성이 높다는 것으로, 자료의 분량은 신뢰성과 관계가 없습니다. ②~⑤는 모두 자료의 신뢰성을 뒷받침하는 내용으로, 자료가 '믿을 만하다'는 것을 의미합니다.

글의 내용 적용하기

5. 이 글을 바탕으로 할 때, 〈보기〉의 ㉮와 ㉯에 대한 설명으로 알맞지 않은 것은 무엇인가요? (④)

보기

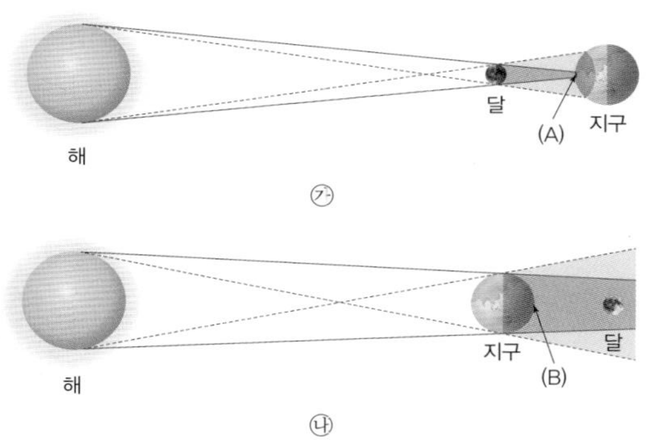

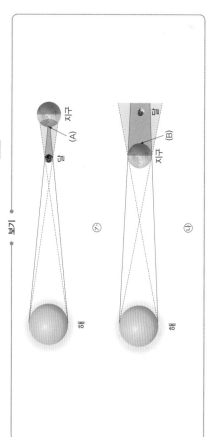

① ㉮의 (A) 지점에서는 해가 달에 가려져 보이지 않는다.
② ㉮에서 달이 현재의 위치를 벗어나면 (A) 지점에서 해를 볼 수 있다.
③ ㉯에서 달이 해와 지구 사이에 놓이게 되면 월식이 일어나지 않는다.
④ ㉯의 (B) 지점에서는 달이 지구의 그림자에 가려져 전혀 보이지 않는다.
⑤ ㉮와 ㉯ 모두 해와 달, 지구의 움직임에 의해 일어나는 자연 현상이다.

해설 ㉯는 월식 현상을 나타낸 것으로, 지구의 그림자가 달을 전부 가리게 되면 달이 전혀 보이지 않는 것이 아니라, 지구의 대기에 의해 꺾인 햇빛이 달에 반사되어 달이 붉은색으로 보인다는 것을 4문단에서 확인할 수 있습니다. ①은 3문단에서 직접 확인할 수 있으며, ②와 ③은 각각 3문단과 4문단으로부터 추론할 수 있습니다. ⑤는 3문단과 4문단의 첫 문장에서 확인할 수 있습니다.

어휘 익히기

1 단어 뜻 알기

빈칸에 들어갈 알맞은 단어를 〈보기〉에서 찾아 쓰세요.

보기: 보고서 면담 출간 일직선

1. 팔을 (일직선)(으)로 올려 보았다.
   뜻 한 방향으로 쭉 곧은 줄. 또는 그런 형태.
2. 다음 주에 선생님과 학부모의 (면담)이/가 이루어질 예정이다.
   뜻 서로 만나서 이야기함.
3. 온라인 과제로 이번 주까지 실험 관찰 (보고서)을/를 내야 한다.
   뜻 무엇에 관한 내용이나 결과를 보고하는 글이나 문서.
4. 어린이 전문 출판사에서 최근에 학생용 백과사전을 (출간)하였다.
   뜻 서적이나 회화 따위를 인쇄하여 세상에 내놓음.

2 관용 표현 알기

다음 빈칸에 들어갈 알맞은 말을 쓰세요.

"달도 차면 기운다"

달은 초승달에서 모양이 커다랗고 둥근 보름달로 차올랐다가 점점 기울어 손톱 모양의 작은 그믐달이 됩니다. 이 속담은 이처럼 세상의 모든 것은 한번 번성하면 다시 쇠하기 마련이거나, 행운이 언제까지나 지속되지는 않는다는 것을 뜻합니다. 비슷한 속담으로 '달이 둥글면 이지러지고 그릇이 차면 넘친다'가 있습니다.

3 한자어 익히기

다음 한자어를 소리 내어 읽고 빈칸에 따라 써 보세요.

日	食
해 일	먹을 식

일식(日食): 달이 해의 일부나 전부를 가리는 현상.
- 일식의 진행 과정을 잘 살펴봐야겠다.
- 일부 지역에서만 일식 현상이 일어난다.
- 일식 때 관측대에서 별의 위치를 관찰하였다.

日	食						
해 일	먹을 식						

ERI 지수 624 과학 | 화학

우리는 숨을 쉬지 않으면 1분도 견딜 수 없습니다. 한 사람이 하루에 마시는 공기는 약 18kg 정도라고 합니다. 그만큼 공기는 없어서는 안 될 소중한 것이지요. 그런데 요즘 공기의 질이 많이 나빠졌다고 합니다. 이와 관련하여 일기 예보의 한 장면을 보시겠습니다.

현재 전국적으로 미세 먼지 농도가 나쁨에서 매우 나쁨 수준을 보이고 있습니다. 요즘 가을 황사까지 심해지면서 매일같이 이런 심각한 상황이 나타나고 있는데요. 이와 관련하여 기후 전문가들은 이번 겨울에 삼한사미* 현상이 다시 나타날 것이라 경고하고 있습니다.

➡ 화제 제시 – 공기, 미세 먼지

㉮ 미세 먼지뿐 아니라 황사, 매연 등 공기의 질을 나쁘게 만드는 여러 요인들로 인해 현재 세계적으로 심각한 환경 문제가 발생하고 있습니다. 이처럼 인간 생활에 나쁜 영향을 주는 오염 물질이 공기 중에 존재하는 상태를 대기 오염이라고 합니다. 대기 오염은 오염 물질을 배출한 지역뿐 아니라 전 세계적으로도 영향을 미칠 수 있습니다. 예컨대, 일부 지역의 대기가 오염되면 바람의 방향에 따라 이웃 지역들이 연쇄적으로 오염될 수 있으며, 대기가 오염되어 내린 산성비가 강을 타고 바다로 흘러가 결국 지구 전체에 좋지 않은 영향을 미칠 수 있는 것이지요.

(매연: 연료가 탈 때 나오는 그을림 섞인 연기. / 배출한: 안에서 밖으로 밀어 내보냄. / 연쇄적: 서로 연결되어 관련이 있는 것.)

➡ 대기 오염의 개념과 문제 상황

㉯ 그렇다면 대기 오염은 왜 발생하는 걸까요? 대기 오염이 발생하는 원인은 자연적인 것과 인위적인 것으로 나눌 수 있습니다. 사막에서 발생하는 황사, 화산 폭발에 의한 화산재, 산불이 날 때 발생하는 연기 등은 자연적인 대기 오염 물질에 해당합니다. 또 자동차에서 나오는 매연, 화석 연료나 쓰레기를 태울 때 발생하는 이산화탄소 등은 인위적인 대기 오염 물질에 해당하지요. 그런데 대기가 오염된다고 해서 화산 활동을 멈추게 하거나 자동차를 아예 안 타고 다닐 수도 없습니다. 하지만 우리의 작은 노력으로 대기 오염을 줄이는 것은 충분히 가능합니다.

(인위적: 자연의 힘이 아닌 사람의 힘으로 이루어지는 것.)

➡ 대기 오염이 발생하는 원인

㉰ 대기 오염을 줄이기 위해 우리가 할 수 있는 일은 다음과 같습니다. 첫째, ㉠집과 학교의 거리가 가깝다면 버스나 자가용 대신 자전거를 타거나 걸어 다닙니다. 자동차 매연이 대기를 오염시키므로 자동차 이용을 최소화하는 것이 좋습니다. 둘째, ㉡식목일에 나무를 심습니다. 나무는 대기를 오염시키는 이산화탄소를 거두어들이고 산소를 내보냄으로써 지구의 대기를 깨끗하게 해 줍니다. 셋째, ㉢샴푸나 린스 같은 세제의 사용을 줄입니다. 세제는 물을 더럽힐 뿐만 아니라 물속 생물들에게 나쁜 영향을 미치기 때문입니다.

➡ 대기 오염을 줄이기 위한 실천 방법

* **삼한 사미**: 7일을 주기로 사흘 동안 춥고 나흘 동안은 미세 먼지가 발생한다는 말.

내용 파악하기

1. 이 글에서 알 수 있는 내용이 아닌 것은 무엇인가요? (④)

① 황사나 산불 연기도 대기 오염을 일으키는 원인이 된다.
② 쓰레기를 태울 때 나오는 이산화탄소는 대기를 오염시킨다.
③ 화산 폭발 등의 자연 현상에 의해서도 대기가 오염될 수 있다.
④ 대기 오염은 주로 인위적인 것보다 자연적인 원인에 의해 발생한다.
⑤ 대기 오염은 오염 발생 지역뿐 아니라 이웃 지역에도 영향을 미칠 수 있다.

해설 이 글을 보면 대기 오염의 원인이 자연적인 것과 인위적인 것으로 나뉜다고 설명하고 있으나, 어떤 것이 더 주요한 원인이 되는지는 말하고 있지 않습니다.

자료 활용 목적 추론하기

2. 이 글에서 일기 예보를 활용한 목적으로 가장 알맞은 것은 무엇인가요? (⑤)

① 지난겨울의 날씨를 알리기 위해서
② 기후 전문가들의 경고를 전달하기 위해서
③ 가을 황사가 심해졌다는 것을 증명하기 위해서
④ 우리가 살아가는 데 공기가 중요함을 강조하기 위해서
⑤ 공기의 질이 나빠졌다는 것을 구체적으로 보여 주기 위해서

해설 1문단의 끝부분에 나오는 '요즘 공기의 질이 많이 나빠졌다고 합니다. 이와 관련하여 일기 예보의 한 장면을 보시겠습니다.'를 통해 일기 예보가 공기의 질이 나빠졌다는 것을 구체적으로 보여 주는 자료로 활용되고 있음을 알 수 있습니다.

질문의 적절성 판단하기

3. 이 글을 읽고 던질 수 있는 질문으로 알맞지 않은 것은 무엇인가요? (③)

① 사람이 하루에 마시는 공기가 18kg 정도라고 했는데, 공기의 무게는 어떻게 측정할 수 있을까?
② 전문가들이 겨울에 삼한 사미가 나타날 것이라고 했는데, 삼한 사미가 나타나는 이유는 무엇일까?
③ 화산재가 대기를 오염시키는 원인이 된다고 했는데, 화산 활동을 멈출 수 있는 방법은 무엇일까?
④ 대기를 오염시키는 물질이 인간 생활에 나쁜 영향을 준다고 하였는데, 구체적으로 어떤 점에서 나쁜 영향을 미치는 걸까?
⑤ 공기를 깨끗하게 하기 위해 우리가 할 수 있는 개인적인 실천 방안을 제시하였는데, 정부 차원에서 해야 할 일에는 어떤 게 있을까?

해설 글쓴이는 화산 활동을 멈추게 할 수는 없다고 하였습니다. 그 이유는 화산 활동은 자연 현상이기 때문입니다. 따라서 이 글을 읽고 화산 활동을 멈출 수 있는 방법에 대해 질문하는 것은 적절하지 않습니다.

문단 간의 관계 파악하기

4. ㉮, ㉯, ㉰의 문단 간의 관계를 나타낸 것으로 알맞은 것은 무엇인가요? (⑤)

① 예시 – 질문 – 나열
② 개념 정의 – 요약 – 예시
③ 개념 정의 – 예시 – 요약
④ 문제 원인 – 문제 상황 – 해결 방법
⑤ 문제 상황 – 문제 원인 – 해결 방법

해설 ㉮에서는 대기 오염이 심각하다는 문제 상황을 제시하고 있고, ㉯에서는 대기 오염의 발생 원인을 설명하고 있으며, ㉰에서는 대기 오염을 줄일 해결 방법을 제안하고 있습니다.

내용의 적절성 평가하기

5. ㉠~㉢ 중 글의 흐름으로 볼 때 알맞지 않은 것의 기호를 쓰고, 빈칸에 들어갈 알맞은 말을 쓰세요.

• 알맞지 않은 것의 기호: (㉢)
• 그 이유: 대기 오염을 줄이는 방법이 아니라 (수질) 오염을 줄이는 방법이기 때문이다.

해설 ㉢은 세제가 물을 더럽힐 뿐 아니라 물속 생물들에게 나쁜 영향을 미치므로 샴푸나 린스 같은 세제의 사용을 줄일 것을 제안하고 있습니다. 이는 수질 오염을 줄일 수 있는 방안이므로 글의 흐름으로 볼 때 적절하지 않은 문장입니다.

글의 내용을 도식화하기

6. 다음은 이 글을 읽고 학생이 만든 포스터입니다. 각각의 빈칸에 들어갈 실천 방법을 이 글에서 찾아 쓰세요.

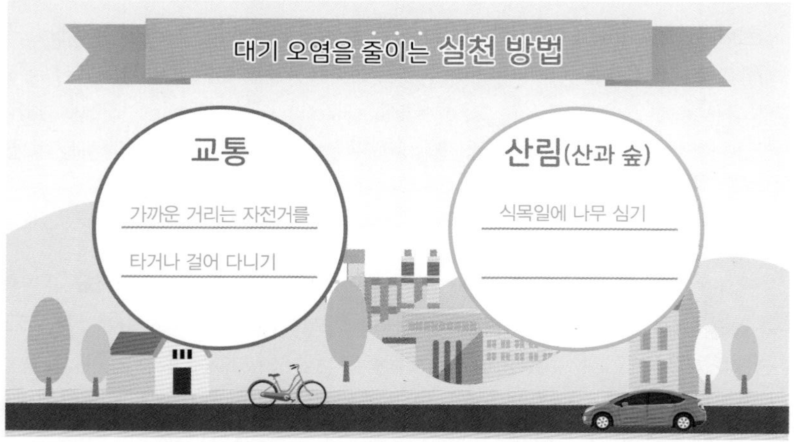
대기 오염을 줄이는 실천 방법
교통
가까운 거리는 자전거를
타거나 걸어 다니기
산림(산과 숲)
식목일에 나무 심기

해설 마지막 문단에서 대기 오염을 줄이는 방법을 제시하고 있습니다. 교통과 관련해서는 가까운 거리는 버스나 자가용 대신 자전거를 타거나 걸어 다니는 방법, 산림과 관련해서는 식목일에 나무 심는 실천 방법을 제시하고 있습니다.

어휘 익히기

1 단어 뜻 알기

빈칸에 들어갈 알맞은 단어를 〈보기〉에서 찾아 쓰세요.

보기: 매연 / 배출 / 연쇄적 / 인위적

1. (인위적)인 느낌을 주는 대사는 자연스럽게 고치자.
뜻 자연의 힘이 아닌 사람의 힘으로 이루어지는 것.

2. 공장에서 나오는 (매연) 때문에 빨래를 널 수가 없다.
뜻 연료가 탈 때 나오는 그을림 섞인 연기.

3. 쓰레기 종량제가 실시되자 쓰레기의 (배출)이 크게 줄었다.
뜻 안에서 밖으로 밀어 내보냄.

4. 활화산이 (연쇄적)(으)로 폭발하여 거대한 연기를 뿜어내고 있다.
뜻 서로 연결되어 관련이 있는 것.

2 관용 표현 알기

다음 빈칸에 들어갈 알맞은 말을 쓰세요.

"삼한 사 온"

이 말은 사흘 동안은 춥고 나흘 동안은 따뜻하다는 뜻으로, 한국과 중국 등의 겨울철에 나타나는 날씨 주기의 특징을 드러내는 말입니다. 최근 들어 '삼한 사미'(三寒四微)라는 말도 쓰이고 있는데, 이 말은 겨울에 미세 먼지 농도가 높은 날이 많다는 점에 착안하여 새로 만든 말입니다.

한자	뜻	음
三	석	삼
寒	차다	한
四	넉	사
溫	따뜻하다	온

3 한자어 익히기

다음 한자어를 소리 내어 읽고 빈칸에 따라 써 보세요.

大	氣
클 대	기운 기

대기(大氣): '공기'를 달리 이르는 말.
• 나는 신선한 대기를 들이마셨다.
• 겨울 아침의 싸늘한 대기가 몸으로 달라붙었다.
• 이른 봄 우리 동네의 대기는 황사 때문에 색깔이 누렇다.

大	氣						
클 대	기운 기						

ERI 지수 642 과학 | 생물

유전자 재조합 기술에 대해 들어 본 적이 있나요? 유전자 재조합 기술은 기존의 생물체 속에 다른 생물체의 유전자를 끼워 넣음으로써 기존의 생물체에 존재하지 않던 새로운 성질을 갖도록 하는 기술인데요, 지난달에 우리 학교에서 이와 관련된 토론 대회가 있었습니다. 가는 토론 주제 및 문제 상황이고, 나와 다는 대회 수상 팀이 공개한 토론 내용입니다. 함께 읽어 봅시다.

➡ 화제 제시 – 유전자 재조합 기술

가

- ㅇ **토론 주제:** 식물 번식에 유전자 재조합 기술을 활용하는 것이 바람직하다.
- ㅇ **문제 상황:** 과학 기술이 발달하면서 유전자를 변형하거나 조작하여 새로운 식물을 만들어 내는 일이 늘고 있습니다. 이에 유전자 재조합 기술이 지닌 여러 가지 장점을 근거로 그 필요성을 주장하며 찬성하는 입장과 유전자 재조합 기술의 적용이 부정적인 결과로 이어질 수 있음을 우려하며 반대하는 입장이 팽팽히 맞서고 있습니다.

(조작: 일정한 방식에 따라 다루어 움직임. / 우려: 근심하거나 걱정함. 또는 그 근심과 걱정.)

➡ 토론 주제 및 문제 상황 제시

나 우리 팀은 식물 번식에 유전자 재조합 기술을 활용하는 것에 찬성합니다. 그 근거는 다음과 같습니다.

첫째, ⓐ기존의 품종에 비해 수확량이 획기적으로 많은 품종을 만들 수 있습니다. ㉠작물의 수확량이 늘어나면 미래의 식량 부족 문제를 해결하는 데 도움이 됩니다. 둘째, ㉡유전자의 순서를 바꾸거나 넣고 빼서 원래의 농작물이 가진 단점을 제거함으로써 좋은 작물로 바꿀 수 있습니다. ⓑ이렇게 탄생한 작물로 사람들에게 건강한 먹거리를 제공할 수 있습니다. 셋째, 어떤 식물의 우수한 유전자를 다른 식물에 옮겨 ⓒ이전에는 없던 완전히 새로운 품종의 식물을 만들 수 있습니다. 이를 통해 우리가 원하는 식물, 예컨대 해충을 퇴치하는 풀을 만들 수도 있는 것입니다. 물론, ㉢새로 생겨난 식물이 항상 우리에게 이로운 것은 아닐 수도 있습니다.

(획기적: 어떤 과정이나 분야에서 전혀 새로운 시기를 열어 놓을 만큼 뚜렷이 구분되는 것.)

➡ 유전자 재조합 기술 활용에 찬성하는 이유

다 우리 팀은 식물 번식에 유전자 재조합 기술을 활용하는 것에 반대합니다. 그 근거는 다음과 같습니다.

첫째, 지금도 작물의 수확량이 부족해서 식량 문제가 생기는 것은 아닙니다. ㉣작물 수확량이 늘어난다고 해도 그것이 가난한 나라에 전해지지 않는다면 아무 소용이 없는 것입니다. 오히려 현재 식량이 풍부한 나라만 더 풍족하게 만드는 결과를 낳을 수도 있습니다. 둘째, 유전자 재조합으로 생산된 식물은 사람에게 해로울 수 있습니다. ⓓ유전자가 조작된 농작물을 먹을 경우 부작용을 일으켜 사람들의 건강에 문제가 될 수도 있습니다. 셋째, ⓔ새로운 종류의 식물을 생산하는 과정에서 생태계에 악영향을 미치는 종이 탄생할 가능성이 있습니다. 그렇게 되면 ㉤기존의 생태계 질서가 무너져 돌이키지 못하는 상황을 맞을 수도 있습니다.

(부작용: 어떤 일에 부수적으로 일어나는 바람직하지 못한 일.)

➡ 유전자 재조합 기술 활용에 반대하는 이유

내용 파악하기

1. 이 글에서 알 수 없는 것은 무엇인가요? (⑤)

① 유전자 재조합 기술은 식물에 적용될 수 있다.
② 병충해에 잘 걸리지 않는 식물을 생산하는 것이 가능하다.
③ 유전자 재조합 기술을 통해 작물의 수확량을 늘릴 수 있다.
④ 유전자 재조합 기술은 생물체가 새로운 성질을 갖도록 만든다.
⑤ 유전자가 조작된 농작물을 먹을 경우 사람의 유전자도 조작될 수 있다.

해설 다에서 유전자가 조작된 농작물을 먹을 경우 사람의 건강에 문제가 생길 수 있다고 언급하고 있을 뿐, 사람의 유전자가 조작될 수 있다는 내용은 나와 있지 않습니다. ① 가의 토론 주제와 문제 상황에서 확인할 수 있습니다. ② 나의 두 번째 논거를 통해 알 수 있습니다. ③ 나의 첫 번째 논거에 나와 있는 내용입니다. ④ 글의 첫머리에 제시된 유전자 재조합 기술에 관한 설명에서 확인할 수 있습니다.

내용 전개 방식 파악하기

2. 가~다에 나타난 내용 전개 방식이 아닌 것은 무엇인가요? (①)

① 가: 개념을 정의하고 있다.
② 가: 서로 다른 관점을 보여 주고 있다.
③ 나: 구체적인 예를 들어 설명하고 있다.
④ 다: 아직 일어나지 않은 일을 가정하고 있다.
⑤ 나, 다: 다양한 근거를 나열하고 있다.

해설 가에는 개념을 정의하는 부분이 나타나 있지 않습니다. 개념 정의는 글의 첫머리에서 유전자 재조합 기술을 설명하는 부분에 나타나 있습니다. ② 가의 '문제 상황'에서 찬성 입장과 반대 입장을 보여 주고 있습니다. ③ 나의 '예컨대' 부분에서 확인할 수 있습니다. ④ 다의 셋째 근거 부분에 나오는 '그렇게 되면 ~ 맞을 수도 있습니다.'는 일어나지 않은 일을 가정한 것입니다. ⑤ 나, 다 모두 근거를 세 가지씩 나란히 제시하고 있습니다.

근거의 적절성 평가하기

3. ㉠~㉤ 중 각 주장을 뒷받침하는 근거로 알맞지 않은 것은 무엇인가요? (③)

① ㉠　② ㉡　③ ㉢
④ ㉣　⑤ ㉤

해설 새로 생겨난 식물이 항상 이로운 것이 아닐 수 있다는 것은 나의 주장을 뒷받침하기보다는 오히려 다의 주장을 뒷받침하는 근거에 가깝습니다.

어휘의 맥락적 의미 추론하기

4. ⓐ~ⓔ 중 가리키는 바가 다른 하나는 어느 것인가요? (①)

① ⓐ　② ⓑ　③ ⓒ
④ ⓓ　⑤ ⓔ

해설 ⓑ~ⓔ가 유전자 재조합 기술로 만들어진 식물을 가리키는 것과 달리, ⓐ'기존의 품종'은 유전자 재조합 기술이 적용되지 않은 식물을 가리킵니다.

관점 대립의 쟁점 파악하기

5. 다음은 이 글에 제시된 토론 내용을 정리한 것입니다. (1)~(3)에 들어갈 쟁점을 〈보기〉에서 찾아 쓰세요.

보기: 식량 문제 해결 / 새로운 품종 개발 / 건강한 먹거리 제공

찬성		쟁점		반대
미래의 식량 부족 문제를 해결하는 데 도움이 된다.	←	(1) (식량 문제 해결)	→	수확량이 늘어나더라도 식량 문제가 해결되지 않는다.
사람들에게 건강한 먹거리를 제공할 수 있다.	←	(2) (건강한 먹거리 제공)	→	유전자 조작 농작물이 사람들의 건강에 해가 될 수 있다.
우리가 원하는 새로운 종류의 식물을 생산할 수 있다.	←	(3) (새로운 품종 개발)	→	생태계를 파괴하는 식물이 탄생할 수 있다.

해설 찬성과 반대 팀의 주장과 그 근거를 살펴보면, (1)은 '식량 문제 해결', (2)는 '건강한 먹거리 제공', (3)은 '새로운 품종 개발'을 쟁점으로 각각 상반된 관점을 보여 주고 있습니다.

해설 〈보기〉의 Ⓐ는 유전자 조작을 통해 잘 물러지는 기존 토마토의 단점을 개선한 것으로, 이는 나의 두 번째 근거에 부합하는 내용입니다. ① Ⓐ가 토마토의 생산량을 획기적으로 늘렸다는 내용은 〈보기〉에 나와 있지 않습니다. ③ 다의 관점에서는 유전자가 조작된 새로운 종류의 식물이 생태계를 파괴할 수 있다는 점에서 Ⓐ를 부정적으로 볼 것입니다. ④ 다의 관점에서는 유전자 재조합 기술로 만든 작물이 식량 문제 해결에 도움이 되지 않는다고 보고 있습니다. ⑤ 다의 관점에서는 유전자가 조작된 작물이 부작용을 일으킬 우려가 있다는 점에서 Ⓐ를 부정적으로 볼 것입니다.

글의 관점에서 자료 평가하기

6. 〈보기〉의 Ⓐ에 대해 나, 다의 관점에서 보일 반응으로 가장 알맞은 것은 무엇인가요? (②)

보기

최초의 유전자 변형 작물은 1994년 미국의 한 생명 공학 기업이 내놓은 Ⓐ플레이버 세이버 토마토이다. 기존의 토마토는 쉽게 물러서 보관이 쉽지 않다는 문제가 있었다. 이를 개선하기 위해 토마토의 세포벽 분해 효소 생성을 방해하는 유전자를 추가해 쉽게 무르지 않고 오래가는 토마토를 개발한 것이다.

① 나의 관점에서는 Ⓐ가 토마토의 생산량을 획기적으로 늘렸다는 점에서 높이 평가할 것이다.
② 나의 관점에서는 Ⓐ가 기존 토마토의 단점을 제거했다는 점에서 긍정적으로 받아들일 것이다.
③ 다의 관점에서는 Ⓐ가 이전에 없던 새로운 종류의 식물이라는 점에서 환영할 것이다.
④ 다의 관점에서는 Ⓐ가 식량 문제 해결에 도움이 된다는 점에서 바람직하게 여길 것이다.
⑤ 다의 관점에서는 Ⓐ가 부작용이 없는 건강한 먹거리를 제공한다는 점에서 높은 점수를 줄 것이다.

어휘 익히기

1 단어 뜻 알기

빈칸에 들어갈 알맞은 단어를 〈보기〉에서 찾아 쓰세요.

보기: 조작 / 우려 / 획기적 / 부작용

1. 그는 컴퓨터를 능숙하게 (조작)할 줄 안다.
   뜻 일정한 방식에 따라 다루어 움직임.
2. 그 약을 많이 먹으면 (부작용)이/가 일어날 수 있다.
   뜻 어떤 일에 부수적으로 일어나는 바람직하지 못한 일.
3. 심각한 교통 문제를 해결하기 위한 (획기적) 대책이 필요하다.
   뜻 어떤 과정이나 분야에서 전혀 새로운 시기를 열어 놓을 만큼 뚜렷이 구분되는 것.
4. 환경 보호 단체는 앞으로 발생할 문제점에 대해 (우려)을/를 표시했다.
   뜻 근심하거나 걱정함. 또는 그 근심과 걱정.

2 관용 표현 알기

다음 빈칸에 들어갈 알맞은 말을 차례대로 쓰세요.

"콩 심은 데 [콩] 나고, 팥 심은 데 [팥] 난다"

이 속담은 콩을 심었는데 팥이 날 수 없고, 팥을 심었는데 콩이 날 수가 없는 것처럼, 모든 일은 원인에 따라 거기에 걸맞은 결과가 나타난다는 것을 뜻합니다. 하지만 콩과 팥에 유전자 재조합 기술을 적용한다면 이 속담도 달라져야 하겠죠?

3 한자어 익히기

다음 한자어를 소리 내어 읽고 빈칸에 따라 써 보세요.

生	命
날 생	목숨 명

생명(生命): 동물과 식물의, 생물로서 살아 있게 하는 힘.
- 생명의 기원을 밝히는 것은 쉽지 않다.
- 봄이 되면 들이 온갖 생명으로 가득 찬다.
- 꽃은 뭍에 사는 모든 생명에게 봄소식을 알린다.

生	命						
날 생	목숨 명						

05회 읽기 방법 익히기

1 출처의 신뢰성 평가하기

출처란 사물이나 말 등이 생기거나 나온 곳을 말합니다. 글쓴이는 글을 쓸 때 다른 사람의 자료나 말 등을 근거로 제시하기도 하므로, 독자들은 글을 읽을 때 글쓴이가 제시한 자료나 말의 출처가 믿을 만한지 평가하며 읽어야 합니다. 내용의 신뢰성과 출처의 신뢰성은 비례한다고 볼 수 있습니다. 만약 글에 제시된 자료나 말의 출처를 믿을 수 없을 경우, 그 글의 내용에 대한 신뢰성도 확보되기 어렵습니다. 반면에 글에 제시된 자료나 말의 출처가 믿을 만한 경우, 그 글의 신뢰성도 높아집니다.

★ **출처의 신뢰성을 평가하려면,**

(1) 자료나 말의 출처가 글에 정확하게 표기되어 있는지 확인합니다.
(2) 자료나 말이 생산된 맥락(누가, 언제, 어디서, 어떻게, 왜)을 확인합니다.
(3) 자료나 말의 출처가 해당 분야에 전문성이 있는 사람이나 기관인지 확인합니다.

1 다음 글의 신뢰성을 높이기 위한 제안으로 알맞은 것은 무엇인가요? (①)

여러분, 안녕하세요. 저희는 일식과 월식에 대해 조사한 내용을 발표하려고 합니다. 모둠에서 작성한 보고서를 바탕으로, 저희 모둠이 조사한 방법과 조사 결과에 대해 말씀드리겠습니다. 먼저 저희가 수집한 사진 중에서 첫 번째 사진을 보여 드리겠습니다. 이 사진이 찍힌 시각이 한낮임에도 불구하고, 정작 하늘에 있어야 할 해는 어딘가로 사라지고 검게 가려진 해의 주변만 밝게 빛납니다. 이제 두 번째 사진을 보시겠습니다. 첫 번째 사진과 달리 이 사진은 밤에 찍은 것인데도, 하늘에 떠 있는 달이 평소와 달리 붉은색을 띠고 있는 모습을 볼 수 있습니다.

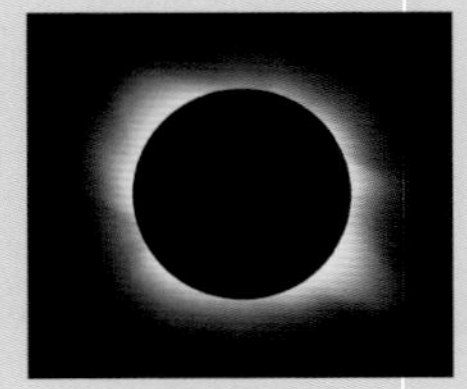
▲ 첫 번째 사진

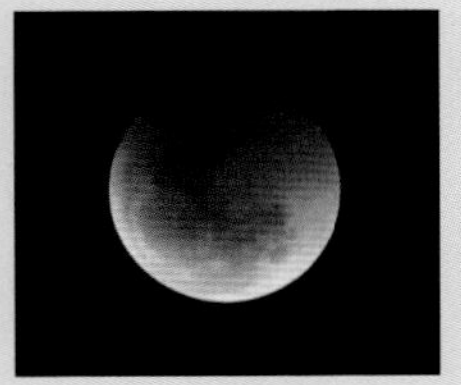
▲ 두 번째 사진

① 사진의 출처를 분명하게 밝히는 게 좋겠어.
② 보고서의 작성자가 누구인지 알려 주는 게 좋겠어.
③ 제시한 사진 외에 더 많은 사진을 보여 주는 게 좋겠어.
④ 일식과 월식을 주제로 선택한 이유를 설명해 주는 게 좋겠어.
⑤ 사진을 보여 주기 전에 조사 방법과 결과를 먼저 제시하는 게 좋겠어.

해설 글의 신뢰성은 인용한 자료나 말의 신뢰성과 관계가 있으므로, 인용한 사진의 출처를 밝혀 글의 신뢰성을 확보할 필요가 있습니다.

2 다음 신문 기사를 보고, 출처의 신뢰성에 대해 평가한 내용으로 바르지 <u>않은</u> 것은 무엇인가요? (①)

12면 1966년 2월 1일(화) 제70호

최근 외국의 한 연구 팀에 의하면 치매 증상이 나타나기 전에 단 한 번의 뇌 촬영으로 치매 진단이 가능해졌다고 한다. 즉 21세기형 인공 지능(AI)을 활용한 진단 덕분이다. 이 시스템을 활용하면 치매 증상이 나타나기 훨씬 이전에, 뇌 손상이 없는 경우에도 진단이 가능한 것으로 연구 결과 밝혀졌다.

이현진 기자

① 제목이 없어서 이 기사의 중심 내용이 무엇인지 알 수 없어. 내가 제목을 작성해 봐야겠어.
② 어떤 언론사의 기사인지 나와 있지 않기 때문에 출처의 신뢰성을 판단하기가 어려워. 언론사가 어디인지 알아봐야겠어.
③ 글쓴이의 이름과 직업만으로는 주제에 대한 전문성을 판단하기가 어려워. 기자가 어떤 기사를 주로 썼는지 찾아봐야겠어.
④ '외국의 한 연구 팀'을 정확히 밝히지 않아서 그들의 연구 결과를 믿기가 어려워. 인용한 자료의 출처가 어디인지 정확히 찾아봐야겠어.
⑤ 기사의 내용은 최근 발달한 21세기형 인공 지능에 대한 것인데 기사 입력 날짜는 너무 오래전이라서 내용과 시기가 안 맞는 것 같아. 날짜에 오류가 있는 것이 아닌지 알아봐야겠어.

해설 제목은 글의 출처가 아니라 글의 내용에 해당합니다. 즉 글의 제목을 만들어 보는 것은 글의 내용을 파악하는 것과 관련되는 활동입니다.

3 다음 글을 읽고, 빈칸에 들어갈 알맞은 단어를 쓰세요.

안녕하세요. 저는 초등학교 3학년 3반 김우식입니다. 제가 이렇게 글을 쓰게 된 이유는 외계에 생명체가 존재하는지를 밝히고 관련 정보를 알려 드리기 위해서입니다. 저도 잘은 모르지만 아마도 지구가 아닌 다른 행성에 외계인이 존재하는 것 같습니다. 왜냐하면 제가 얼마 전에 하늘에서 번쩍이는 불빛을 보았기 때문입니다. 여러분도 그런 경험이 한 번씩은 있으시죠? 그때 보셨던 이상한 불빛이 바로 외계인입니다.

➡ 이 글은 믿을 수 없다. 그 이유는 글의 주제에 대한 [글][쓴][이]의 전문성이 낮을 뿐 아니라 주장과 근거가 타당하지 않기 때문이다.

해설 이 글은 외계의 생명체 존재에 대한 전문 지식이 부족한 초등학생이 쓴 글입니다. 학생 자신도 '저도 잘은 모르지만'이라고 밝히고 있습니다. 주제에 대한 글쓴이의 전문성이 낮기 때문에 주장에 대한 근거(하늘에서 번쩍이는 불빛)의 타당성도 낮습니다.

2 문단 간의 관계(문제-해결) 파악하기

글을 읽을 때는 각 문단의 중심 내용을 파악하여 각 문단이 전체 글 속에서 어떤 역할을 하는지 살펴보아야 합니다. 이때 문단을 이어 주는 접속어(왜냐하면, 그러므로 등)나 지시어(이, 그, 저 등)를 살펴보면 문단 간의 관계를 파악하는 데 도움이 됩니다. 어떤 문제 상황을 제시하고 그에 대한 해결 방안을 제안하는 글의 문단 간의 관계를 보면 문제-해결의 관계로 이루어진 경우가 많습니다. 이러한 글에서는 일반적으로 '문제 상황 제시-문제 원인 분석-해결 방안 제안'의 순서로 내용이 전개됩니다. 문단 간 관계를 파악하며 읽으면 글을 더욱 체계적으로 이해할 수 있습니다.

★ **문단 간의 관계를 파악하려면,**

(1) 글 전체의 화제와 문단별 중심 내용을 파악하여, 각 문단이 글에서 어떤 역할을 하는지 확인합니다.

(2) 각 문단을 이어 주는 접속어나 지시어를 살펴서 연결된 문단의 관계를 파악합니다.

(3) 문단 간의 관계가 '문제-해결'의 관계일 경우에는 문제의 원인을 정확하게 분석하고, 그에 따라 적절한 해결 방안을 제시하였는지 확인합니다.

1 다음은 '대기 오염 문제'를 다룬 글의 일부분입니다. 중심 내용을 파악하여 빈칸을 채우고, (　　) 안에서 이 문단에 해당되는 것을 골라 ○표 하세요.

그렇다면 대기 오염은 왜 발생하는 걸까요? 대기 오염이 발생하는 원인은 자연적인 것과 인위적인 것으로 나눌 수 있습니다. 사막에서 발생하는 황사, 화산 폭발에 의한 화산재, 산불이 날 때 발생하는 연기 등은 자연적인 대기 오염 물질에 해당합니다. 또 자동차에서 나오는 매연, 화석 연료나 쓰레기를 태울 때 발생하는 이산화탄소 등은 인위적인 대기 오염 물질에 해당하지요. 그런데 대기가 오염된다고 해서 화산 활동을 멈추게 하거나 자동차를 아예 안 타고 다닐 수도 없습니다. 하지만 우리의 작은 노력으로 대기 오염을 줄이는 것은 충분히 가능합니다.

이 문단의 중심 내용은 '대기 오염의 (원인)'이므로, 전체 글 가운데 (문제 상황 / 문제 원인 / 해결 방안)에 해당합니다.

해설 제시된 문단은 대기 오염의 원인을 자연적인 것과 인위적인 것으로 나누어 설명하는 내용으로 되어 있습니다. 따라서 문제-해결 구조의 글에서 이 문단은 '문제의 원인'을 제시하는 부분에 해당합니다.

2 '문제-해결' 구조의 글을 읽을 때 주의할 점으로 알맞지 <u>않은</u> 것은 무엇인가요? (④)

① 문제의 원인을 정확하게 분석하고 있는지 확인하며 읽어야겠어.
② 각 문단이 전체 글에서 어떤 역할을 하는지 파악하며 읽어야겠어.
③ 문제의 해결 방안으로 제시된 내용이 적절한지 살펴보며 읽어야겠어.
④ 각 문단이 시간의 흐름에 따라 순서대로 되어 있는지 확인하며 읽어야겠어.
⑤ 문단을 이어 주는 '왜냐하면, 그러므로' 등의 접속어에 주목하며 읽어야겠어.

해설 문제-해결 구조의 글은 일반적으로 '문제 상황-문제 원인-해결 방안'의 순서로 글이 전개됩니다. 따라서 문단이 시간의 흐름에 따라 배열되어 있는지를 확인하는 것은 문제-해결 구조의 글을 읽는 적절한 방법이라고 하기 어렵습니다. ① 문제의 원인 분석이 정확하게 되어야 올바른 해결 방안이 나올 수 있으므로, 원인 분석이 정확하게 되어 있는지를 확인하는 것은 적절한 읽기 방법입니다. ② 문제-해결 구조의 글에서 각 문단은 문제 상황을 제시하거나 원인을 분석하고, 해결 방안을 제시하는 등의 역할을 하므로, 전체 글에서 각 문단의 역할을 확인할 필요가 있습니다. ③ 문제-해결 구조의 글에서 '해결 방안'은 글 전체의 핵심 내용에 해당하므로, 그 내용이 적절한지를 확인할 필요가 있습니다. ⑤ 접속어에 주목하여 읽으면 문단 간의 관계를 파악하는 데 도움이 됩니다.

3 문제 상황과 구체적인 해결 방안으로 짝지어진 것은 무엇인가요? (③)

태평양 위의 쓰레기 섬

㉠태평양 위의 쓰레기 섬은 1997년 미국 로스앤젤레스에서 하와이까지 횡단하는 요트 대회에 참가하고 있던 찰스 무어에 의해 발견되었다. ㉡사람들이 버린 플라스틱 쓰레기가 해류에 의해 그곳으로 모이고 쌓여서 거대한 섬처럼 형성되어 있었던 것이다. ㉢그가 쓰레기 섬의 존재를 세상에 알린 후 환경 운동가를 비롯해 여러 분야의 사람이 플라스틱 문제의 심각성을 해결하기 위해 많은 노력을 기울였다. ㉣쓰레기 섬을 하나의 국가로 가정하고 국기, 화폐, 우표 등을 만들었다. ㉤또한 2017년에는 국제 연합(UN)에 쓰레기 섬을 하나의 국가로 인정해 달라고 요청하였다. 쓰레기 섬이 공식 국가가 되면, 주변 국가에 쓰레기 섬의 환경을 개선해야 하는 의무가 생기기 때문이다.

① ㉠ - ㉡
② ㉡ - ㉢
③ ㉡ - ㉣
④ ㉢ - ㉣
⑤ ㉣ - ㉤

해설 ㉠은 문제가 밝혀진 배경, ㉡은 문제 상황, ㉢은 문제 해결을 위한 사람들의 노력, ㉣과 ㉤은 구체적인 문제 해결 방안입니다. 따라서 문제 상황과 구체적인 해결 방안으로 짝지어진 것은 ③입니다.

STEAM 독해

올림픽으로 보는 평화의 가치

이 글의 중심 화제는 올림픽입니다. 이와 관련하여 역사, 사회, 미술을 공부해요.
올림픽의 기원 및 정신, 올림픽 종목 등을 알아보면서 올림픽과 관련된 다양한 주제를 만나 보세요.

세계인의 축제인 올림픽(Olympics)은 고대 그리스의 올림피아제에서 시작되었습니다. 올림피아제는 고대 그리스의 올림피아에서 4년마다 초여름 5일간에 걸쳐 제우스 신을 위하여 지내던 제사입니다. 제사가 끝난 뒤에는 큰 경기 대회를 열었는데, 이때는 전쟁을 벌이던 도시 국가들 모두 무기를 내려놓고 대회에 참가했다고 합니다. 이렇게 시작된 올림픽은 로마 제국이 그리스를 통치할 때에도 계속되다가 393년 로마 제국의 테오도시우스 황제가 올림픽은 기독교도와 다른 이교도*의 제사 의식이니 금지하라고 명령하면서 중단되었습니다.

➡ 올림픽의 기원

▲ 피에르 드 쿠베르탱

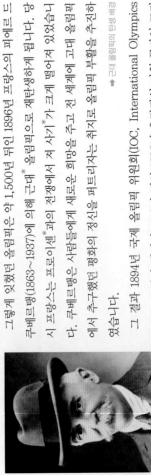

그렇게 잊혔던 올림픽은 약 1,500년 뒤인 1896년 프랑스의 피에르 드 쿠베르탱(1863~1937)에 의해 근대* 올림픽으로 재탄생하게 됩니다. 당시 프랑스는 프로이센*과의 전쟁에서 져 사기*가 크게 떨어져 있었습니다. 쿠베르탱은 사람들에게 새로운 희망을 주고 전 세계에 고대 올림픽에서 추구했던 평화의 정신을 퍼트리자는 취지로 올림픽 부활을 추진하였습니다.

➡ 근대 올림픽의 탄생 배경

그 결과 1894년 국제 올림픽 위원회(IOC, International Olympics Committee)가 생겨났고, 2년 뒤인 1896년 올림픽의 기원 국가인 그리스의 수도 아테네에서 제1회 근대 올림픽이 개최되었습니다. 이후 올림픽은 제1· 2차 세계 대전으로 인해 몇 차례 개최되지 못하기도 하였고 냉전* 시대에 개최된 1980년 모스크바 올림픽, 1984년 로스앤젤레스 올림픽은 반쪽짜리 대회로 열리기도 하였습니다. 하지만 1988년 서울 올림픽은 대부분의 국가가 참가해 올림픽이 추구하는 평화와 화합의 모습을 보여 주었습니다. 이후 개최된 올림픽에서도 잊지 못할 감동의 순간들과 스포츠 정신, 평화에 대한 바람 등을 엿볼 수 있습니다.

➡ 위기 속에서도 이어져 올림픽의 정신을 잇고 있는 오늘날의 올림픽

특히 2016 리우데자네이루 올림픽을 처음으로 2020 도쿄 올림픽에서도 특별한 팀을 만날 수 있었습니다. 바로 오륜기를 흔들며 입장했던 '㉠난민 대표 팀'입니다. 시리아와 남수단 등 세계 곳곳에서 내전(內戰)이 벌어지면서 난민 선수들이 많이 발생하자 국제 올림픽 위원회가 별도의 선수단을 만들기로 한 것입니다. 이들은 출신 국가는 다양하지만 모두 올림픽을 향한 꿈과 의지로 도쿄 올림픽에 참여하였습니다. 난민들의 입장에서 볼 때 스포츠는 단순한 운동 이상의 의미를 지닙니다. 그들이 각종 고난을 이겨 내고 올림픽에 출전하는 것만으로도 난민의 현실을 알릴 수 있는 기회가 됩니다. 또 수많은 난민에게 희망의 메시지를 전할 수 있습니다. 우리 역시 올림픽이 만들어 낸 이와 같은 특별한 장면들을 통해 평화와 화합의 소중함을 깊이 생각해 볼 수 있을 것입니다.

➡ 올림픽에 난민 대표 팀이 출전하게 된 이유와 의의

▲ 2020 도쿄 올림픽 개막식 때 난민 대표 팀 입장 모습

* **이교도**: 기독교에서 기독교 이외의 종교를 받들고 믿는 사람이나 그런 무리를 가리키는 용어.
* **근대**: 역사의 시대 구분의 하나로, 중세와 현대 사이의 시대.
* **프로이센**: 과거 유럽 동북부와 중부 지방 일대를 부르던 지명이자 해당 지역에 존재했던 나라의 이름.
* **사기**: 의욕이나 자신감 따위로 충만하여 굽힐 줄 모르는 기세.
* **냉전**: 제2차 세계 대전 이후 미국과 소비에트 연방을 비롯한 양측 동맹국 사이에서 갈등, 긴장, 경쟁 상태가 이어진 대립 시기.

1 다음 지도에서 고대 올림픽이 열렸던 국가를 찾아 동그라미로 표시하세요.

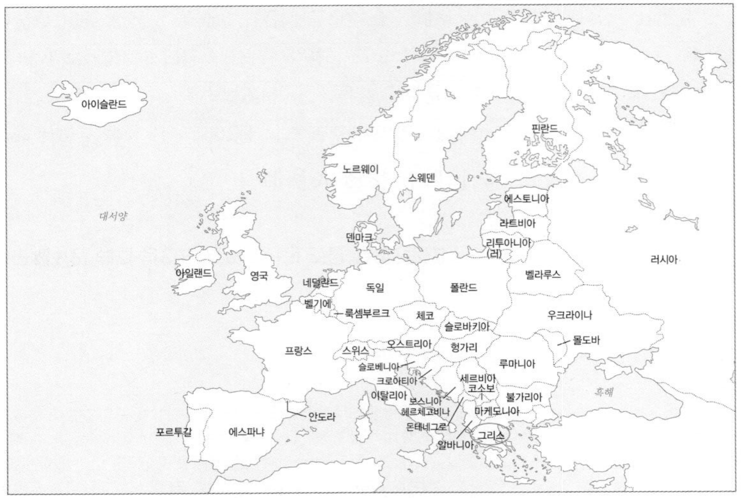

해설 고대 올림픽이 열렸던 국가는 그리스입니다. 이런 역사적 의의를 기리고자 제1회 근대 올림픽도 그리스 아테네에서 개최되었습니다.

2 ㉠과 관련된 다음 글을 읽고, (1)~(3)에 알맞은 말을 쓰세요.

지구촌 인구 80억 명 중 8,000만 명이 난민입니다. 즉 인구 100명 중 1명이 난민인 셈입니다. 난민 문제는 20세기 중반부터 한 국가의 문제가 아닌 지구촌의 문제로 인식되기 시작했습니다. 그중 유엔 난민 기구에서 1951년에 체결된 '난민의 지위에 관한 유엔 협약'은 난민 문제를 해결하기 위한 노력의 결실이었습니다. 협약에서는 난민에 대해 '박해, 전쟁, 테러, 빈곤, 재해를 피해 다른 나라로 망명한 사람으로서 본국의 보호를 원치 않는 사람'이라고 정의했습니다. 지금도 시리아나 아프가니스탄 등 내전이 지속되고 있는 국가에서 많은 난민이 발생하고 있습니다.

➡ 박해, 전쟁, 테러, 빈곤, 재해를 피해 다른 나라로 망명한 사람으로서 본국의 보호를 원치 않는 사람을 (1) __난민__ (이)라고 한다. 현재도 내전이 지속되고 있는 (2) __시리아__, (3) __아프가니스탄__ 와/과 같은 국가에서는 많은 난민이 발생하고 있다.

해설 (1) 유엔 난민 기구에서는 1951년 체결된 '난민의 지위에 관한 유엔 협약'에서 난민에 대한 정의를 내렸습니다. (2), (3) 시리아나 아프가니스탄과 같은 국가는 최근까지도 내전으로 인해 많은 난민이 발생하고 있습니다.

3 다음 글을 읽고, 올림픽과 패럴림픽을 상징하는 기를 모두 완성해 보세요.

올림픽의 상징은 오륜기로, 1914년 국제 올림픽 위원회 총회에서 결정되었다. 각각 파란색, 노란색, 검은색, 초록색, 빨간색인 5개의 고리가 'W' 자를 이루며 연결되어 있으며, 바탕은 흰색이다. 이 5개의 고리는 전 세계인의 화합을 상징한다.

올림픽의 상징이 오륜기라면 패럴림픽(Paralympics)의 상징은 아지토스(Agitos)다. '아지토스'는 라틴어로 '나는 움직인다.'라는 뜻이다. 이는 장애를 극복하고 패럴림픽에 나선 선수들의 열정과 투지를 나타낸다. 아지토스에 사용된 빨간색, 파란색, 초록색은 전 세계 국기에서 많이 쓰인 색상을 뽑은 것이며, 3개의 초승달 모양의 곡선이 하나의 중심을 향하고 있는 아지토스의 모습은 전 세계 선수들의 화합을 의미한다.

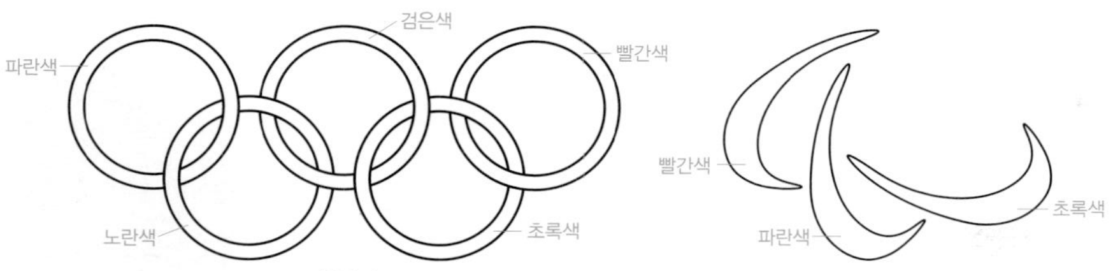

▲ 오륜기 ▲ 아지토스

해설 오륜기는 'W' 자를 이룬 다섯 개의 고리에 파랑, 노랑, 검정, 초록, 빨강 순으로 색칠합니다. 그리고 아지토스는 세 개의 초승달 모양에 빨강, 파랑, 초록 순으로 색칠합니다.

4 다음 글을 읽고, 밑줄 친 내용과 관련된 사례를 인터넷 검색을 활용하여 찾아 쓰세요.

종교는 스포츠와 충돌하는 부분이 있습니다. 올림픽이 1,500여 년 동안 중단되었던 이유도 기독교를 국교로 정한 로마 제국이 올림픽을 이교도의 종교 행사라는 이유로 반대했기 때문입니다. 그런데 20세기 들어 로마 교황청이 스포츠에 대한 입장을 조금씩 바꾸기 시작하여, 2019년에는 처음으로 정식 스포츠 팀을 만들었습니다. 바로 사제*, 수녀, 약사, 장애인 등으로 구성된 육상 팀입니다. 아직은 아마추어 수준이지만 기념 대회는 물론 정식 대회에도 출전할 예정이라고 합니다.

한편 이슬람교에서는 운동 자체는 허용하지만 종교 교리를 철저히 따라야 합니다. 이슬람 교리에 따르면 여성은 공공장소에서 머리와 목을 가리는 '히잡(hijab: 아랍어로 '가리다'라는 뜻)'을 써야 합니다. 또 라마단(이슬람력으로 아홉 번째 달) 기간에는 해가 뜰 때부터 질 때까지 금식을 해야 합니다. <u>종교 교리를 철저하게 지키는 모슬렘*들을 위해 올림픽 경기에서는 규정을 바꾸기도 합니다. 또 스포츠 업계는 모슬렘 맞춤형 스포츠용품을 출시하기도 하는 등 배려와 공존의 노력을 기울이고 있습니다.</u>

* **사제**: 주교와 신부를 통틀어 이르는 말.
* **모슬렘(moslem)**: 이슬람교 신자를 가리키는 말로, 무슬림이라고도 함.

예시 답 스포츠용 히잡을 출시한 기업 사례, 히잡을 쓰고 역도 경기에서 메달을 딴 선수 사례 등

해설 최근 올림픽이나 월드컵 등 국제적인 규모의 스포츠 행사에서도 종교에 대한 배려와 이해를 보여 주는 사례들을 찾아볼 수 있습니다. 다양한 사례를 통해 종교와 스포츠 간의 관계를 이해해 봅니다.

5 다음 글에 대한 설명으로 알맞으면 ○표, 알맞지 않으면 ×표 하세요.

▲ 청동 투구(손기정 기증)

스포츠는 단순히 화젯거리를 넘어 역사적, 문화적 유산을 남깁니다. 서울 용산에 위치한 국립 중앙 박물관에는 기원전 6세기경 그리스의 코린트에서 제작된 청동 투구가 있습니다. 이 투구는 손기정 선생이 1936년 베를린 올림픽 마라톤에서 우승한 뒤 메달과 함께 받기로 되어 있었던 부상이었습니다. 하지만 이 투구는 당시 국제 올림픽 위원회의 '아마추어 선수에게는 메달 이외에 어떠한 선물도 공식적으로 수여할 수 없다.'라는 규정과 일제 강점기라는 시대적 불운 속에서 손기정 선수에게 전달되지 못했습니다. 이후 청동 투구는 1975년 독일 베를린의 박물관에서 발견되었고, 각계의 노력 끝에 우승한 지 50여 년 만에 돌려받게 됩니다. 그리고 1994년 손기정 선생은 "이 투구는 나의 것이 아니라 우리 민족의 것"이라며 국립 중앙 박물관에 기증하였습니다.

(1) 손기정 선생은 1936년 베를린 올림픽 마라톤 우승자이다. (○)

(2) 손기정 선생은 1936년 당시에 청동 투구를 부상으로 받았다. (×)

(3) 손기정 선생이 기증한 청동 투구는 현재 국립 중앙 박물관에 전시되어 있다. (○)

해설 글의 내용과 일치하는 것은 (1), (3)입니다. (2) 청동 투구는 1936년 당시의 올림픽 부상과 관련된 규정과 일제 강점기라는 시대적 상황으로 인해 손기정 선생에게 전달되지 못했습니다.

ERI 지수 662 예술 | 음악

▲ 영화 「아리랑」의 주제가를 수록한 최초의 음반

외국인 친구가 한국을 대표하는 노래가 무엇이냐고 묻는다면, 여러분은 뭐라고 답하시겠습니까? 사람마다 다양한 노래를 꼽을 수 있겠지만, 오랫동안 한국인에게 널리 사랑받아 온 노래인 아리랑을 빼놓을 수는 없겠지요?

➡ 한국을 대표하는 노래, 아리랑

원래 ㉠아리랑은 한 곡의 이름이 아닙니다. 오래전부터 한반도 전 지역에서 다양하게 불렸던 노래들을 합쳐 이르는 말입니다. 아리랑이라는 이름으로 지금까지 내려오는 노래는 총 3,600여 곡에 달합니다. 여기에 속하는 노래들은 가락이나 내용이 서로 다르지만 '아리랑'이나 '아라리' 또는 그와 비슷한 말로 된 후렴구를 가지고 있다는 공통점이 있습니다. 전문가들은 강원도에서 불렸던 「정선 아리랑」이 오랜 시간에 걸쳐 한반도의 여러 지역으로 퍼져 나가면서 지역별로 다양한 아리랑이 생겨난 것으로 보고 있습니다.

➡ 한반도 전 지역에서 다양하게 불린 아리랑

이렇게 다양한 아리랑 중에서 가장 친숙한 것은 "아리랑 아리랑 아라리요, 아리랑 고개로 넘어간다."로 시작하는 노래입니다. 이 노래는 일제 강점기였던 1926년에 개봉된 영화 「아리랑」의 주제가입니다. 수많은 아리랑과 구별하기 위해 이 노래를 ㉡「본조 아리랑」이라고 부릅니다. 여기에서 '본조'는 '원조'라는 뜻이 아니라 '서울에서 본격적으로 불린 노래'라는 뜻입니다. 「본조 아리랑」은 조선 말에 생겨난 「경기 긴 아리랑」을 새롭게 바꾼 노래입니다. 당시 사람들은 우리 민족의 아픔을 다룬 영화 「아리랑」을 보고 「본조 아리랑」을 함께 부르며 나라 잃은 슬픔을 달래고 독립 의지를 다졌습니다. 이때부터 아리랑은 우리 민족을 대표하는 노래가 되었습니다. 또 1930년대부터는 우리나라의 각 지역은 물론 일본, 만주, 중국, 미국, 멕시코 등에서도 우리 동포들에 의해 「본조 아리랑」을 현지 상황에 맞게 고친 새로운 아리랑이 활발히 창작되었습니다.

친숙한: 친하여 익숙하고 허물이 없음.

➡ 아리랑 중에서 가장 친숙한 「본조 아리랑」

아리랑은 오늘날에도 사랑받는 노래입니다. 아리랑은 2018년 평창 동계 올림픽 개막식에서 불리었고, 국가 대표 선수들을 응원하기 위한 응원가에도 꾸준히 사용되고 있습니다. 또 2016년에는 방탄소년단이 「본조 아리랑」, 「진도 아리랑」, 「밀양 아리랑」을 엮은 「아리랑」을 선보여 전 세계 많은 사람의 주목을 받기도 했습니다. ㉢아리랑은 누구나 쉽게 만들어 부를 수 있습니다. 이 때문에 아리랑은 지역과 세대를 초월해 전승되어 지금까지도 창작되는 것입니다. 2012년에는 아리랑이 그 가치를 인정받아 유네스코 인류 무형 유산으로 지정되었습니다. 이렇듯 아리랑은 여전히 창작되는 (㉣)의 노래이자, 한국을 대표하는 (㉤)의 노래입니다.

주목: 관심을 가지고 주의 깊게 살핌.

초월해: 어떠한 한계나 기준 등을 뛰어넘음.

전승되어: 전통이나 문화 같은 것을 물려받아 이어 감.

➡ 오늘날에도 지역과 세대를 초월해 전승되고 있는 아리랑

내용 파악하기

1. 이 글의 내용과 일치하지 않는 것은 무엇인가요? (③)

① 아리랑은 2012년에 유네스코 인류 무형 유산으로 지정되었다.
② 방탄소년단은 2016년에 세 가지 아리랑을 엮은 노래를 선보였다.
③ 「본조 아리랑」의 '본조'는 다른 노래의 원본이 되는 원조를 뜻한다.
④ 전문가들은 「정선 아리랑」이 다양한 아리랑의 시작이라고 생각한다.
⑤ 지금까지 아리랑이라는 이름으로 전해 내려오는 노래는 3,600여 곡에 달한다.

해설 3문단에서 「본조 아리랑」의 '본조'는 '원조'라는 뜻이 아니라 '서울에서 본격적으로 불린 노래'라는 뜻이라고 설명하고 있습니다.

글의 목적 파악하기

2. 글쓴이가 이 글을 쓴 궁극적인 목적은 무엇인가요? (④)

① 아리랑을 창작하는 과정을 설명하기 위해
② 많은 이가 한류에 관심을 갖도록 하기 위해
③ 아리랑의 수준 높은 음악성을 주장하기 위해
④ 한국을 대표하는 노래인 아리랑을 널리 알리기 위해
⑤ 아리랑의 유네스코 인류 무형 유산 지정을 축하하기 위해

해설 이 글은 1문단에서 아리랑이 우리나라를 대표하는 노래라는 점을 이야기한 뒤, 2문단부터 아리랑의 역사와 계승 양상을 설명하고 있습니다. 이를 통해 글쓴이가 한국을 대표하는 노래인 아리랑에 대한 정보와 가치를 널리 알리고자 한다는 것을 알 수 있습니다.

세부 내용 파악하기

3. ㉠과 ㉡에 대한 설명으로 알맞은 것은 무엇인가요? (⑤)

① ㉠과 ㉡ 모두 기원을 알 수 없다.
② ㉠과 ㉡은 모두 영화 「아리랑」의 주제가로 쓰였다.
③ ㉠은 정선 지역의 노래이지만 ㉡은 서울 지역의 노래이다.
④ ㉠은 조선 시대의 민요이지만 ㉡은 일제 강점기의 노래이다.
⑤ ㉠은 비슷한 노래를 한데 묶어 이르는 말이지만 ㉡은 한 곡의 이름이다.

해설 2문단에 따르면 ㉠은 오래전부터 한반도 전 지역에서 비슷한 후렴구를 가지고 다양하게 불렸던 노래들을 합쳐 이르는 말입니다. 그리고 3문단에 따르면 ㉡은 1926년에 개봉된 영화 「아리랑」의 주제가 제목을 가리킵니다.

추론의 근거 밝히기

4. **다음은 은진이가 ⓒ의 구체적인 내용을 추론한 과정입니다. ( ) 안에서 추론의 근거로 활용한 것을 골라 ○표 하세요.**

음악 시간에 '아리랑의 가사 바꾸어 부르기' 활동을 한 적이 있어. 우리 반 친구들 각자가 자기 경험이나 생각을 노랫말로 써서 아리랑 가락에 맞추어 불렀지. 그때 선생님께서 제시한 조건은 "노랫말의 원래 글자 수와 같게 만들 것", "노래에 '아리랑 아리랑 아라리요' 하는 후렴구를 꼭 넣을 것"이었어. 또 선생님께서는 이렇게 하면 우리가 만든 노래도 아리랑이 될 수 있다고 말씀하셨어. 그때를 떠올리니 아리랑은 누구나 쉽게 만들어 부를 수 있다는 말이 무슨 뜻인지 알겠어.

➡ 추론의 근거로 활용한 것: (글에 제시된 단서 / 자신의 지식 / 개인적인 경험)

해설 제시된 추론의 과정에는 은진이가 음악 시간에 아리랑의 가사를 바꾸어 부르는 활동을 한 경험이 제시되어 있습니다. 이를 통해 은진이는 ⓒ의 구체적인 의미를 이해할 수 있었습니다.

문맥을 활용하여 추론하기

5. **이 글의 흐름으로 볼 때, ㉣과 ㉤에 들어갈 말로 알맞은 것은 무엇인가요? (③)**

	㉣	㉤		㉣	㉤
①	어제	우리	②	어제	지역
③	오늘	우리	④	오늘	지역
⑤	내일	지역			

해설 3문단에 따르면 아리랑은 1920년대부터 우리 민족을 대표하는 노래가 되었습니다. 또 4문단에 따르면 아리랑은 지금도 사랑받으며 전승되고 재창조되는 노래입니다.

문단의 중심 내용 파악하기

6. **다음은 이 글을 요약하기 위해 각 문단의 중심 내용을 정리한 표입니다. 알맞은 내용을 넣어 표를 완성하세요.**

1문단	아리랑은 한국을 대표하는 노래이다.
2문단	아리랑은 오래전부터 (한반도 전 지역)에서 다양하게 불렸던 노래이다.
3문단	다양한 아리랑 중에서 우리에게 가장 친숙한 것은 (「본조 아리랑」)이다.
4문단	아리랑은 여전히 창작되는 노래이자, 한국을 대표하는 노래이다.

해설 2문단에서는 아리랑이 '아리랑'이나 '아라리' 또는 그와 비슷한 말로 된 후렴구를 가진 노래의 총칭으로 오래전부터 한반도 전 지역에서 다양하게 불렸다는 정보를 제시하고 있습니다. 그리고 3문단에서는 우리에게 가장 친숙한 아리랑인 「본조 아리랑」을 소개하고 있습니다.

어휘 익히기

1 단어 뜻 알기

빈칸에 들어갈 알맞은 단어를 〈보기〉에서 찾아 쓰세요.

• 보기 •
친숙　주목　초월　전승

1. 전해 드릴 말이 있으니 모두 저를 (주목)해 주세요.
   뜻 관심을 가지고 주의 깊게 살핌.
2. 그 친구는 곤충에 관해 상상을 (초월)하는 호기심을 가지고 있다.
   뜻 어떠한 한계나 기준 등을 뛰어넘음.
3. 그날 처음 만났지만 우리는 어느새 (친숙)하게 이야기를 나누었다.
   뜻 친하여 익숙하고 허물이 없음.
4. 훌륭한 문화유산을 (전승)하여 발전시키는 것이 우리 후손들의 임무이다.
   뜻 전통이나 문화 같은 것을 물려받아 이어 감.

2 관용 표현 알기

다음 사자성어의 뜻풀이를 완성하세요.

"온고지신(溫故知新)"

기술의 발전과 사회의 변화로 인해 현대인의 삶은 과거에 비해 그 속도가 무척 빨라졌습니다. 그러나 이럴 때일수록 과거의 역사와 전통을 이해하는 것이 매우 중요합니다. 이와 같이 (옛것)을/를 익히고 그것을 통해 새것을 알게 되는 것을 '온고지신'이라고 합니다.

한자	뜻	음
溫	익히다	온
故	옛	고
知	알다	지
新	새	신

3 한자어 익히기

다음 한자어를 소리 내어 읽고 빈칸에 따라 써 보세요.

代	表
대신할 대	나타낼 표

대표(代表): 전체의 상태나 성질을 어느 하나로 잘 나타냄.
• 반장은 반을 대표한다.
• 김치는 한국의 대표적인 음식이다.
• 그는 우리나라를 대표하여 국제 회담에 참석했다.

代	表						
대신할 대	나타낼 표						

ERI 지수 630 예술 | 미술

가 휴일을 맞아 가족과 함께 '이중섭 특별전'에 다녀왔다. 미술 교과서에서 본 「황소」와 「도원」을 비롯해 이중섭의 다양한 그림을 직접 볼 수 있어서 참 좋았다. ➡ '나'는 '이중섭 특별전'을 다녀옴.

나 오늘 전시회에서 보았던 그림 중에서 제일 인상 깊었던 것은 「길 떠나는 가족」이다. 좀 더 보고 싶어서 집에 돌아온 뒤 인터넷에서 그림을 찾았다. 그리고 ㉠미술 시간에 선생님께서 가르쳐 주셨던 감상 방법을 떠올리며 그림을 천천히 감상해 보았다. ➡ 가장 인상 깊었던 그림인 「길 떠나는 가족」

다 선생님께서는 미술 작품을 감상할 때 작품을 꼼꼼하게(빈틈이 없이 차분하고 조심스럽게.) 살피고 내가 받은 느낌에 집중해야 한다고 말씀하셨다. 그러기 위해서는 작품의 전체적인 분위기도 살펴보고, 부분적으로도 감상해 보면 좋다고 설명해 주셨다. 또 창작 배경을 찾아보는 것도 도움이 된다고 하셨다. ➡ 미술 작품을 감상하는 방법

라 나는 제일 먼저 작품의 전체적인 분위기와 느낌을 중심으로 감상을 시작했다. 제목에서 알 수 있듯, 이 그림에는 가족이 등장한다. 아버지, 어머니, 두 아이, 그리고 소와 달구지*가 수평으로 배치되어 있어 안정감을 준다. 또 전체적으로 붉은색과 노란색이 은은하게(뚜렷하게 나타나지 않고 어슴푸레하며 흐릿하게.) 어우러져 차분하고 평화로운 느낌이 든다. ➡ 작품의 전체적인 분위기와 느낌에 대한 감상

마 그다음 등장인물의 행동을 중심으로 각 부분을 자세히 살펴보았다. 화면의 가장 왼쪽에서 소를 끄는 아버지는 하늘을 쳐다보며 흥겹게(매우 신이 나서 즐겁게.) 한 손을 들어 올리고 있다. 또 달구지에 탄 왼쪽 아이는 소의 꼬리를 잡고 장난을 치고 있고, 오른쪽 아이는 손바닥에서 흰 새를 날려 보내고 있다. 무척 즐거워 보인다. (㉡) 두 아이 사이에 앉은 어머니는 아이들을 가만히 잡아 주고 있다. 어딘가 멋진 곳으로 떠나는 온 가족의 설렘과 행복이 느껴진다. ➡ 작품의 세부 내용에 대한 감상

바 마지막으로 백과사전에서 「길 떠나는 가족」의 창작 배경을 찾아보았다. 이 그림을 그릴 당시에 이중섭은 너무나 가난하여 가족을 일본으로 떠나보낸 채 홀로 외롭게 살았다고 한다. 「길 떠나는 가족」은 가족을 만날 날을 기다리는 화가의 마음을 표현한 작품이라고 한다. 이러한 점을 알고 나니, 그림이 조금 쓸쓸하고 슬프게 느껴졌다. 가족과의 만남이 좀처럼(여간하여서는. 부정하는 말과 함께 쓰여, 웬만해서는 어떤 행동을 하지 않음을 나타냄.) 이루어지기 어려운 상황에서, 설렘과 희망으로 그리움을 표현할 수밖에 없었던 화가의 마음이 느껴졌기 때문이다. ➡ 작품의 창작 배경을 알고 난 뒤의 감상

사 나는 이번 기회에 다시 한번 가족의 소중함을 생각하게 되었다. 늘 함께 있어 가족에 대한 소중함을 그동안 잊고 있었던 것 같다. 가족과 함께 미술관에서 즐거운 시간을 보낼 수 있었던 오늘이 무척이나 감사했다. ➡ '나'는 가족의 소중함을 느낌.

* **달구지**: 소나 말이 끄는 짐수레.

내용 파악하기

1. 이 글의 내용과 일치하지 않는 것은 무엇인가요? (⑤)

① '나'는 「길 떠나는 가족」의 수평 구도에서 안정감을 느끼고 있다.
② '나'가 찾아본 바에 따르면 이중섭은 매우 가난하게 살고 있었다.
③ 전시회에서 '나'가 가장 인상 깊게 본 그림은 「길 떠나는 가족」이다.
④ '나'는 전시회에 가기 전에 미술 교과서에서 이중섭의 그림을 본 적이 있다.
⑤ '나'는 「길 떠나는 가족」에 등장하는 가족이 도시로 이사 가는 중이라고 생각한다.

해설 마에서 '나'는 그림을 보고 '어딘가 멋진 곳으로 떠나는 온 가족의 설렘과 행복이 느껴진다.'라고 했을 뿐, 이들이 어디로 가는지에 대해서는 말하지 않았습니다.

글의 전개 방식 파악하기

2. 이 글의 전개 방식에 대한 설명으로 알맞은 것은 무엇인가요? (⑤)

① 전시회에 전시된 작품들을 공간의 이동에 따라 소개하였다.
② 그림에 대한 전문가의 감상을 소개하며 자신의 감상을 덧붙였다.
③ 그림에 대한 감상과 함께 화가의 삶을 시간 순서대로 제시하였다.
④ 그림의 부분에 대한 설명을 먼저 하고 난 뒤에 전체에 대한 설명을 하였다.
⑤ 선생님께서 설명하신 그림 감상 방법에 따라 미술 작품에 대한 감상을 서술하였다.

해설 이 글은 이중섭의 「길 떠나는 가족」에 관한 감상문입니다. 글쓴이인 '나'는 미술 시간에 선생님께서 설명하신 미술 작품 감상 방법에 따라 작품을 감상하고, 이에 따라 감상 내용을 서술하였습니다.

문단 간의 관계 파악하기

3. 다음 학생들이 나눈 대화를 읽고, ( ) 안에서 알맞은 말을 골라 ○표 하세요.

유민: 바에서 '나'는 그림의 창작 배경을 찾아본 뒤 가족과 떨어져 외롭게 살았던 이중섭의 당시 처지를 알게 되었어.
지환: 사에는 '나'가 가족의 소중함을 깨닫고 있는 모습이 담겨 있군.
동희: 그럼 바는 사의 ((원인) / 결과)에 해당하는 문단이겠군.

해설 사는 '나'가 가족의 소중함을 깨달았다는 내용으로 되어 있습니다. 글의 맥락에 따르면, '나'가 이렇게 깨달은 것은 바에서 「길 떠나는 가족」의 창작 배경을 통해 이중섭의 가족에 대한 그리움을 확인하고 쓸쓸함을 느꼈기 때문입니다.

세부 내용 파악하기

4. ㉠에 해당하지 않는 것은 무엇인가요? (②)

① 작품의 창작 배경을 찾아본다.
② 다른 사람의 감상문을 찾아본다.
③ 작품에서 받은 느낌에 집중한다.
④ 작품의 부분을 자세히 살펴본다.
⑤ 작품의 전체적인 분위기를 살펴본다.

해설 이 글에서 '나'는 선생님께서 설명하신 미술 작품 감상의 방법을 제시하고 있는데, 여기에 다른 사람의 감상문을 찾아본다는 내용은 나와 있지 않습니다.

이어 주는 말 파악하기

5. ㉡에 들어갈 말로 알맞은 것은 무엇인가요? (①)

① 그리고 ② 그래서 ③ 하지만
④ 그러면 ⑤ 그러므로

해설 ㉡의 앞뒤 문장을 보면 그림 속 등장인물의 행동을 차례로 설명하고 거기에 대한 느낌을 서술하고 있습니다. 따라서 ㉡에는 앞뒤 문장을 대등하게 연결해 주는 '그리고'가 들어가는 것이 적절합니다.

해설 이 글의 제목 '설렘과 행복으로 표현한 그리움'에서 '설렘과 행복'이라고 표현한 이유는 ㉣에서 확인할 수 있습니다. 글쓴이는 그림 속 인물들의 행동을 분석하여 '어딘가 멋진 곳으로 떠나는 온 가족의 설렘과 행복'을 느꼈다고 했습니다. 또 '그리움'이라고 표현한 이유는 ㉥에서 확인할 수 있습니다. 글쓴이는 「길 떠나는 가족」의 창작 배경을 찾아본 뒤, 이 그림은 이중섭이 가족을 그리워하며 그린 그림이라는 점을 알게 되었습니다. 결국 이 글의 제목은 그림에 표현된 것이 주는 느낌과 이면에 깔린 창작 배경을 엮어 그림의 의미와 느낌을 제시한 것이라 할 수 있습니다.

제목의 의미 추론하기

6. 다음은 이 글을 읽은 학생이 이 글의 '나'를 인터뷰한 내용입니다. 이 글의 내용을 바탕으로 빈칸에 들어갈 알맞은 말을 쓰세요.

학생: 이 글의 제목을 '설렘과 행복으로 표현한 그리움'으로 한 이유가 무엇인가요?
'나': 이중섭의 「길 떠나는 가족」에 묘사된 (인물들의 행동)을/를 봤을 때 길을 떠나는 가족의 설렘과 행복이 느껴졌습니다. 그러나 이 그림의 (창작 배경)을/를 찾아본 뒤 그림을 다시 감상해 보니 멀리 떠나보낸 가족에 대한 화가의 진한 그리움을 느낄 수 있었습니다. 그래서 글의 제목을 '설렘과 행복으로 표현한 그리움'이라고 하였습니다.

어휘 익히기

1 단어 뜻 알기

빈칸에 들어갈 알맞은 단어를 〈보기〉에서 찾아 쓰세요.

보기: 꼼꼼하게 은은하게 흥겹게 좀처럼

1. 그는 (좀처럼) 화를 내지 않는 성격이다.
뜻 여간하여서는. 부정하는 말과 함께 쓰여, 웬만해서는 어떤 행동을 하지 않음을 나타냄.

2. 저녁이 되자 교회의 종소리가 저 멀리서 (은은하게) 들려왔다.
뜻 뚜렷하게 나타나지 않고 어슴푸레하며 흐릿하게.

3. 너무 기뻐서 집으로 오는 길에 친구들과 (흥겹게) 노래를 불렀다.
뜻 매우 신이 나서 즐겁게.

4. 이번 일은 무척 중요하니까 계획을 다시 한번 (꼼꼼하게) 살펴봐야 해.
뜻 빈틈이 없이 차분하고 조심스럽게.

2 관용 표현 알기

다음 글을 읽고, 밑줄 친 사자성어의 뜻풀이를 완성하세요.

얼마 전 전학을 간 단짝 재희가 벌써 보고 싶다. 학교 점심시간이 되면 재희 생각이 더욱 간절하게 난다. 잠을 자다 재희와 함께 신나게 노는 꿈을 꾸기도 한다. 자나 깨나 재희를 잊지 못하는 것 같다. 이런 나를 보고 엄마는 "너 요즘 재희를 오매불망(寤寐不忘)하며 그리워하는구나."라고 말씀하셨다.

한자	뜻	음
寤	깨다	오
寐	잠자다	매
不	아니다	불
忘	잊다	망

이 사자성어는 (깨어 있을) 때나 잠을 잘 때나 잊지 못함을 뜻합니다.

3 한자어 익히기

다음 한자어를 소리 내어 읽고 빈칸에 따라 써 보세요.

特	別
특별할 특	다를 별

특별(特別): 보통과 구별되게 다름.
• 늦둥이 막내는 가족 사이에서 늘 특별 대우를 받는다
• 우리는 모두 이 세상에 하나밖에 없는 특별한 존재이다.
• 우리 동아리에서는 가을을 맞아 특별 전시회를 마련했다.

特	別
특별할 특	다를 별

ERI 지수 661 예술 | 체육

1967년 4월 미국 보스턴 마라톤 대회에 캐서린 스위처는 귀걸이를 걸고 립스틱을 진하게 바른 채 참가했다. 당시에는 마라톤 대회에 여성이 참가할 수 없었다. ㉠달리기는 여자답지 못한 일이고, 여성이 마라톤을 하면 아이를 낳지 못하게 된다는 생각이 널리 퍼져 있었기 때문이다. 물론 이러한 생각은 과학적 근거가 전혀 없는 것이었다. 캐서린은 이러한 생각을 바꾸기 위해 마라톤 대회 참가를 결심했다. 여성이 마라톤 대회에 참가할 것이라고는 생각하지 못한 대회 조직 위원회가 참가 신청서에 성별을 적는 칸을 만들지 않은 ㉡덕분에 캐서린은 정식 선수로 대회에 참가할 수 있었다.

➡ 당시 여성은 참가할 수 없었던 마라톤 대회에 출전한 캐서린 스위처

▲ 1967년 보스턴 마라톤 대회 당시 캐서린 스위처 모습

대회가 시작되고 캐서린이 6km를 통과할 무렵, 대회 조직 위원회는 여자 선수가 달리고 있음을 알게 되었다. 이에 대회 조직 위원장이 달려들어 캐서린을 붙잡고 "번호표를 내놓고 어서 나가!"라고 소리쳤다. 그러나 캐서린은 함께 달리던 자신의 코치가 조직 위원장의 방해를 막아 준 덕분에 계속 달릴 수 있었고, 마침내 4시간 20분의 기록으로 완주하였다. 이로써 캐서린은 보스턴 마라톤 대회에 공식적으로 출전하여 완주한 첫 여성이 되었다.

(완주: 목표한 지점까지 다 달림.)

➡ 마라톤 대회에서 완주한 캐서린 스위처

이 일은 다음 날 미국의 주요 신문에서 크게 다루어지며 화제가 되었다. 그리고 점점 많은 사람이 여성에게도 달릴 자유가 있으며, 여성이라는 이유만으로 마라톤 대회 출전을 막는 것은 올바르지 않다는 생각에 동의하게 되었다. 그 결과 1971년 제2회 뉴욕 마라톤에서는 세계 최초로 여성의 참가가 허용되었다. 또한 보스턴 마라톤에서도 1972년부터 여성의 참가가 허용되었고, 1974년에는 여성부 경기가 만들어졌다. 그리고 마침내 1984년 로스앤젤레스 올림픽에서 여자 마라톤이 정식 종목으로 채택되기에 이르렀다.

(화제: 이야기할 만한 재료나 소재. / 채택: 여럿 가운데 하나를 골라서 뽑아 씀.)

➡ 1984년 여자 마라톤이 올림픽 정식 종목으로 채택됨.

캐서린 이전에도 마라톤 대회에 도전한 여성들이 있었지만, 이들은 ㉢가명을 쓰거나 남자처럼 변장하여 몰래 참가하였다. 여성이라는 이유만으로 차별을 받았기 때문이다. 그러나 캐서린 스위처는 여성에게도 달릴 (㉣)이/가 있음을 당당하게 드러내었다. 또 캐서린의 용기와 도전은 성별 등 능력과 무관한 이유로 누군가의 (㉣)을/를 빼앗는 것은 결코 바람직하지 않다는 공감대를 만드는 계기가 되었다.

(공감대: 서로 똑같이 생각하거나 느끼는 부분.)

➡ 캐서린 스위처의 용기와 도전에 담긴 의의

내용 파악하기

1. **이 글의 내용과 일치하지 않는 것은 무엇인가요? (①)**

① 캐서린 스위처는 마라톤 대회에 참가한 최초의 여성이다.
② 캐서린 스위처는 1967년 보스턴 마라톤 대회에 출전하였다.
③ 캐서린 스위처는 달리는 도중 대회 조직 위원장의 방해를 받았다.
④ 캐서린 스위처의 보스턴 마라톤 대회 출전은 미국에서 큰 화제가 되었다.
⑤ 1984년 로스앤젤레스 올림픽에서는 여자 마라톤이 정식 종목으로 채택되었다.

해설 4문단을 보면 캐서린 이전에도 마라톤 대회에 도전한 여성들이 있었음을 알 수 있습니다. 다만 이 여성들은 마라톤 대회에 정식으로 참가한 것이 아니라 여성임을 숨기고 참가하였습니다.

현재의 관점에서 과거의 생각 비판하기

2. **㉠에 대한 학생들의 반응으로 알맞지 않은 것은 무엇인가요? (⑤)**

① 1960년대 미국 사회에 퍼져 있던 여성에 대한 편견을 보여 주는군.
② 많은 여성이 달리기를 즐기는 요즘으로서는 상상할 수 없는 생각들이군.
③ 여성이 마라톤을 하면 아이를 낳지 못한다는 것은 과학적 근거가 없는 말이야.
④ 달리기가 여자답지 못한 일이라는 생각은 어떤 근거에서 나온 것인지 모르겠군.
⑤ 아이를 낳을지 말지는 개인이 선택할 문제이지 남들이 왈가왈부할 문제가 아니야.

해설 ㉠은 당시 마라톤에서 여성을 차별한 이유에 해당합니다. 그런데 달리기가 여자답지 못한 일이라는 생각은 달리기가 여자다움과 어떤 관련이 있는지 알 수 없다는 점에서 비판을 받을 수 있습니다. 또 여성이 오랫동안 달리기를 하면 아이를 낳지 못한다는 생각은 과학적 근거가 없을뿐더러 여성의 존재 이유를 출산으로 한정하는 편협한 사고라고 할 수 있습니다.

해설 ㉡은 대회 조직 위원회의 허술함이 긍정적인 원인이 되어 캐서린 스위처가 정식 선수로 등록할 수 있었음을 설명하는 문장에 사용된 말입니다. 그러나 '탓에'는 주로 부정적인 현상이 생겨난 원인을 지칭할 때 사용하는 말이므로 부정적인 맥락에서 사용되어야 자연스럽습니다. 〈보기〉의 '까닭에'나 '이유로'는 긍정이나 부정과 같은 가치 판단 없이 원인을 지칭할 때 사용하는 말이므로 ㉡과 바꾸어 쓸 수 있습니다.

어휘의 의미 파악하기

3. **글의 흐름을 고려할 때 〈보기〉에서 ㉡과 바꾸어 쓸 수 없는 말을 하나 고르고, 그 이유를 설명한 문장의 빈칸에 알맞은 말을 쓰세요.**

보기

탓에 까닭에 이유로

• 바꾸어 쓸 수 없는 말: (탓에)
• 바꾸어 쓸 수 없는 이유: (탓)은/는 주로 (부정적)인 현상이 생겨난 까닭이나 원인을 뜻하는 말이기 때문이다.

맥락을 활용하여 추론하기

4. **캐서린 스위처 이전에 마라톤에 도전한 여성들이 ⓒ과 같이 한 까닭은 무엇인가요? (④)**

① 자신의 외모에 자신이 없었기 때문에
② 자신의 이름이 마음에 들지 않았기 때문에
③ 마라톤 경기에서 좋은 기록을 내야 했기 때문에
④ 대회에 참가하려면 자신이 여성임을 감추어야 했기 때문에
⑤ 여성으로 마라톤에 도전하는 것을 부끄럽게 생각했기 때문에

해설 이 글에 따르면 1960년대까지 여성은 마라톤 대회에 정식으로 참가할 수 없었습니다. 이에 캐서린 스위처 이전에 마라톤 대회에 참가한 여성들은 가명을 쓰거나 남자처럼 변장을 하는 등 자신이 여성임을 감춘 채 대회에 참가하였습니다.

문맥을 활용하여 추론하기

5. **ⓔ에 공통으로 들어가기에 가장 알맞은 말은 무엇인지 〈보기〉에서 찾아 쓰세요.**

보기

자유 차별 차이 평등 평화

(자유)

해설 3문단에 따르면 캐서린 스위처의 보스턴 마라톤 대회 참가 사건은 '많은 사람이 여성에게도 달릴 자유가 있으며, 여성이라는 이유만으로 마라톤 대회 출전을 막는 것은 올바르지 않다는 생각에 동의'하게 만든 계기가 되었습니다. ⓔ이 들어 있는 문장은 캐서린 스위처가 보여 준 행동의 이러한 의미를 설명하고 있습니다. 따라서 ⓔ에 공통으로 들어가기에 적절한 말은 '자유'입니다.

글에서 얻은 깨달음으로 성찰하기

6. **다음은 이 글을 읽고 난 학생들의 반응입니다. 이 글의 주제를 중심으로 글에서 얻은 깨달음을 통해 자기를 성찰한 학생을 모두 찾아 √표 하세요.**

(1) 상호: 차별의 문제를 다룬 이 글을 읽으면서, 비판적으로 생각하지 않는다면 자기도 모르는 사이에 누군가를 차별할 수 있다는 걸 깨달았어. 부끄럽지만 나도 어떤 집단의 사람들에 대해 편견을 가지고 있었어. 앞으로는 편견을 버리고 그들을 개성을 지닌 인간으로 대하려고 노력할 거야. (√)

(2) 윤희: 이 글은 여성 차별의 문제를 다루고 있어. 이 글을 읽으면서 나는 자신을 비롯한 많은 사람의 자유와 권리를 위해 용감히 맞서는 일이 얼마나 훌륭한지 깨달았어. 나는 소심한 편이라 평소에 나 자신이나 친구의 자유와 권리가 침해되는 일을 겪거나 보고도 모른 척했어. 앞으로는 나와 다른 사람의 자유와 권리를 지키는 문제에 침묵하지 않을 거야. (√)

(3) 세윤: 마라톤 대회에 관한 이 글을 읽으면서, 나는 달리기가 얼마나 매력적인 운동인가를 알게 됐어. 그렇게 용감하게 나선 걸 보면, 캐서린 스위처는 달리기의 매력을 잘 알고 있었던 것 같아. 나는 평소에 달리기가 힘들고 지루하다고만 생각했는데, 앞으로는 틈틈이 달리기를 하며 건강도 지키고 재미도 느껴 보고 싶어. ( )

해설 이 글은 차별의 문제를 다루고 있습니다. 이 글을 통해 차별은 사회적 통념에 무비판적으로 따를 때 자신도 모르는 사이에 이루어질 수 있음을 알 수 있습니다. 또 인간의 자유와 권리를 지키기 위해 당당하게 맞서는 용기의 가치에 대해서도 생각해 볼 수 있습니다. 이러한 점에서 상호와 윤희의 성찰은 적절해 보입니다. 그러나 달리기라는 운동에만 집중하여 성찰한 세윤이의 반응은 이 글의 주제에서 벗어난 것이라 할 수 있습니다.

1 단어 뜻 알기

빈칸에 들어갈 알맞은 단어를 〈보기〉에서 찾아 쓰세요.

보기

완주 화제 채택 공감대

1. 가장 좋은 의견으로 (채택)될 경우 상금을 드립니다.
뜻 여럿 가운데 하나를 골라서 뽑아 씀.

2. 이번 대회에서 결승점까지 (완주)한 사람에게는 상품을 준대.
뜻 목표한 지점까지 다 달림.

3. 어제 그가 보여 준 용감한 행동은 우리 반에서 (화제)이/가 되었다.
뜻 이야기할 만한 재료나 소재.

4. 독서가 중요하다는 (공감대)이/가 형성되면 많은 사람이 책을 읽을 것이다.
뜻 서로 똑같이 생각하거나 느끼는 부분.

2 관용 표현 알기

다음 글을 읽고, 밑줄 친 사자성어의 뜻풀이를 완성하세요.

사건이 처음부터 끝까지 진행되어 온 과정이 밝혀질 때쯤 주요 신문은 이를 대서특필(大書特筆)하였다. 많은 사람이 큼지막한 크기로 다루어진 기사를 읽고 이 사건을 알게 되었다.

한자	뜻	음
大	크다	대
書	글	서
特	특별하다	특
筆	붓	필

이 사자성어는 특별히 두드러지게 보이도록 글자를 (크게) 쓴다는 뜻으로, 신문 등의 출판물에서 어떤 기사에 큰 비중을 두어 다룸을 이르는 말입니다.

3 한자어 익히기

다음 한자어를 소리 내어 읽고 빈칸에 따라 써 보세요.

平	等
평평할 평	같을 등

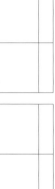

평등(平等): 권리, 의무, 자격 등이 차별 없이 고르고 한결같음.
• 사람은 누구나 법 앞에 평등하다.
• 모든 사람이 평등한 사회를 이룹시다.
• 우리는 기회가 평등하게 주어지는 사회를 원합니다.

平	等						
평평할 평	같을 등						

ERI 지수 645 예술 | 수학

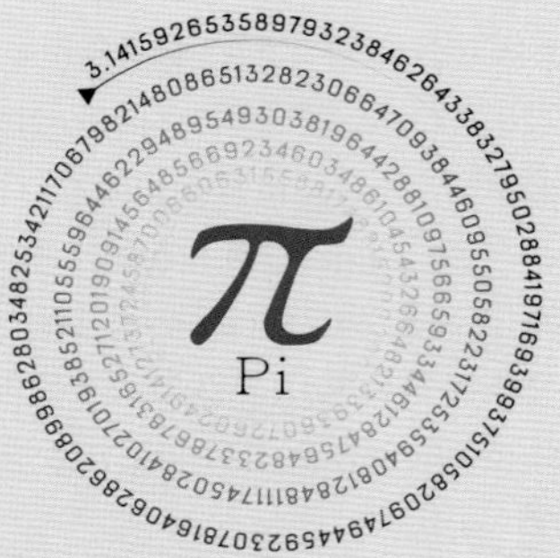

㉠3월 14일은 무슨 날일까요? 우리에게는 '화이트 데이'로 더 익숙한 이날을 '파이 데이'로 정해 기념하는 사람들이 있습니다. '파이'는 원주율을 뜻하는 그리스 문자 'π'의 이름입니다. 파이 데이는 원주율의 어림값 '3.14'에 해당하는 날짜를 기념일로 정한 것입니다. 매년 3월 14일이 되면 전 세계의 수학 전공자들은 다양한 행사를 열어 수학의 재미를 널리 알리고 수학의 발전을 기원합니다. 그중에서도 커다란 파이를 만들어 나누어 먹는 행사가 가장 유명합니다. 이 행사를 하는 이유는 (㉡) 때문입니다.

어림값: 대강 짐작으로 헤아림. 또는 그런 셈이나 짐작.
기원: 바라는 일이 이루어지기를 빎.

➡ 수학의 재미를 알리고 발전을 기원하는 파이 데이 소개

원주율은 원의 둘레 길이를 지름으로 나눈 값을 말합니다. 즉 원의 둘레 길이가 지름의 몇 배인지를 나타내는 값입니다. 정확하게는 '3.14159265358979323846……'로 규칙을 찾을 수 없는 숫자가 끝없이 계속되지만, 편의상 소수점 이하 두 번째 자리까지만 써서 '3.14'로 표시합니다.

➡ 원주율의 뜻과 값

원의 둘레는 둥글기 때문에 그 길이를 자로 정확하게 재기 어렵습니다. 그래서 사람들은 아주 오래전부터 지금까지 원주율을 정확하게 구하기 위해 노력하고 있습니다. 원주율을 정확하게 알면 원의 둘레 길이나 넓이 등을 정확하게 계산할 수 있기 때문입니다. 기원전 3세기에 그리스의 수학자 아르키메데스가 원주율을 소수점 이하 두 번째 자리까지 계산해 낸 것을 시작으로 수학자들은 원주율의 정확한 값을 구하기 위해 노력했습니다. 이러한 노력은 오늘날까지 이어져, ㉢최근에는 컴퓨터를 활용하여 무려 소수점 이하 31조 4,159만 번째 자릿값까지 계산해 냈습니다.

➡ 원주율의 정확한 값을 알아내기 위한 수학자들의 노력

원주율은 원이나 곡선으로 된 사물의 길이, 넓이, 부피 등을 구하는 데 꼭 필요한 값입니다. 원주율을 알면 곡선이 들어 있는 다양한 도형에 관해 더 잘 이해할 수 있습니다. 그래서 원주율은 수학 발전의 기초가 됩니다. 나아가 자연과 우주를 이해하고 우리의 삶을 편리하게 만드는 기술을 개발하는 데 널리 활용됩니다. 예를 들어 자동차에 설치된 속도계와 거리계는 모두 원주율을 활용해 둥근 바퀴의 둘레를 계산한 결과를 활용합니다. 또 인공위성은 원주율을 바탕으로 계산한 방향과 속력으로 발사되어 지구 주위를 돌 수 있게 됩니다.

활용: 충분히 잘 이용함.
발사: 활·총포·로켓이나 광선·음파 등을 쏘는 일.

➡ 원주율의 쓰임

주위에서 볼 수 있는 원은 단순한 모양이지만, 신기하게도 그 안에는 끝없이 계속되는 숫자가 숨어 있습니다. 신기하기도 하고 중요하기도 한 원주율. 돌아오는 3월 14일에는 사탕 대신 파이를 주고받아 보는 것은 어떨까요?

➡ 신기하면서도 중요한 원주율

내용 파악하기

1. 이 글의 내용과 일치하는 것은 무엇인가요? (④)

① 원주율의 정확한 값은 기원전 3세기에 계산되었다.
② 원주율은 원의 둘레 길이를 반지름으로 나눈 값이다.
③ 원의 둘레는 자로도 그 길이를 정확하게 잴 수 있다.
④ 매년 3월 14일이 되면 다양한 파이 데이 행사가 열린다.
⑤ 원주율은 원이 아닌 사물의 길이를 재는 데에는 사용되지 않는다.

해설 1문단에 따르면 매년 3월 14일에 다양한 파이 데이 행사가 열립니다. ① 2문단에 따르면 원주율은 끝없이 계속되는 값이고, 3문단에 따르면 기원전 3세기에 아르키메데스가 계산한 것은 원주율의 정확한 값이 아니라 그것의 소수점 이하 두 번째 자리까지의 값입니다. ② 2문단에 따르면 원주율은 원의 둘레 길이를 반지름이 아니라 지름으로 나눈 값입니다. ③ 3문단에 따르면 원의 둘레는 둥글기 때문에 그 길이를 자로 정확하게 재기 어렵습니다. ⑤ 4문단에 따르면 원주율은 원은 물론 곡선으로 된 사물의 길이, 넓이, 부피 등을 구하는 데 꼭 필요한 값입니다.

글쓴이의 의도 추론하기

2. 글쓴이가 ㉠에서 '화이트 데이'를 언급하며 '파이 데이'에 관한 설명을 시작한 까닭을 알맞게 말한 친구를 모두 찾아 √표 하세요.

화이트 데이에 대한 정보를 정확하게 전달하기 위해서야.

미리 ( )

독자가 파이 데이보다 화이트 데이에 더 익숙할 것이라고 생각했기 때문이야.

은진 (√)

화이트 데이와 파이 데이 모두 3월 14일이라는 공통점이 있어서야.

지석 (√)

해설 이 글은 원주율에 관해 설명하는 글입니다. 글쓴이는 원주율을 설명하기 위해 파이(π)가 들어간 파이 데이로 글을 시작하고자 하였을 것으로 예측됩니다. 그러나 파이 데이가 독자에게 다소 낯설 것이라 판단하여 파이 데이와 날짜가 같으면서도 독자에게 익숙한 화이트 데이에 관한 이야기로 글을 시작하고 있습니다. 여기에는 독자에게 친숙하고 쉬운 것으로 글을 시작하여 독자가 읽기에 부담을 느끼지 않도록 하기 위한 글쓴이의 의도가 담겨 있습니다.

생략된 내용 추론하기

3. 글의 맥락을 고려할 때, ㉡에 들어가기에 가장 알맞은 말은 무엇인가요? (⑤)

① 3월 14일이 화이트 데이라는 것을 잘 모르기
② 파이는 수학 전공자들이 가장 좋아하는 음식이기
③ 파이는 여러 사람이 나누어 먹기에 간편한 음식이기
④ 원주율 '파이(π)'의 개념을 처음 알게 된 날이 3월 14일이기
⑤ 'π'의 발음과 행사에서 나누어 먹는 음식 '파이'의 발음이 똑같기

해설 1문단에서 '파이 데이'의 '파이'는 원주율을 뜻하는 그리스 문자 'π'의 이름이라고 하였습니다. 또한 1문단의 '커다란 파이를 만들어 나누어 먹는 행사'라는 구절을 통해 그리스 문자 'π'와의 발음의 유사성을 바탕으로 이러한 행사를 하게 되었음을 추론할 수 있습니다.

글쓴이의 의도 추론하기

4. **다음은 글쓴이가 ㉢에서 '무려'라는 단어를 넣은 의도를 추측한 것입니다. 빈칸에 알맞은 말을 쓰세요.**

㉢에서 '무려'를 빼면 오늘날 계산한 원주율의 값에 관한 정보만 전달하는 것이 된다. 그런데 글쓴이는 여기에 '무려'를 넣음으로써 최근에 컴퓨터를 활용해 계산한 원주율 값이 (놀라울 만큼(매우) 길다(정교하다))(라)는 생각을 드러내고 있다.

해설 '무려'는 수나 정도가 예상보다 상당히 많거나 심함을 나타내는 말입니다. 글쓴이는 이 말을 사용함으로써 말하고자 하는 내용에 대한 자신의 평가나 생각을 전달하고 있습니다.

문단의 핵심 내용 파악하기

5. **다음은 이 글의 핵심 내용을 문단별로 정리한 표입니다. 알맞은 내용을 넣어 표를 완성하세요.**

1문단	파이 데이 소개
2문단	(원주율의 뜻과 값)
3문단	원주율의 정확한 값을 알아내기 위한 수학자들의 노력
4문단	(원주율의 쓰임)
5문단	신기하면서도 중요한 원주율

해설 2문단에서는 원주율의 뜻과 대략적인 값을 설명하고 있습니다. 또 4문단에서는 원주율이 활용되는 다양한 분야와 사례를 설명하고 있습니다.

글을 읽고 자기 생각을 비유적으로 표현하기

6. **'원주율'을 비유적으로 표현하고 그렇게 표현한 이유가 알맞으면 ○표, 알맞지 않으면 ×표 하세요.**

(1) 원주율은 우주이다. 왜냐하면 원주율과 우주는 끝을 알 수 없고 신비롭기 때문이다. (○)

(2) 원주율은 소금 같다. 왜냐하면 원주율과 소금은 모두 다양한 곳에 사용되기 때문이다. (○)

(3) 원주율은 파도이다. 왜냐하면 원주율의 값을 이루는 숫자와 파도는 규칙적으로 오르락내리락하기 때문이다. (×)

(4) 원주율은 깊은 바다 같다. 왜냐하면 원주율과 깊은 바다는 모두 인간이 그 끝을 알기 위해 끊임없이 도전하는 대상이기 때문이다. (○)

해설 2문단에 따르면 원주율은 끝없이 계속되는 숫자로 되어 있지만, 이 숫자에는 규칙이 없습니다. 따라서 (3)과 같은 표현은 원주율의 특성을 적절하게 설명한 것이라고 보기 어렵습니다.

어휘 익히기

1 단어 뜻 알기

빈칸에 들어갈 알맞은 단어를 〈보기〉에서 찾아 쓰세요.

보기: 어림 기원 활용 발사

1. 그날 모인 학생들이 (어림)(으)로도 백 명은 되었다.
   뜻 대강 짐작으로 헤아림. 또는 그런 셈이나 짐작.
2. 우리는 통신 위성을 지구 궤도로 (발사)할 예정이다.
   뜻 활 · 총포 · 로켓이나 광선 · 음파 등을 쏘는 일.
3. 이번 설문 조사 결과는 급식 식단을 짜는 데 (활용)될 예정이다.
   뜻 충분히 잘 이용함.
4. 옛날에는 온 동네 사람들이 모여 풍년을 (기원)하는 마을 잔치를 벌였다.
   뜻 바라는 일이 이루어지기를 빎.

2 관용 표현 알기

다음 빈칸에 들어갈 알맞은 말을 쓰세요.

"쉬 더운 방이 쉬 식는다"

어떤 사람들은 수학 공부에 많은 시간과 노력이 든다고 불평합니다. 또 조금만 공부해도 수학 실력이 빨리 늘길 바랍니다. 이 속담은 힘이나 노력을 적게 들이고 (빨리) 해 버린 일은 그만큼 결과가 오래가지 못함을 뜻합니다. 수학 공부에 들인 시간과 노력은 결국 큰 즐거움과 유익함으로 돌아올 것입니다.

3 한자어 익히기

다음 한자어를 소리 내어 읽고 빈칸에 따라 써 보세요.

圖	形
그림 도	모양 형

도형(圖形): 점, 선, 면, 체 또는 그것들의 집합을 통틀어 이르는 말. 사각형, 원, 구 등을 이름.

- 삼각형은 꼭짓점이 세 개인 도형이다.
- 오늘은 수학 시간에 몇 가지 도형에 대해 배웠다.

圖	形						
그림 도	모양 형						

05회 읽기 방법 익히기

1 글에서 얻은 깨달음으로 성찰하기

글을 읽으며 얻은 깨달음을 통해 자신을 성찰할 수 있습니다. 성찰이란 자신의 상황과 생각 등을 살피고 반성하는 것을 말합니다. 따라서 글을 읽고 성찰하는 일은 글에서 얻은 깨달음에 비추어 자신의 삶을 돌아보고 살피는 것을 말합니다. 이를 통해 우리는 글을 읽으면서 자신의 삶을 더욱 의미 있게 만들 수 있습니다.

★ 글에서 얻은 깨달음으로 자기를 성찰하려면,

(1) 글을 읽으며 어떤 깨달음을 얻었는지 구체적으로 정리합니다.
(2) 글에서 얻은 깨달음에 비추어 자신의 말, 행동, 생각 등을 평가해 봅니다.
(3) 평가 결과 바람직한 부분은 칭찬을 하고, 부족한 부분은 어떻게 채울 수 있을지 생각해 봅니다.

[1~3] 다음 글을 읽고, 물음에 답하세요.

조선백자 중에서도 가장 널리 알려진 것이 바로 달 항아리이다. 달 항아리는 조선 후기에 유행했던 백자이다. 높이와 폭이 40cm를 넘어 다른 백자에 비해 큰 편이다. 커다랗고 둥글며 겉의 은은한 흰빛이 보름달과 같다 하여 이름에 '달'이라는 말이 붙었다.

달 항아리는 형태가 조금 독특하다. 몸통 한가운데가 살짝 어긋나 있거나 불룩하게 튀어나와 있다. 또 좌우로 약간 기울어져 있거나 왼쪽 끝 곡선과 오른쪽 끝 곡선의 휘어진 정도가 다르다. 보름달처럼 둥근 모양이라고 하기에는 균형이 맞지 않고 기우뚱한 모습이다.

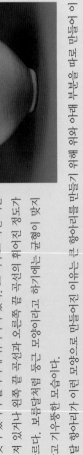

달 항아리가 이런 모양으로 만들어진 이유는 큰 항아리를 만들기 위해 위와 아래 부분을 따로 만들어 이어 붙였기 때문이다. 이어진 부분을 다듬어 좀 더 매끈하게 만들 수도 있었지만, 조선 시대의 도공들은 이를 그냥 두었다. 완전한 모습이 아니더라도 나름의 매력이 있다고 생각했기 때문이다. 이렇게 조금 뒤틀리고 기우뚱한 달 항아리의 모습은 보는 이에게 넉넉함과 편안함을 느끼게 한다. 완전한 원형의 항아리가 주는 매력과는 다른 차원의 매력이다.

㉠달 항아리 같은 매력을 가진 사람이 있다. 조금 부족한 면이 있지만 이를 감추려 하기보다 인정하는 사람이다. 이는 게으름이나 무심함과는 다르다. 최선을 다했다면 결과가 완벽하지 않더라도 이를 인정하면서 있는 그대로의 자신을 사랑하는 사람이 바로 달 항아리 같은 매력이 있는 사람이다.

1 이 글의 내용과 일치하지 않는 것은 무엇인가요? (⑤)

① 달 항아리는 다른 백자에 비해 큰 편이다.
② 달 항아리는 위아래를 따로 만들어 이어 붙여 만든다.
③ 달 항아리는 빛깔과 모양이 달을 닮아서 붙은 이름이다.
④ 달 항아리는 조선백자 중에서도 가장 널리 알려진 것이다.
⑤ 달 항아리는 완벽하게 둥근 모양으로 되어 있어 신비로움을 자아낸다.

해설 2문단에 따르면 달 항아리는 보름달처럼 둥근 모양이라고 하기에는 균형이 맞지 않고 기우뚱한 모습입니다.

2 ㉠과 같은 사람은 어떤 사람인지 이 글의 내용을 참고하여 빈칸을 채우세요.

㉠ 달 항아리 같은 매력을 가진 사람

➡ (조금 부족한) 면이 있지만 이를 (인정)하고, (있는 그대로의 자신)을/를 사랑하는 사람

해설 마지막 문단의 '조금 부족한 면이 있지만 이를 감추려 하기보다 인정하는 사람', '있는 그대로의 자신을 사랑하는 사람'이라는 설명을 통해 달 항아리 같은 매력을 가진 사람의 특징을 알 수 있습니다.

3 이 글을 읽고 얻은 깨달음으로 자기 성찰을 한 내용이 알맞으면 ○표, 알맞지 않으면 ×표 하세요.

(1) 유민: 이 글을 읽고 완벽하지 않아도 자신을 인정하는 사람이 아름다울 수 있다는 걸 깨달았어. 그동안 나는 모든 일을 완벽하게 잘하려고 애를 썼고, 결과가 좋지 않으면 많이 속상해했어. 이제부터는 최선을 다했다면, 그런 나를 칭찬해 줄 거야. (○)

(2) 지환: 이 글을 통해 불완전함이 꼭 나쁘지만은 않다는 점을 알게 되었어. 글쓰기 대회에서 상을 받지 못한 나를 친구가 위로해 주었을 때 나는 최선을 다했으니 괜찮다고 담담하게 말했던 경험이 떠오르네. 그래! 나는 잘하고 있었던 거야. 앞으로도 최선을 다하고 그런 나를 사랑해야지. (○)

(3) 동희: 이 글은 부족한 면을 채우기 위해 노력할 필요가 없다고 말하고 있어. 내가 무엇이 부족한지 굳이 찾아내고 이를 채우기 위해 힘들게 애쓸 필요는 없을 것 같아. 있는 그대로의 나를 받아들여 내가 좋아하는 것만 골라 적당히 해야겠어. (×)

해설 이 글에서는 있는 그대로의 자신을 인정할 것을 말하고 있지만, 그것은 최선을 다한 후의 결과에 대한 인정에 해당합니다. 노력도 하지 않고 자기가 좋아하는 것만 하겠다고 하는 것은 이 글의 내용을 잘못 이해한 것입니다.

2 글을 읽고 자기 생각을 비유적으로 표현하기

비유적 표현이란 어떤 일이나 사람, 사물 등을 다른 비슷한 대상에 빗대어 표현한 것을 말합니다. 이때 표현하고자 하는 대상을 '원관념', 빗댄 대상을 '보조 관념'이라고 합니다. 예를 들어 '활짝 핀 벚꽃은 팝콘 같다.'에서 원관념은 표현하고자 하는 대상인 '벚꽃'이고, 보조 관념은 빗댄 대상인 '팝콘'입니다. 이때 원관념과 보조 관념 사이에는 많은 사람이 그렇다고 인정할 만한 공통점이 있어야 합니다. 공통점이 없다면 비유적 표현이라고 부르기 어렵습니다. 글을 읽고 자기 생각을 비유적으로 표현하면 그 생각을 더욱 생생하게 표현하거나 이해하기 어려운 대상을 좀 더 쉽게 설명할 수 있습니다.

★ **글을 읽고 자기 생각을 비유적으로 표현하려면,**

(1) 글의 핵심 개념이나 주제 등을 정리합니다.

(2) 핵심 개념이나 주제 등을 빗대어 표현할 수 있는 대상을 찾습니다.

(3) 핵심 개념이나 주제를 비유적으로 표현합니다.

[1~3] 다음 글을 읽고, 물음에 답하세요.

인간은 사회적 동물입니다. 그래서 다른 사람의 말이나 행동에 영향을 받습니다. 내가 생각하는 나의 모습은 스스로 생각한 것만으로 구성되지 않습니다. 거기에는 나에 대한 다른 사람의 말과 행동이 포함되어 있습니다. 이러한 점에서 칭찬은 내가 생각하는 나의 모습을 만드는 데 중요한 영향을 미칩니다.

칭찬이란 좋은 점이나 착하고 훌륭한 일을 높이 평가하는 것, 또는 그러한 말을 뜻합니다. 그러나 나에 대해 좋게 말한다고 해서 모두 칭찬이 되는 것은 아닙니다. 칭찬은 그럴듯하고 분명한 이유가 있다는 점에서 아첨이나 빈정거림과는 다릅니다. 누군가 아무런 이유 없이 "너는 참 착해."라고 말한다면 그것은 무언가를 양보하라는 뜻일 수 있습니다. 또 성적이 좋지 못해 낙담한 친구에게 "공부를 참 잘하네."라고 말한다면 그것은 칭찬이 아니라 놀림이 될 것입니다. 칭찬에는 상대방의 특징이나 행동에 대해 좋게 평가하는 구체적인 이유와 솔직한 마음이 들어 있어야 합니다.

누군가에게 칭찬을 들으면 다른 사람에게 인정을 받았다는 사실에 기분이 좋아집니다. 그래서 칭찬은 자신의 좋은 점을 발전시키거나 착하고 훌륭한 일을 계속해 나가는 힘이 됩니다. 또 칭찬을 들으면 그동안 몰랐던 자신의 좋은 점을 알게 되거나 자신의 행동이 착하고 훌륭하다는 것을 알게 됩니다. 이처럼 칭찬은 나에 대한 다른 사람의 평가입니다. 그래서 자신도 몰랐던 나의 모습을 새롭게 발견하는 계기가 될 수 있는 것입니다.

그러나 칭찬 자체에 너무 얽매이면 진짜 자신의 모습을 잃어버리게 될 수도 있습니다. 단지 칭찬을 듣겠다는 목적만 남으면 다른 사람에게 좋은 모습만 보여 주기 위해 자신이 원하지 않는 일을 억지로 하게 됩니다. 이는 심리학의 '착한 아이 증후군'과 관련됩니다. 착한 아이 증후군은 착한 아이로 남기 위해 하기 싫은 일을 억지로 하다 보면 정작 나 자신을 잃게 됨을 뜻하는 것입니다.

1 이 글 전체의 내용을 아우르는 제목으로 가장 알맞은 것은 무엇인가요? (①)

① 칭찬의 뜻과 효과
② 칭찬의 종류와 특징
③ 칭찬을 잘하는 방법
④ 칭찬과 아첨의 구별법
⑤ 칭찬을 들으면 기분이 좋은 이유

해설 이 글은 1문단에서 칭찬의 기능을 설명하고, 2문단에서 칭찬의 뜻을 설명하고 있습니다. 또 3, 4문단에서는 칭찬의 긍정적인 효과와 부정적인 효과를 설명하고 있습니다.

2 이 글을 통해 알 수 있는 '칭찬'에 대한 정보를 모두 찾아 √표 하세요.

(1) 칭찬은 자신의 좋은 점을 발전시키는 힘이 된다. (√)
(2) 칭찬은 자신도 몰랐던 모습을 새롭게 발견하게 한다. (√)
(3) 칭찬을 하는 사람은 상대방에게 좋은 인상을 남길 수 있다. ( )
(4) 칭찬에 너무 얽매이면 진짜 나의 모습을 잃어버리게 될 수 있다. (√)

해설 이 글에서는 칭찬을 듣는 사람의 입장에서 칭찬의 긍정적인 효과와 부정적인 효과를 설명하고 있습니다. 칭찬을 하는 사람의 입장에서 기대할 수 있는 효과를 언급하고 있지는 않습니다.

3 다음 표의 빈칸을 채우며 '칭찬'에 관한 자기 생각을 비유적으로 표현해 보세요.

표현하려는 대상	칭찬
빗댄 대상	예시 답 상대방이 비추어 주는 거울
두 대상 사이의 공통점	• 나의 모습을 알 수 있게 해 준다. • 비추어지는 모습에 너무 신경 쓸 경우 진짜 나의 모습을 잃어버릴 수 있다.
내가 만든 비유적 표현	칭찬은 상대방이 비추어 주는 거울이다.

해설 이 글을 통해 알 수 있는 칭찬의 특성을 이해하고 이를 활용하여 비유적 표현을 만들어 봅니다.

MEMO

정답과 해설

★ 주차별 읽기 방법을 생각하며 읽으면 더 큰 학습 효과를 얻을 수 있습니다.

6단계 기본 – ❸ **주차** 학습 중 –

출처의 신뢰성 평가하기

문단 간의 관계(문제-해결) 파악하기

6단계 기본 – ❹ **주차** 학습 중 –

글에서 얻은 깨달음으로 성찰하기

글을 읽고 자기 생각을 비유적으로 표현하기

✂ 잘라서 책갈피로 활용해 보세요.

글에서 얻은 깨달음으로 성찰하기

글을 읽으며 얻은 깨달음을 통해 자신을 성찰할 수 있습니다. 성찰이란 자신의 상황과 생각 등을 살피고 반성하는 것을 말합니다. 따라서 글을 읽고 성찰하는 일은 글에서 얻은 깨달음에 비추어 자신의 삶을 돌아보고 살피는 것을 말합니다. 이를 통해 우리는 글을 읽으면서 자신의 삶을 더욱 의미 있게 만들 수 있습니다.

★ 글에서 얻은 깨달음으로 자기를 성찰하려면,

❶ 글을 읽으며 어떤 깨달음을 얻었는지 구체적으로 정리합니다.

❷ 글에서 얻은 깨달음에 비추어 자신의 말, 행동, 생각 등을 평가해 봅니다.

❸ 평가 결과 바람직한 부분은 칭찬을 하고, 부족한 부분은 어떻게 채울 수 있을지 생각해 봅니다.

출처의 신뢰성 평가하기

출처란 사물이나 말 등이 생기거나 나온 곳을 말합니다. 글쓴이는 글을 쓸 때 다른 사람의 자료나 말 등을 근거로 제시하기도 하므로, 독자들은 글을 읽을 때 글쓴이가 제시한 자료나 말의 출처가 믿을 만한지 평가하며 읽어야 합니다. 내용의 신뢰성과 출처의 신뢰성은 비례한다고 볼 수 있습니다. 만약 글에 제시된 자료나 말의 출처를 믿을 수 없을 경우, 그 글의 내용에 대한 신뢰성도 확보되기 어렵습니다. 반면에 글에 제시된 자료나 말의 출처가 믿을 만한 경우, 그 글의 신뢰성도 높아집니다.

★ 출처의 신뢰성을 평가하려면,

❶ 글료나 말의 출처가 글에 정확하게 표기되어 있는지 확인합니다.

❷ 자료나 말이 생산된 맥락(누가, 언제, 어디서, 어떻게, 왜)을 확인합니다.

❸ 자료나 말의 출처가 해당 분야에 전문성이 있는 사람이나 기관인지 확인합니다.

글을 읽고 자기 생각을 비유적으로 표현하기

비유적 표현이란 어떤 일이나 사람, 사물 등을 다른 비슷한 대상에 빗대어 표현한 것을 말합니다. 이때 표현하고자 하는 대상을 '원관념', 빗댄 대상을 '보조 관념'이라고 합니다. 예를 들어 '활짝 핀 벚꽃은 팝콘 같다.'에서 원관념은 표현하고자 하는 대상인 '벚꽃'이고, 보조 관념은 빗댄 대상인 '팝콘'입니다. 이때 원관념과 보조 관념 사이에는 많은 사람이 그렇다고 인정할 만한 공통점이 있어야 합니다. 공통점이 없다면 비유적 표현이라고 부르기 어렵습니다. 글을 읽고 자기 생각을 비유적으로 표현하면 그 생각을 더욱 생생하게 표현하거나 이해하기 어려운 대상을 좀 더 쉽게 설명할 수 있습니다.

★ 글을 읽고 자기 생각을 비유적으로 표현하려면,

❶ 글의 핵심 개념이나 주제 등을 정리합니다.

❷ 핵심 개념이나 주제 등을 빗대어 표현할 수 있는 대상을 찾습니다.

❸ 핵심 개념이나 주제를 비유적으로 표현합니다.

문단 간의 관계(문제-해결) 파악하기

글을 읽을 때는 각 문단의 중심 내용을 파악하여 각 문단이 전체 글 속에서 어떤 역할을 하는지 살펴보아야 합니다. 이때 문단을 이어 주는 접속어(왜냐하면, 그러므로 등)나 지시어(이, 그, 저 등)를 살펴보면 문단 간의 관계를 파악하는 데 도움이 됩니다. 어떤 문제 상황을 제시하고 그에 대한 해결 방안을 제안하는 글의 문단 간의 관계를 보면 문제-해결의 관계로 이루어진 경우가 많습니다. 이러한 글에서는 일반적으로 '문제 상황 제시-문제 원인 분석-해결 방안 제안'의 순서로 내용이 전개됩니다. 문단 간 관계를 파악하며 읽으면 글을 더욱 체계적으로 이해할 수 있습니다.

★ 문단 간의 관계를 파악하려면,

❶ 글 전체의 화제와 문단별 중심 내용을 파악하여, 각 문단이 글에서 어떤 역할을 하는지 확인합니다.

❷ 각 문단을 이어 주는 접속어나 지시어를 살펴서 연결된 문단의 관계를 파악합니다.

❸ 문단 간의 관계가 '문제-해결'의 관계일 경우에는 문제의 원인을 정확하게 분석하고, 그에 따라 적절한 해결 방안을 제시하였는지 확인합니다.